地方事務叢書 第七編

普選法事務提要

【昭和2年 再版】

東京地方改良協会 編著

地方自治法研究
復刊大系〔第二七四巻〕

地方事務叢書
第七編

普選法事務提要

〔昭和二年 再版〕

日本立法資料全集 別巻
1084

信山社

地方事務叢書

第七編

普選法事務提要

東京地方改良協會編著

良書普及會發行

1927

地方事務叢書

第七編

普選法事務提要

東京地方改良協會編著

良書普及會發行

1927

凡例

一　本書ハ改正衆議院議員選擧法ヲ主體ニ之ニ關スル法律、勅令、省令、訓令、告示、通牒回答並重要機關ノ職務及判決例、注意事項、選擧臨監者心得ヲ輯錄セリ

一　法令ノ項頭ニ２３等ノ數字ヲ記セルハ閲覽ニ便スル爲編者ノ私記セルモノナリ又通牒中ニハ府縣會議員、市町村會議員選擧關係ニ至ル迄必要ヲ顧慮シテ之ヲ掲ケタリ

一　選擧ニ關スル職務ハ選擧法令中重要ナル機關ノ職務ニ付之ヲ輯錄ス、而シテ共ノ中ニ法ハ改正衆議院議員選擧法、令ハ衆議院議員選擧法施行令、規則ハ衆議院議員選擧法施行規則、内務次官通牒ハ大正十五年八月二十五日内務省發警第六〇號内務次官依命通牒、地方局長通牒トハ大正十五年二月十九日地發第七號地方局長依命通牒ヲ指稱ス

一　判決例ハ明治二十四年ヨリ昭和二年一月發行ニ至ル大審院判決集ニ據ル、其ノ分類法條ニ舊第何條ト記セルハ現行法條ニ改正アリシコトヲ示シ其ノ下ニ掲クルモノハ改正法條ニ關係アルモノニ限レリ

普選法事務提要　目次

第一　選擧法令、訓令、告示

衆議院議員選擧法施行令（大正一五年勅令第三號）……………………………………四九

衆議院議員選擧法施行規則（大正一五年内務省令第四號）……八四

本籍人犯罪人名簿整備方（昭和二年一月内務省訓令第三號）……一三一
禁治產及破產者名簿整備方（昭和二年一月内務省訓令第四號）……一三二

第二　選擧ニ關スル通牒

選擧法ニ關スル通牒……一三三

【法第二條】
◎投票區ニ關スル件…（明三五、地乙二一）……一三三
◎市町村ノ區域ニ關スル件…（明三五、地發六七）……一三三
◎法第二條ニ依ル投票區告示ニ關スル件…（大一五、岡地一二六）……一三四
◎同上ノ件…（明三五、地發六七）……一三四

【法第六條】
◎白痴、瘋癲者ニ關スル件…（明三五、地發六七）……一三五
◎宣告ヲ取消サレタル禁治產者ニ關スル件…（明三五、地發六七）……一三五
◎失權者通報ニ關スル件…（明三五、地甲一〇一）……一三五
◎同上ノ件…（明四三、民刑通牒）……一三六
◎同上ノ件…（大元、司訓）……一三七
◎法第六條第三號解釋ニ關スル件…（大一四、陸地九）……一三八
◎法第六條、第十二條住居ノ意義ニ關スル件…（大一四、和地局四五）……一三九
◎法第六條第三號ニ關スル件通牒…（大一五、發地一八）……一四〇
◎軍人援護資金ニ關スル件…（大一五、發社二〇五）……一四五
◎軍人援護資金ヲ以テ救護ヲ受クル者ノ公權ニ關スル件…（大一五、發地四九）……一四六

◎法第六條第三號ノ解釋ニ關スル件…(大一五、京地五三)……一四六
◎議員選擧資格ノ件…(大一五、地三七七八)……一四七
◎選擧權ニ關スル件…(大一五、長地局七一)……一四八
◎同上ノ件…(大一五、長地局六〇)……一四八
◎市制町村制中刑期ニ關スル件…(大一五、崎地七一)……一四九
◎犯罪人名簿整備方…(昭二、內訓三)……一五一
◎禁治産者破産者名簿整備方…(昭二、內訓四)……一五一
◎出寄留者ノ犯罪事項等通知方ノ件依命通牒…(昭二、發地二八)……一五二
【法第七條】
◎休職軍人包含ノ件…(明三五、地甲四九)……一五二
◎同上ノ件…(明三五、三五ノ四)……一五三
◎召集中ノ意義ニ關スル件…(明三七、地局通牒)……一五三
◎貴族院議員及華族ノ戸主ニ關スル件(明三七、地局通牒)……一五三
【法第八條】
◎選擧事務ニ關係アル官吏員ノ件…(明三五、地發六七)……一五四
◎同上ノ件…(大九、地局通牒)……一五五
◎同上ノ件…(大九、地局通牒)……一五五
【法第九條】
◎休職官史ニ關スル件…(明三五、地發六七)……一五六
【法第十一條】
◎縣會議員現職者ニ關スル件…(明三五、地發六七)……一五六
【法第十二條】
◎選擧人名簿修正ニ關スル件…(明三五、地發六八)……一五六

◎年齢計算ニ關スル件……(明三六、地甲四)……一五七
◎住所ニ關スル件……(明三五、地局通牒)……一五七
◎同上ノ件……(大六、地局通牒)……一五八
◎復權者ヲ名簿登載ニ關スル件……(大九、內次通牒)……一五九
◎他區町村ニ避難中ノ者ニ關スル件……(大一三、地局通牒)……一六〇
◎選擧人名簿記入方ニ關スル件……(大一三、地局通牒)……一六〇
◎衆議院議員選擧法施行令改正ノ件……(大一五、地發七)……一六一
◎選擧資格調査ニ關スル件……(大一五、地發乙一八七)……一六二
◎選擧人名簿調製上疑義ノ件……(大一五、阪地九四)……一六二
◎市町村會議員選擧人名簿ニ關スル件……(大一五、靜地六六)……一六三
◎選擧人名簿縱覽ニ關スル件……(明三五、地發六七)……一六四
◎同上ノ件……(明三五、地發六七)……一六四
【法第十三條】
◎選擧人名簿ノ縱覽ニ關スル件……(大一五、石地四〇)……一六五
◎選擧人名簿縱覽場所ニ關スル件……(大九、地局通牒)……一六五
【法第十四條】
◎法第二十一條ノ選擧人ニ關スル件……(明三五、地發六七)……一六六
◎法第二十一條ノ異議ノ申立ニ關スル件……(大九、地局通牒)……一六六
【法第十六條】
◎法第二十五條ノ異議ノ申立ニ關スル件……(明三五、地發六七)……一六七
◎同上ノ件……(明三五、地局通牒)……一六七
【法第十七條】
◎選擧人名簿中失格者取扱ニ關スル件……(明三五、地發六七)……一六八

◎選擧人名簿修正ニ關スル件…(明三五、地發六七)…一六八
◎同上ノ件…(明三五、地發六七)…一六八
◎同上ノ件…(明三五、地發六七)…一六八
◎選擧人名簿燒失再調製ニ關スル件…(明三九、地局通牒)…一六九
◎同上ノ件…(明三九、地局通牒)…一七〇
◎同上ノ件…(大一三、地局通牒)…一七〇
【法第十九條】
◎選擧權行使ニ關スル件…(大四、內訓一七九)…一七一
【法第二十條】
◎選擧權行使ニ關スル件…明三五、地發六七)…一七二
◎同上ノ件…(明三五、地發六七)…一七二
◎所定外ノ吏員投票事務ニ關スル件　明三五、地局通牒)…一七二
◎同上ノ件…大九、省議決定)…一七三
【法第二十一條】
◎投票所ノ標札ニ關スル件…(明三五、地發六七)…一七三
◎投票所ニ關スル件…(大一三、地局通牒)…一七三
【法第二十二條】
◎衆議院議員選擧法施行令改正ノ件依命通牒…(大一五、地發七)…一七四
◎投票所周知ニ關スル件…(明三五、地發六七)…一七五
【法第二十三條】
◎投票所閉鎖時ニ關スル件…(明三五、地發六七)…一七六
◎選擧人ナキ選擧事務ニ關スル件…(明三五、地甲四九)…一七六
【法第二十四條】

◎投票事務行使ニ關スル件……（明三五、省議決定）……一七七
◎同上ノ件……（明三五、地發六七）……一七七
◎同上ノ件……（明三五、地發六七）……一七七
◎同上ノ件……（明三五、地局通牒）……一七八
◎立會人ニ依ル選擧ノ效力ニ關スル件……（大一三、省議決定）……一七八
【法第二十五條】
◎投票調査簿ヲ設クルノ件……（大九、地局通牒）……一八〇
【法第二十七條】
◎投票記載ノ監督ニ關スル件……（明三五、地發六七）……一八〇
【法第三十條】
◎宣告ヲ取消サレタル禁治産者ニ關スル件……（明三〇、省議決定）……一八一
◎名刺ヲ傍ニ置キ記載スル投票ニ關スル件……（明三五、地發六七）……一八一
【法第三十一條】
◎假投票ニ關スル件……（明三五、地發六七）……一八一
◎選擧權ナキ者拒否ニ關スル件……（明三五、地發六七）……一八二
◎氏名ヲ自書シ得サル者取扱ニ關スル件（明三五、地發六七）……一八二
◎投票管理ノ拒否ノ決定ニ關スル件（明三五、地甲四六）……一八二
◎假投票ノ自書セサル封筒ニ關スル件……（明三五、地局通牒）……一八三
◎封筒ノ投票所印ニ關スル件……（明三五、地發六七）……一八四
◎二ケ所投票拒否ニ關スル件……（大九、地局通牒）……一八四
◎閉鎖時刻後投票ニ關スル件……（明三五、地發六七）……一八四
【法第三十二條】
◎同上ノ件……（明三五、地發六七）……一八五

【法第三十四條】
◎衆議院議員選擧法施行令改正ノ件依命通牒ノ内……（大一五、地發七）……一八五
【法第三十五條】
◎投票函ノ保管ニ關スル件（明三五、地發六七）……一八五
◎同上ノ件……（明三五、地發六七）……一八六
【法第三十六條】
◎投票ニ關スル件……（大九、發地四二）……一八六
◎投票立會人ノ選任ニ關スル件……（大九、地局通牒）……一八七
【法第三十七條】
◎一部投票ヲ行フコトヲ得サル場合……（明三五、地局通牒）……一八八
◎投票函送付途中破損ニ關スル件……（大五、地局通牒）……一八九
◎投票期日變更ニ關スル件……（大九、地局通牒）……一九〇
【法第四十條】
◎投票管理者ノ職權ニ關スル件……（明三五、地發六七）……一九〇
【法第四十一條】
◎警察官吏ノ取締ニ關スル件……（明三五、地發六七）……一九一
◎投票所事務ニ從事スル者ニ關スル件……（明三五、地局通牒）……一九一
【法第四十六條】
◎同日同一會場ニ於テ開カル二ノ選擧會ニ關スル件……（明三五、地局通牒）……一九二
◎法第五十二條ノ告示ニ關スル件……（大九、地局通牒）……一九二
【法第四十八條】
◎到達遲延ノ場合開票日ニ關スル件……（明三五、地發六七）……一九三
◎選擧會ニ關スル件……（大九、地局通牒）……一九四

◎選擧法施行令改正ノ件依命通牒ノ内…(大一五、地發七)…一九五
【法第四十九條】
◎假投票調査ニ關スル件…(明三五、地發六七)…一九五
【法第五十條】
◎開票參觀ニ關スル件…(明三五、地發六七)…一九五
◎同上ノ件…(明三五、地甲四六)…一九六
◎同上ノ件…(明三五、省議決定)…一九六
◎同上ノ件…(明三五、地發六七)…一九六
【法第五十一條】
◎投票ノ效力ニ關スル件…(大一四、地局通牒)…一九七
【法第五十二條】
◎投票記載ニ關スル件…(明三五、地發六七)…一九七
◎成規ノ投票用紙ニ關スル件…(大九、地局通牒)…一九九
◎投票ノ豫約ニ關スル件…(大一三、警局通牒)…一九九
◎法第五十八條第五號ノ住所ニ關スル件…(大一三、地局通牒)…二〇〇
◎羅馬文字ヲ以テ記載シタル投票ニ關スル件(大一三、和地四〇)…二〇一
◎氏名ハ名ノミヲ記載シタル投票ノ效力ニ關スル件通牒…(大一三、地發乙八九)…二〇一
◎外國文字ヲ以テ記載シタル投票ニ關スル件…(大一三、地局通牒)…二〇三
【法第五十七條】
◎投票管理者ノ開票所入所ニ關スル件…(明三五、地局通牒)…二〇四
【法第五十八條】
◎選擧ノ執行ニ關スル件…(明三五、地發六七…二〇四
◎選擧ノ職務ニ關スル件…(大九、地局通牒)…二〇四

◎選擧長ノ選定ニ關スル件……（大九、省議決定）……二〇六
【法第六十條】
◎選擧開會日時及告示ニ關スル件……（大九、地局通牒）……二〇七
【法第六十九條】
◎當選資格得票計算ニ關スル件……（明三五、地發六七）……二〇八
◎繼續的選擧會ノ立會人ニ關スル件……（大九、地局通牒）……二〇八
【法第七十條】
◎當選人失格ニ關スル件……（明三五、地發六七）……二一〇
【法第七十二條】
◎當選告知ニ關スル件……（明三五、地發六七）……二一〇
【法第七十四條】
◎衆議院議員選擧ニ關スル件通牒……（明三五、地甲四六）……二一一
【法第七十五條】
◎選擧ノ全部無效ノ場合ノ手續ニ關スル件……（明三五、地發六七）……二一二
◎再選擧ニ關スル件……（大五、地局通牒）……二一三
◎再選擧執行ニ關スル件……（大七、地局通牒）……二一三
◎同上ノ件……（大七、地局通牒）……二一三
◎同上ノ件……（大一一、地局通牒）……二一四
◎選擧立會人及投票立會人ノ選任ニ關スル件通牒……（大一四、地發乙九〇）……二一六
【法第七十六條】
◎當選承諾者氏名告示ニ關スル件……（明三五、地甲四六）……二一七
◎當選證書交付ニ關スル件……（明三七、地局照會）……二一七
◎同上ノ件……（大九　發地四二）……二一八

◎當選人調表報告ニ關スル件……（大九、發乙一九九）……二一八
◎同上ノ件……（大九、發乙二〇〇）……二一八
◎衆議院議員竝府縣會議員再選擧及補闕選擧期ニ關スル報告方ノ件通牒……（大九、地局三六五）……二一九
【法第七十九條】
◎補闕選擧會開會告示ニ關スル件……（明三六、地局通牒）……二一九
【法第八十一條】
◎法第八十條ノ選擧日ノ件……（明三五、地發六七）……二二〇
【法第八十二條】
◎選擧ノ規定ニ違反スル選擧ノ效力ニ關スル件……（大六、地局通牒）……二二一
【法第八十八條】
◎選擧法竝附屬勅令及省令施行ニ令スル件ノ内……（大一五、發警五九）……二二一
【法第九十條】
◎選擧法竝ニ附屬勅令及省令等施行ニ關スル件……（大一五、發警五九）……二二三
【法第九十三條及第九十七條】
◎選擧運動者ノ數ヲ限定シ屆出シムル件……（大一四、發警二四）……二二四
【法第九十九條】
◎選擧法第九十九條第二項ノ疑義ニ關スル件……（大一五、視警一三一）……二二四
◎町會議員選擧ニ關シ法令ノ疑義ノ件稟申……（大一五、視警一三一）……二二五
【法第百二條】
◎選擧法竝ニ附屬ノ勅令及省令等施行ニ關スル件ノ内……（大一五、發警五九）……二二七
【法第百六條】
◎選擧法竝ニ附屬ノ勅令及省令等施行ニ關スル件ノ内……（大一五、發警五九）……二二八
◎選擧法竝ニ附屬ノ勅令及省令等施行ニ關スル件ノ内……（大一五、發警五九）……二三〇

【法第百十二條】
◎選擧法罰則中疑義ノ件……（明三五省議決定）……二三一
【法第百十六條】
◎改正選擧法第百十六條第二項ノ規定ニ關スル件……（大一四發警五四）……二三三
【法第百二十一條】
◎選擧ノ犯罪ニ關スル件……（明三五、省議決定）……二三三
◎同上ノ件……（明三五、省議決定）……二三四
【法第百二十六條】
◎選擧ノ罰則ニ關スル件……（明三五、省議決定）……二三四
【令第百三十七條】
◎選擧法中疑義ノ件……（大一五、茨地五一）……二三四

選擧法施行令ニ關スル通牒

選擧法施行令ニ關スル通牒……二三五
【令第二條】
◎選擧權ニ關スル件……（明三五、省議決定）……二三五
【令第七條】
◎投票管理ノ官吏吏員ニ關スル件……（明三五、地發六七）……二三五
【令第八條】
◎投票管理者選定ニ關スル件……（明三五、地發六七）……二三六
◎同上ノ件……（明三五、地發六七）……二三六
◎投票事務從事者ニ關スル件……（明三五、地甲四六）……二三七
◎同上ノ件……（明三五、地梨三）……二三七
【令第九條】

◎投票管理事務管掌ニ關スル件……（明三五、地發六七）……二三八
◎同上ノ件……（明三五、地發六七）……二三八
◎同上ノ件……（大四、地局通牒）……二三八
【令第十一條】
◎轉住者ノ投票區ニ關スル件……（明三五、地發六七）……二三九
◎轉住者ノ選擧資格調査方ノ件……（明三五、地發六七）……二三九
【令第十三條】
◎投票記載場所設備注意方……（明三五、地發六七）……二四〇
◎施行令改正ノ件……（大一五、地發七）……二四〇
【令第十六條】
◎投票用紙交付ニ關スル件……（大一三、内省決定）……二四一
【令第十九條】
◎本人ナル旨ノ宣言ニ關スル件……（明三五、地局回答）……二四一
【令第二十一條】
◎點字投票ニ關スル件……（大一五、地六三八一）……二四四
【令第二十二條】
◎投票函ノ保管方ニ關スル件……（明三五、地發六七）……二四四
【令第二十四條】
◎法第四十三條ニ依ル投票期日告示ノ件……（明三五、地發六七）……二四五
【令第二十八條】
◎施行令改正ノ件……（大一五、地發七）……二四五
【令第二十九條、第四十條】
◎施行令改正ノ件……（大一五、地發七）……二四六

【令第五十條】
◎施行令改正ノ件…（大一五、地發七）…二四七
【令第五十三條、第五十四條】
◎選擧法竝ニ附屬ノ勅令及省令等施行ニ關スル件…（大一五、發警五九）…二四八
【令第六十九條】
◎施行令第二十九條ノ費用ニ關スル件…（明三五、地發六七）…二四九
◎施行令改正ノ件…（大一五、地發七）…二四九
【令第七十條】
◎投票所印調製費用ノ件…（明三五、地乙二一）…二五〇
◎選擧事務ノ爲要スル費用ノ件…（明三五、地發六七）…二五〇
◎同上ノ件…（明三五、地中四六）…二五一
◎同上ノ件…（明三五、祕甲一四九）…二五一
◎選擧訴訟ニ要スル費用ノ件…（大九、地局回答）…二五一
【令第七十一條】
◎二以上ノ關係行政廳費用擔方…（明三五、地發六七）…二五二
◎同上ノ件…（明三五、地局回答）…二五二
【令第七十二條】
◎選擧投票立會人開票立會人及選擧立會人費用支給方法…（明三五、府一七）…二五三
【令第七十六條】
◎選擧法竝ニ附屬ノ勅令及省令等施行ニ關スル件…（大一五、發警五九）…二五四
◎選擧法同施行令ニ關スル件…（大一五、岡地一二六）…二五五
◎施行令ニ關スル疑義ノ件…（昭二、梨警三）…二五六
【令第七十八條】

◎選擧運動ノ爲公立學校等ノ設備使用ニ關スル件…（大一五、靜警一四）……二五七
◎選擧法竝ニ附屬ノ勅令及省令等施行ニ關スル件…（大一五、發警五九）……二五八
【令第八十二條】
◎選擧法竝ニ附屬ノ勅令及省令等施行ニ關スル件…（大一五、發警五九）……二五九
【令第八十七條】
◎選擧運動ノ爲公立學校等ノ設備使用ニ關スル法令疑義ノ件…（大一五、靜警一四）……二五九
◎選擧法竝ニ附屬ノ勅令及省令等施行ニ關スル件…（大一五、發警五九）……二六〇

選擧法施行規則ニ關スル通牒

……二六一
【則第一條】
◎選擧人名簿ノ調製ニ關スル件…（大一五、遞地八）……二六一
【則第三條】
◎投票用紙ニ關スル件…（明三五、地發六七）……二六二
◎同上ノ件…（大六、地局回答）……二六二
◎同上ノ件…（大九、發地四二）……二六二
◎投票用紙ニ關スル件…（大一五、崎地一六）……二六三
◎投票用紙ニ押捺スヘキ印章ニ關スル件…（大一五、阪地五五）……二六三
◎投票用紙ニ押捺スル縣印ノ件…（大一五、茨地局五五）……二六四
【則第五條】
◎投票函ニ關スル件…（大九、發地四二）……二六五
◎同上ノ件…（大一四、地九九九）……二六五
◎同上ノ件…（大一三、地局回答）……二六六
◎同上ノ件…（大一五、庶八五三）……二六七

第三　選擧ニ關スル職務

普選法事務提要

東京地方改良協會編輯

第一　選擧法令、訓令、告示

◉衆議院議員選擧法（大正十四年五月五日法律第四十七號）改正（大正十五年六月三十日法律第八十二號）

第一章　選擧ニ關スル區域

第一條　衆議院議員ハ各選擧區ニ於テ之ヲ選擧ス
2選擧區及各選擧區ニ於テ選擧スヘキ議員ノ數ハ別表ヲ以テ之ヲ定ム
第二條　投票區ハ市町村ノ區域ニ依ル
2地方長官特別ノ事情アリト認ムルトキハ市町村ノ區域ヲ分チテ數投票區ヲ設ケ又ハ數町村ノ區域ヲ合セテ一投票區ヲ設クルコトヲ得
3前項ノ規定ニ依リ投票區ヲ設ケタルトキハ地方長官ハ直ニ之ヲ告示スヘシ
4第二項ノ規定ニ依リ設クル投票區ノ投票ニ關シ本法ノ規定ヲ適用シ難キ事項ニ付テハ勅令ヲ以テ特別ノ規定ヲ設クルコトヲ得

第三條　開票區ハ郡市ノ區域ニ依ル

2 地方長官特別ノ事情アリト認ムルトキハ郡市ノ區域ヲ分チテ數開票區ヲ設クルコトヲ得

3 前項ノ規定ニ依リ開票區ヲ設ケタルトキハ地方長官ハ直ニ之ヲ告示スヘシ

4 第二項ノ規定ニ依リ設クル開票區ノ開票ニ關シ本法ノ規定ヲ適用シ難キ事項ニ付テハ勅令ヲ以テ特別ノ規定ヲ設クルコトヲ得

第四條　行政區畫ノ變更ニ因リ選擧區ニ異動ヲ生スルモ現任議員ハ其ノ職ヲ失フコトナシ

第二章　選擧權及被選擧權

第五條　帝國臣民タル男子ニシテ年齡二十五年以上ノ者ハ選擧權ヲ有ス

2 帝國臣民タル男子ニシテ年齡三十年以上ノ者ハ被選擧權ヲ有ス

第六條　左ニ掲クル者ハ選擧權及被選擧權ヲ有セス

一　禁治產者及準禁治產者

二　破產者ニシテ復權ヲ得サル者

三　貧困ニ因リ生活ノ爲公私ノ救助ヲ受ケ又ハ扶助ヲ受クル者

四　一定ノ住居ヲ有セサル者

五　六年ノ懲役又ハ禁錮以上ノ刑ニ處セラレタル者

六　刑法第二編第一章、第三章、第九章、第十六章乃至第二十一章、第二十五章又ハ第三十六章乃至第三十九章ニ掲クル罪ヲ犯シ六年未滿ノ懲役ノ刑ニ處セラレ其ノ執行ヲ終リ又ハ執行

ヲ受クルコトナキニ至リタル後其ノ刑期ノ二倍ニ相當スル期間ヲ經過スルニ至ル迄ノ者但シ其ノ期間五年ヨリ短キトキハ五年トス

七　六年未滿ノ禁錮ノ刑ニ處セラレ又ハ前號ニ掲クル罪以外ノ罪ヲ犯シ六年未滿ノ懲役ノ刑ニ處セラレ其ノ執行ヲ終リ又ハ執行ヲ受クルコトナキニ至ル迄ノ者

第七條　華族ノ戶主ハ選擧權及被選擧權ヲ有セス

2　陸海軍軍人ニシテ現役中ノ者（未タ入營セサル者及歸休下士官兵ヲ除ク）及戰時若ハ事變ニ際シ召集中ノ者ハ選擧權及被選擧權ヲ有セス兵籍ニ編入セラレタル學生生徒（勅令ヲ以テ定ムル者ヲ除ク）及志願ニ依リ國民軍ニ編入セラレタル者亦同シ

第八條　選擧事務ニ關係アル官吏及吏員ハ其ノ關係區域內ニ於テ被選擧權ヲ有セス

第九條　在職ノ宮內官、判事、朝鮮總督府判事、臺灣總督府法院判官、關東廳法院判官、南洋廳判事、檢事、朝鮮總督府檢事、臺灣總督府法院檢察官、關東廳法院檢察官、南洋廳檢事、陸軍法務官、海軍法務官、行政裁判所長官、行政裁判所評定官、會計檢查官、收稅官吏及警察官吏ハ被選擧權ヲ有セス

第十條　官吏及待遇官吏ハ左ニ掲クル者ヲ除クノ外在職中議員ト相兼ヌルコトヲ得ス

一　國務大臣

二　內閣書記官長

三　法制局長官

四 各省政務次官
五 各省參與官
六 内閣總理大臣秘書官
七 各省祕書官

第十一條 北海道會議員及府縣會議員ハ衆議院議員ト相兼ヌルコトヲ得ス

第三章　選擧人名簿

第十二條 市町村長ハ每年九月十五日ノ現在ニ依リ其ノ日迄引續キ一年以上其ノ市町村内ニ住居ヲ有スル者ノ選擧資格ヲ調査シ十月三十一日迄ニ選擧人名簿ヲ調製スヘシ（大正十五、法律第八十二號改正）

2 前項ノ住居ニ關スル要件ヲ具備セサル選擧人ハ選擧人名簿ニ登錄セラルルコトヲ得ス（同上改正）

3 選擧人名簿ニハ選擧人ノ氏名、住居及生年月日等ヲ記載スヘシ（同上改正）

4 第一項ノ住居ニ關スル期間ハ行政區畫變更ノ爲中斷セラルルコトナシ（同上改正）

第十三條 市町村長ハ十一月五日ヨリ十五日間市役所、町村役場又ハ其ノ指定シタル場所ニ於テ選擧人名簿ヲ縱覽ニ供スヘシ（同上改正）

2 市町村長ハ縱覽開始ノ日ヨリ少クモ三日前ニ縱覽ノ場所ヲ告示スヘシ（同上改正）

第十四條 選擧人名簿ニ脫漏又ハ誤載アリト認ムルトキハ選擧人ハ理由書及證憑ヲ具ヘ其ノ修正ヲ市町村長ニ申立ツルコトヲ得（同上改正）

2 縱覽期限ヲ經過シタルトキハ前項ノ申立ヲ爲スコトヲ得ス

第十五條　市町村長ニ於テ前條ノ申立ヲ受ケタルトキハ其ノ理由及證憑ヲ審査シ申立ヲ受ケタル日ヨリ二十日以内ニ之ヲ決定スヘシ其ノ申立ヲ正當ナリト決定シタルトキハ直ニ選擧人名簿ヲ修正シ其ノ旨ヲ申立人及關係人ニ通知シ併セテ之ヲ告示スヘシ其ノ申立ヲ正當ナラスト決定シタルトキハ其ノ旨ヲ申立人ニ通知スヘシ（同上改正）

第十六條　前條市町村長ノ決定ニ不服アル申立人又ハ關係人ハ市町村長ヲ被告トシ決定ノ通知ヲ受ケタル日ヨリ七日以内ニ地方裁判所ニ出訴スルコトヲ得（同上改正）

2　前項裁判所ノ判決ニ對シテハ控訴スルコトヲ得ス但シ大審院ニ上告スルコトヲ得

第十七條　選擧人名簿ハ十二月二十日ヲ以テ確定ス

2　選擧人名簿ハ次年ノ十二月十九日迄之ヲ据置クヘシ但シ確定判決ニ依リ修正スヘキモノハ市町村長ニ於テ直ニ之ヲ修正シ其ノ旨ヲ告示スヘシ（同上改正）

3　天災事變其ノ他ノ事故ニ因リ必要アルトキハ更ニ選擧人名簿ヲ調製スヘシ

4　前項選擧人名簿ノ調製及其ノ期日、縦覽確定ニ關スル期日、期間等ハ命令ノ定ムル所ニ依ル

第四章　選擧、投票及投票所

第十八條　總選擧ハ議員ノ任期終リタル日ノ翌日之ヲ行フヲ例トス但シ特別ノ事情アル場合ニ於テハ議員ノ任期終リタル日ヨリ五日以内ニ之ヲ行フコトヲ妨ケス

2　議會開會中又ハ議會閉會ノ日ヨリ二十五日以内ニ議員ノ任期終ル場合ニ於テハ總選擧ハ議會閉會ノ日ヨリ二十六日以後三十日以内ニ之ヲ行フ

3 衆議院解散ヲ命セラレタル場合ニ於テハ總選擧ハ解散ノ日ヨリ三十日以內ニ之ヲ行フ

4 總選擧ノ期日ハ勅命ヲ以テ之ヲ定メ少クトモ二十五日前ニ之ヲ公布ス

第十九條 選擧ハ投票ニ依リ之ヲ行フ

2 投票ハ一人一票ニ限ル

第二十條 市町村長ハ投票管理者ト爲リ投票ニ關スル事務ヲ擔任ス

第二十一條 投票所ハ市役所、町村役場又ハ投票管理者ノ指定シタル場所ニ之ヲ設ク

第二十二條 投票管理者ハ選擧ノ期日ヨリ少クトモ五日前ニ投票所ヲ告示スヘシ

第二十三條 投票所ハ午前七時ニ開キ午後六時ニ閉ツ

第二十四條 議員候補者ハ各投票區ニ於ケル選擧人名簿ニ記載セラレタル者ノ中ヨリ本人ノ承諾ヲ得テ投票立會人一人ヲ定メ選擧ノ期日ノ前日迄ニ投票管理者ニ屆出ツルコトヲ得但シ議員候補者死亡シ又ハ議員候補者タルコトヲ辭シタルトキハ其ノ屆出テタル投票立會人ハ其ノ職ヲ失フ

2 前項ノ規定ニ依ル投票立會人三人ニ達セサルトキ若ハ三人ニ達セサルニ至リタルトキ又ハ投票立會人ニシテ參會スル者投票所ヲ開クヘキ時刻ニ至リ三人ニ達セサルトキ若ハ其ノ後三人ニ達セサルニ至リタルトキハ投票管理者ハ其ノ投票區ニ於ケル選擧人名簿ニ記載セラレタル者ノ中ヨリ三人ニ達スル迄ノ投票立會人ヲ選任シ直ニ之ヲ本人ニ通知シ投票ニ立會ハシムヘシ

3 投票立會人ハ正當ノ事故ナクシテ其ノ職ヲ辭スルコトヲ得ス

第二十五條　選擧人ハ選擧ノ當日自ラ投票所ニ到リ選擧人名簿ノ對照ヲ經テ投票ヲ爲スヘシ
2　投票管理者ハ投票ヲ爲サムトスル選擧人ノ本人ナリヤ否ヤヲ確認スルコト能ハサルトキハ其ノ本人ナル旨ヲ宣言セシムヘシ其ノ宣言ヲ爲ササル者ハ投票ヲ爲スコトヲ得ス
第二十六條　投票用紙ハ選擧ノ當日投票所ニ於テ之ヲ選擧人ニ交付スヘシ
第二十七條　選擧人ハ投票所ニ於テ投票用紙ニ自ラ議員候補者一人ノ氏名ヲ記載シテ投函スヘシ
2　投票用紙ニハ選擧人ノ氏名ヲ記載スルコトヲ得ス
第二十八條　投票ニ關スル記載ニ付テハ勅令ヲ以テ定ムル點字ハ之ヲ文字ト看做ス
第二十九條　選擧人名簿ニ登錄セラレサル者ハ投票ヲ爲スコトヲ得ス但シ選擧人名簿ニ登錄セラルヘキ確定判決書ヲ所持シ選擧ノ當日投票所ニ到ル者アルトキハ投票管理者ハ之ヲシテ投票ヲ爲サシムヘシ
第三十條　選擧人名簿ニ登錄セラレタル者選擧人名簿ニ登錄セラルルコトヲ得サル者ナルトキハ投票ヲ爲スコトヲ得ス選擧ノ當日選擧權ヲ有セサル者ナルトキ亦同シ
2　自ラ議員候補者ノ氏名ヲ書スルコト能ハサル者ハ投票ヲ爲スコトヲ得ス
第三十一條　投票ノ拒否ハ投票立會人ノ意見ヲ聽キ投票管理者之ヲ決定スヘシ
2　前項ノ決定ヲ受ケタル選擧人不服アルトキハ投票管理者ハ假ニ投票ヲ爲サシムヘシ
3　前項ノ投票ハ選擧人ヲシテ之ヲ封筒ニ入レ封緘シ表面ニ自ラ其ノ氏名ヲ記載シ投函セシムヘシ
4　投票立會人ニ於テ異議アル選擧人ニ對シテモ亦前二項ニ同シ

第三十二條　投票所ヲ閉ツヘキ時刻ニ至リタルトキハ投票管理者ハ其ノ旨ヲ告ケテ投票所ノ入口ヲ鎖シ投票所ニ在ル選擧人ノ投票結了スルヲ待チテ投票函ヲ閉鎖スヘシ

2投票函閉鎖後ハ投票ヲ爲スコトヲ得ス

第三十三條　選擧人ニシテ勅令ノ定ムル事由ニ因リ選擧ノ當日自ラ投票所ニ到リ投票ヲ爲シ能ハサルヘキコトヲ證スル者ノ投票ニ關シテハ第二十五條、第二十六條、第二十七條第一項、第二十九條但書及第三十一條ノ規定ニ拘ラス勅令ヲ以テ特別ノ規定ヲ設クルコトヲ得

第三十四條　投票管理者ハ投票錄ヲ作リ投票ニ關スル顚末ヲ記載シ投票立會人ト共ニ之ニ署名スヘシ

第三十五條　投票管理者ハ一人又ハ數人ノ投票立會人ト共ニ町村ノ投票區ニ於テハ投票ノ翌日迄ニ、市ノ投票區ニ於テハ投票ノ當日投票函、投票錄及選擧人名簿ヲ開票管理者ニ送致スヘシ

第三十六條　島嶼其ノ他交通不便ノ地ニシテ前條ノ期日ニ投票函ヲ送致スルコト能ハサル情況アリト認ムルトキハ地方長官ハ適宜ニ其ノ投票ノ期日ヲ定メ開票ノ期日迄ニ其ノ投票函、投票錄及選擧人名簿ヲ送致セシムルコトヲ得

第三十七條　天災其ノ他避クヘカラサル事故ニ因リ投票ヲ行フコトヲ得サルトキ又ハ更ニ投票ヲ行フノ必要アルトキハ投票管理者ハ選擧長ヲ經テ地方長官ニ其ノ旨ヲ屆出ツヘシ此ノ場合ニ於テハ地方長官ハ更ニ期日ヲ定メ投票ヲ行ハシムヘシ但シ其ノ期日ハ少クトモ五日前ニ之ヲ告示セシムヘシ

第三十八條　第七十五條又ハ第七十九條ノ選擧ヲ同時ニ行フ場合ニ於テハ一ノ選擧ヲ以テ合併シテ之ヲ行フ

第三十九條　何人ト雖選擧人ノ投票シタル被選擧人ノ氏名ヲ陳述スルノ義務ナシ

第四十條　投票管理者ハ投票所ノ秩序ヲ保持シ必要ナル場合ニ於テハ警察官吏ノ處分ヲ請求スルコトヲ得

第四十一條　選擧人、投票所ノ事務ニ從事スル者、投票所ヲ監視スル職權ヲ有スル者及警察官吏ニ非サレハ投票所ニ入ルコトヲ得ス

第四十二條　投票所ニ於テ演說討論ヲ爲シ若ハ喧騷ニ渉リ又ハ投票ニ關シ協議若ハ勸誘ヲ爲シ其ノ他投票所ノ秩序ヲ紊ル者アルトキハ投票管理者ハ之ヲ制止シ命ニ從ハサルトキハ投票所外ニ退出セシムヘシ

第四十三條　前條ノ規定ニ依リ投票所外ニ退出セシメラレタル者ハ最後ニ至リ投票ヲ爲スコトヲ得但シ投票管理者ハ投票所ノ秩序ヲ紊ルノ虞ナシト認ムル場合ニ於テ投票ヲ爲サシムルコトヲ妨ケス

第五章　開票及開票所

第四十四條　支廳長　市長又ハ地方長官ノ指定シタル官吏ハ開票管理者ト爲リ開票ニ關スル事務ヲ擔任ス（大正十五年六月法律第八十二號改正）

第四十五條　開票所ハ支廳、市役所又ハ開票管理者ノ指定シタル場所ニ之ヲ設ク（同上改正）

第四十六條　開票管理者ハ豫メ開票ノ場所及日時ヲ告示スヘシ

第四十七條　第二十四條ノ規定ハ開票立會人ニ之ヲ準用ス

第四十八條　開票管理者ハ總テノ投票函ノ送致ヲ受ケタル日ノ翌日開票所ニ於テ開票立會人立會ノ上投票函ヲ開キ投票ノ總數ト投票人ノ總數トヲ計算スヘシ

第四十九條　前條ノ計算終リタルトキハ開票管理者ハ先ツ第三十一條第二項及第四項ノ投票ヲ調査シ開票立會人ノ意見ヲ聽キ其ノ受理如何ヲ決定スヘシ

2 開票管理者ハ開票立會人ト共ニ投票區毎ニ投票ヲ點檢スヘシ

3 投票ノ點檢終リタルトキハ開票管理者ハ直ニ其ノ結果ヲ選擧長ニ報告スヘシ

第五十條　選擧人ハ其ノ開票所ニ就キ開票ノ參觀ヲ求ムルコトヲ得

第五十一條　投票ノ效力ハ開票立會人ノ意見ヲ聽キ開票管理者之ヲ決定スヘシ

第五十二條　左ノ投票ハ之ヲ無效トス

一　成規ノ用紙ヲ用ヒサルモノ

二　議員候補者ニ非サル者ノ氏名ヲ記載シタルモノ

三　一投票中二人以上ノ議員候補者ノ氏名ヲ記載シタルモノ

四　被選擧權ナキ議員候補者ノ氏名ヲ記載シタルモノ

五　議員候補者ノ氏名ノ外他事ヲ記載シタルモノ但シ官位、職業、身分、住居又ハ敬稱ノ類ヲ記入シタルモノハ此ノ限ニ在ラス

六　議員候補者ノ氏名ヲ自書セサルモノ
七　議員候補者ノ何人ヲ記載シタルカヲ確認シ難キモノ
八　衆議院議員ノ職ニ在ル者ノ氏名ヲ記載シタルモノ
2　前項第八號ノ規定ハ第七十五條又ハ第七十九條ノ規定ニ依ル選擧ノ場合ニ限リ之ヲ適用ス
第五十三條　投票ハ有效無效ヲ區別シ議員ノ任期間開票管理者ニ於テ之ヲ保存スヘシ但シ第四十四條ノ規定ニ依リ地方長官ノ指定シタル官吏開票管理者タル場合ニ於テハ地方長官ニ於テ之ヲ保存スヘシ（大正十五年六月法律第八十二號但書追加）
第五十四條　開票管理者ハ開票錄ヲ作リ開票ニ關スル顚末ヲ記載シ開票立會人ト共ニ署名シ投票錄ト併セテ議員ノ任期間之ヲ保存スヘシ但シ前條但書ノ規定ハ開票錄及投票錄ノ保存ニ之ヲ準用ス（同上改正）
第五十五條　選擧ノ一部無效ト爲リ更ニ選擧ヲ行ヒタル場合ノ開票ニ於テハ其ノ投票ノ效力ヲ決定スヘシ
第五十六條　第三十七條ノ規定ハ但書ヲ除キ開票ニ之ヲ準用ス
第五十七條　開票所ノ取締ニ付テハ第四十條乃至第四十二條ノ規定ヲ準用ス

第六章　選擧會

第五十八條　左ニ掲クル者ヲ以テ選擧長トス（大正十五年六月法律第八十二號改正）
一　一縣又ハ一市一選擧區タル場合ニ於テハ其ノ地方長官又ハ市長

二　一選擧區數市又ハ支廳管内及市ニ渉ル場合ニ於テハ關係支廳長又ハ市長ノ中ニ就キ地方長官ノ指定スル者

三　其ノ他ノ選擧區ニ於テハ官吏又ハ關係市長ノ中ニ就キ地方長官ノ指定スル者

2　選擧長ハ選擧會ニ關スル事務ヲ擔任ス

第五十九條　選擧會ハ選擧長ノ屬スル縣廳、支廳若ハ市役所又ハ選擧長ノ指定シタル場所ニ之ヲ開ク（同上改正）

第六十條　選擧長ハ豫メ選擧會ノ場所及日時ヲ告示スヘシ

第六十一條　第二十四條ノ規定ハ選擧立會人ニ之ヲ準用ス

第六十二條　選擧長ハ總テノ開票管理者ヨリ第四十九條第三項ノ報告ヲ受ケタル日又ハ其ノ翌日選擧會ヲ開キ選擧立會人立會ノ上其ノ報告ヲ調査スヘシ

2　選擧ノ一部無效ト爲リ更ニ選擧ヲ行ヒタル場合ニ於テ第四十九條第三項ノ報告ヲ受ケタルトキハ選擧長ハ前項ノ例ニ依リ選擧會ヲ開キ他ノ部分ノ報告ト共ニ更ニ之ヲ調査スヘシ

第六十三條　選擧人ハ其ノ選擧會ノ參觀ヲ求ムルコトヲ得

第六十四條　選擧長ハ選擧錄ヲ作リ選擧會ニ關スル顚末ヲ記載シ選擧立會人ト共ニ署名シ第四十九條第三項ノ報告ニ關スル書類ト併セテ議員ノ任期間之ヲ保存スヘシ但シ第五十八條第一項第三號ノ規定ニ依リ地方長官ノ指定シタル官吏（支廳長ヲ除ク）選擧長タル場合ニ於テハ地方長官ニ於テ選擧錄及第四十九條第三項ノ報告ニ關スル書類ヲ保存スヘシ（大正十五年六月法律第八十二號但書追加）

第六十五條 第三十七條ノ規定ハ但書ヲ除キ選擧會ニ之ヲ準用ス
第六十六條 選擧會場ノ取締ニ付テハ第四十條乃至第四十二條ノ規定ヲ準用ス

第七章 議員候補者及當選人

第六十七條 議員候補者タラムトスル者ハ選擧ノ期日ノ公布又ハ告示アリタル日ヨリ選擧ノ期日前七日迄ニ其ノ旨ヲ選擧長ニ届出ツヘシ
2 選擧人名簿ニ記載セラレタル者他人ヲ議員候補者ト爲サムトスルトキハ前項ノ期間内ニ其ノ推薦ノ届出ヲ爲スコトヲ得
3 前二項ノ期間内ニ届出アリタル議員候補者其ノ選擧ニ於ケル議員ノ定數ヲ超ユル場合ニ於テ其ノ期間ヲ經過シタル後議員候補者死亡シ又ハ議員候補者タルコトヲ辭シタルトキハ前二項ノ例ニ依リ選擧ノ期日ノ前日迄議員候補者ノ届出又ハ推薦届出ヲ爲スコトヲ得
4 議員候補者ハ選擧長ニ届出ヲ爲スニ非サレハ議員候補者タルコトヲ辭スルコトヲ得ス
5 前四項ノ届出アリタルトキ又ハ議員候補者ノ死亡シタルコトヲ知リタルトキハ選擧長ハ直ニ其ノ旨ヲ告示スヘシ
第六十八條 議員候補者ノ届出又ハ推薦届出ヲ爲サムトスル者ハ議員候補者一人ニ付二千圓又ハ之ニ相當スル額面ノ國債證書ヲ供託スルコトヲ要ス
2 議員候補者ノ得票數其ノ選擧區内ノ議員ノ定數ヲ以テ有效投票ノ總數ヲ除シテ得タル數ノ十分ノ一ニ達セサルトキハ前項ノ供託物ハ政府ニ歸屬ス

3 議員候補者選擧ノ期日前十日以内ニ議員候補者タルコトヲ辭シタルトキハ前項ノ規定ヲ準用ス但シ被選擧權ヲ有セサルニ至リタル爲議員候補者タルコトヲ辭シタルトキハ此ノ限ニ在ラス

第六十九條　有效投票ノ最多數ヲ得タル者ヲ以テ當選人トス但シ其ノ選擧區内ノ議員ノ定數ヲ以テ有效投票ノ總數ヲ除シテ得タル數ノ四分ノ一以上ノ得票アルコトヲ要ス

2 當選人ヲ定ムルニ當リ得票數同シキトキハ年齢多キ者ヲ取リ年齢モ亦同シキトキハ選擧會ニ於テ選擧長抽籤シテ之ヲ定ム

3 第八十一條又ハ第八十三條ノ規定ニ依ル訴訟ノ結果更ニ選擧ヲ行フコトナクシテ當選人ヲ定メ得ル場合ニ於テハ選擧會ヲ開キ之ヲ定ムヘシ

4 當選人當選ヲ辭シタルトキ、死亡者ナルトキ又ハ第七十條ノ規定ニ依リ當選ヲ失ヒタルトキハ直ニ選擧會ヲ開キ第一項但書ノ得票者ニシテ當選人ト爲ラサリシ者ノ中ニ就キ當選人ヲ定ムヘシ

5 當選人第八十四條ノ規定ニ依ル訴訟ノ結果又ハ第百三十六條ノ規定ニ依リ當選無效ト爲リタルトキハ選擧會ヲ開キ其ノ第七十四條ノ規定ニ依ル當選承諾屆出期限前ナル場合ニ於テハ前項ノ例ニ依リ其ノ屆出期限經過後ナル場合ニ於テハ第二項ノ規定ノ適用ヲ受ケタル得票者ニシテ當選人ト爲ラサリシ者ノ中ニ就キ當選人ヲ定ムヘシ

6 前三項ノ場合ニ於テ第一項但書ノ得票者ニシテ當選人ト爲ラサリシ者選擧ノ期日後ニ於テ被選擧權ヲ有セサルニ至リタルトキハ之ヲ當選人ト定ムルコトヲ得ス

第七十條　當選人選擧ノ期日後ニ於テ被選擧權ヲ有セサルニ至リタルトキハ當選ヲ失フ

第七十一條　第六十七條第一項乃至第三項ノ規定ニ依ル屆出アリタル議員候補者其ノ選擧ニ於ケル議員ノ定數ヲ超エサルトキハ其ノ選擧區ニ於テハ投票ヲ行ハス

2 前項ノ規定ニ依リ投票ヲ行フコトヲ要セサルトキハ選擧長ハ直ニ其ノ旨ヲ投票管理者ニ通知シ併セテ之ヲ告示シ且地方長官ニ報告スヘシ

3 投票管理者前項ノ通知ヲ受ケタルトキハ直ニ其ノ旨ヲ告示スヘシ

4 第一項ノ場合ニ於テハ選擧長ハ選擧ノ期日ヨリ五日以內ニ選擧會ヲ開キ議員候補者ヲ以テ當選人ト定ムヘシ

5 前項ノ場合ニ於テ議員候補者ノ被選擧權ノ有無ハ選擧立會人ノ意見ヲ聽キ選擧長之ヲ決定スヘシ

第七十二條　當選人定リタルトキハ選擧長ハ直ニ當選人ニ當選ノ旨ヲ告知シ同時ニ當選人ノ氏名ヲ告示シ且當選人ノ氏名、得票數及其ノ選擧ニ於ケル有效投票ノ總數其ノ他選擧ノ顚末ヲ地方長官ニ報告スヘシ

2 當選人ナキトキ又ハ當選人其ノ選擧ニ於ケル議員ノ定數ニ達セサルトキハ選擧長ハ直ニ其ノ旨ヲ告示シ且之ヲ地方長官ニ報告スヘシ

第七十三條　當選人當選ノ告知ヲ受ケタルトキハ其ノ當選ヲ承諾スルヤ否ヤヲ選擧長ニ屆出ツヘシ

2 一人ニシテ數選擧區ノ當選ヲ承諾スルコトヲ得ス

3 選擧長第一項ノ規定ニ依ル屆出ヲ受ケタルトキハ直ニ其ノ旨ヲ地方長官ニ報告スヘシ

第七十四條 當選人當選ノ告知ヲ受ケタル日ヨリ二十日以內ニ當選承諾ノ屆出ヲ爲ササルトキハ其ノ當選ヲ辭シタルモノト看做ス

第七十五條 左ニ揭クル事由ノ一ニ該當スル場合ニ於テハ更ニ選擧ヲ行フコトナクシテ當選人ヲ定メ得ルトキヲ除クノ外地方長官ハ選擧ノ期日ヲ定メ少クトモ十四日前ニ之ヲ告示シ更ニ選擧ヲ行ハシムヘシ但シ同一人ニ關シ左ニ揭クル其ノ他ノ事由ニ依リ又ハ第七十九條第六項ノ規定ニ依リ選擧ノ期日ヲ告示シタルトキハ此ノ限ニ在ラス

一 當選人ナキトキ又ハ當選人其ノ選擧ニ於ケル議員ノ定數ニ達セサルトキ

二 當選人當選ヲ辭シタルトキ又ハ死亡者ナルトキ

三 當選人第七十條ノ規定ニ依リ當選ヲ失ヒタルトキ

四 第八十一條又ハ第八十三條ノ規定ニ依ル訴訟ノ結果當選人ナキニ至リ又ハ當選人其ノ選擧ニ於ケル議員ノ定數ニ達セサルニ至リタルトキ

五 當選人第八十四條ノ規定ニ依ル訴訟ノ結果當選無效ト爲リタルトキ

六 當選人第百三十六條ノ規定ニ依リ當選無效ト爲リタルトキ

2 第九章ノ規定ニ依ル訴訟ノ出訴期間ハ前項ノ規定ニ依ル選擧ヲ行フコトヲ得ス其ノ出訴アリタル場合ニ於テ訴訟繫屬中亦同シ

3 第一項ノ選擧ノ期日ハ第九章ノ規定ニ依ル訴訟ノ出訴期間滿了ノ日、其ノ出訴アリタル場合ニ於テハ地方長官第八十六條第一項ノ規定ニ依リ訴訟繫屬セサルニ至リタル旨ノ大審院長ノ通知ヲ受ケタル日又ハ第百四十三條ノ規定ニ依ル通知ヲ受ケタル日ヨリ二十日ヲ超ユルコトヲ得ス

4 第一項各號ノ一ニ該當スル事由議員ノ任期ノ終ル前六月以内ニ生シタルトキハ第一項ノ選擧ハ之ヲ行ハス

第七十六條 當選人當選ヲ承諾シタルトキハ地方長官ハ直ニ當選證書ヲ付與シ其ノ氏名ヲ告示シ且之ヲ内務大臣ニ報告スヘシ

第七十七條 第九章ノ規定ニ依ル訴訟ノ結果選擧若ハ當選無效ト爲リタルトキ又ハ當選人第百三十六條ノ規定ニ依リ當選無效ト爲リタルトキハ地方長官ハ直ニ其ノ旨ヲ告示スヘシ

第八章　議員ノ任期及補闕

第七十八條 議員ノ任期ハ四年トシ總選擧ノ期日ヨリ之ヲ起算ス但シ議會開會中ニ任期終ルモ閉會ニ至ル迄在任ス

第七十九條 議員ニ闕員ヲ生スルモ其ノ闕員ノ數同一選擧區ニ於テ二人ニ達スル迄ハ補闕選擧ハ之ヲ行ハス

2 議員ニ闕員ヲ生シタルトキハ内務大臣ハ議院法第八十四條ノ規定ニ依ル衆議院議長ノ通牒ヲ受ケタル日ヨリ五日以内ニ地方長官ニ對シ其ノ旨ヲ通知スヘシ

3 地方長官ハ前項ノ規定ニ依ル通知ヲ受ケタルトキハ其ノ闕員ト爲リタル議員カ第七十四條ノ規

定ニ依ル當選承諾届出ノ期限前ニ於テ闕員ト爲リタル者ナル場合ニ於テ第六十九條第一項但書ノ得票者ニシテ當選人ト爲ラサリシ者アルトキ又ハ其ノ期限經過後ニ於テ闕員ト爲リタル者ナル場合ニ於テ第六十九條第二項ノ規定ノ適用ヲ受ケタル得票者ニシテ當選人ト爲ラサリシ者アルトキハ直ニ議員闕員ト爲リタル旨ヲ選擧長ニ通知スヘシ

4　選擧長ハ前項ノ規定ニ依ル通知ヲ受ケタル日ヨリ二十日以内ニ第六十九條第四項乃至第六項ノ規定ヲ準用シ當選人ヲ定ムヘシ

5　地方長官ハ第二項ノ規定ニ依ル通知ヲ受ケタル場合ニ於テ第三項ノ規定ノ適用アルトキ及同一人ニ關シ第七十五條ノ規定ニ依リ選擧ノ期日ヲ告示シタルトキヲ除クノ外其ノ闕員ノ數同一選擧區ニ於テ二人ニ達スルヲ待チ最後ニ第二項ノ規定ニ依ル通知ヲ受ケタル日ヨリ二十日以内ニ補闕選擧ヲ行ハシムヘシ

6　補闕選擧ノ期日ハ地方長官少クトモ十四日前ニ之ヲ告示スヘシ

7　第七十五條第二項乃至第四項ノ規定ハ補闕選擧ニ之ヲ準用ス

第八十條　補闕議員ハ其ノ前任者ノ殘任期間在任ス

第九章　訴訟

第八十一條　選擧ノ效力ニ關シ異議アル選擧人又ハ議員候補者ハ選擧長ヲ被告トシ選擧ノ日ヨリ三十日以内ニ大審院ニ出訴スルコトヲ得

第八十二條　選擧ノ規定ニ違反スルコトアルトキハ選擧ノ結果ニ移動ヲ及ホスノ虞アル場合ニ限

リ裁判所ハ其ノ選擧ノ全部又ハ一部ノ無效ヲ判決スヘシ
2 第八十三條ノ規定ニ依ル訴訟ニ於テモ其ノ選擧前項ノ場合ニ該當スルトキハ裁判所ハ其ノ全部又ハ一部ノ無效ヲ判決スヘシ

第八十三條 當選ヲ失ヒタル者當選ノ效力ニ關シ異議アルトキハ當選人ヲ被告トシ第七十二條第一項及第二項ノ告示ノ日ヨリ三十日以内ニ大審院ニ出訴スルコトヲ得但シ第六十九條第一項但書ニ定メタル得票ニ達シタリトノ理由、第六十九條第六項若ハ第七十條ノ規定ニ該當セストノ理由又ハ第七十一條第五項ノ決定違法ナリトノ理由ニ因リ出訴スル場合ニ於テハ選擧長ヲ被告トスヘシ
2 前項ノ規定ニ依ル訴訟ノ裁判確定前當選人死亡シタルトキハ檢事ヲ被告トス

第八十四條 第百十條ノ規定ニ依リ當選ヲ無效ナリト認ムル選擧人又ハ議員候補者ハ當選人ヲ被告トシ第七十二條第一項ノ告示ノ日ヨリ三十日以内ニ大審院ニ出訴スルコトヲ得
2 第百三十六條ノ規定ニ依リ選擧事務長カ第百十二條又ハ第百十三條ノ罪ヲ犯シ刑ニ處セラレタルニ因リ當選ヲ無效ナリト認ムル選擧人又ハ議員候補者ハ當選人ヲ被告トシ其ノ裁判確定ノ日ヨリ三十日以内ニ大審院ニ出訴スルコトヲ得

第八十五條 裁判所ハ本章ノ規定ニ依ル訴訟ヲ裁判スルニ當リ檢事ヲシテ口頭辯論ニ立會ハシムヘシ

第八十六條 本章ノ規定ニ依ル訴訟ノ提起アリタルトキハ大審院長ハ其ノ旨ヲ内務大臣及關係地

方長官ニ通知スヘシ訴訟ノ繫屬セサルニ至リタルトキ亦同シ
2本章ノ規定ニ依ル訴訟ニ付判決アリタルトキハ大審院長ハ其ノ判決書ノ謄本ヲ內務大臣ニ送付スヘシ帝國議會開會中ナルトキハ併セテ之ヲ衆議院議長ニ送付スヘシ
第八十七條　本章ノ規定ニ依ル訴訟ヲ提起セムトスル者ハ保證金トシテ三百圓又ハ之ニ相當スル額面ノ國債證書ヲ供託スルコトヲ要ス
2原告敗訴ノ場合ニ於テ裁判確定ノ日ヨリ七日以內ニ裁判費用ヲ完納セサルトキハ保證金ヲ以テ之ニ充當シ仍足ラサルトキハ之ヲ追徵ス

第十章　選擧運動

第八十八條　議員候補者ハ選擧事務長一人ヲ選任スヘシ但シ議員候補者自ラ選擧事務長ト爲リ又ハ推薦屆出者（推薦屆出者數人アルトキハ其ノ代表者）議員候補者ノ承諾ヲ得テ選擧事務長ヲ選任シ若ハ自ラ選擧事務長ト爲ルコトヲ妨ケス
2議員候補者ノ承諾ヲ得スシテ其ノ推薦ノ屆出ヲ爲シタル者ハ前項但書ノ承諾ヲ得ルコトヲ要セス
3議員候補者ハ文書ヲ以テ通知スルコトニ依リ選擧事務長ヲ解任スルコトヲ得選擧事務長ヲ選任シタル推薦屆出者ニ於テ議員候補者ノ承諾ヲ得タルトキ亦同シ
4選擧事務長ハ文書ヲ以テ議員候補者及選任者ニ通知スルコトニ依リ辭任スルコトヲ得
5選擧事務長ノ選任者（自ラ選擧事務長ト爲リタル者ヲ含ム以下之ニ同シ）ハ直ニ其ノ旨ヲ選擧

區內警察官署ノ一ニ屆出ツヘシ
6 選擧事務長ニ異動アリタルトキハ前項ノ規定ニ依リ屆出ヲ爲シタル者直ニ其ノ屆出ヲ爲シタル警察官署ニ其ノ旨ヲ屆出ツヘシ
7 第九十五條ノ規定ニ依リ選擧事務長ニ代リテ其ノ職務ヲ行フ者ハ前項ノ例ニ依リ屆出ツヘシ其ノ之ヲ罷メタルトキ亦同シ
第八十九條 選擧事務長ニ非サレハ選擧事務所ヲ設置シ又ハ選擧委員若ハ選擧事務員ヲ選任スルコトヲ得ス
2 選擧事務長ハ文書ヲ以テ通知スルコトニ依リ選擧委員又ハ選擧事務員ヲ解任スルコトヲ得
3 選擧委員又ハ選擧事務員ハ文書ヲ以テ選擧事務長ニ通知スルコトニ依リ辭任スルコトヲ得
4 選擧事務長選擧事務所ヲ設置シ又ハ選擧委員若ハ選擧事務員ヲ選任シタルトキハ直ニ其ノ旨ヲ前條第五項ノ屆出アリタル警察官署ニ屆出ツヘシ選擧事務所又ハ選擧委員若ハ選擧事務員ニ異動アリタルトキ亦同シ
第九十條 選擧事務所ハ議員候補者一人ニ付七箇所ヲ超ユルコトヲ得ス
2 選擧ノ一部無效ト爲リ更ニ選擧ヲ行フ場合又ハ第三十七條ノ規定ニ依リ投票ヲ行フ場合ニ於テハ選擧事務所ハ前項ニ掲クル數ヲ超エサル範圍內ニ於テ地方長官(東京府ニ在リテハ警視總監)ノ定メタル數ヲ超ユルコトヲ得ス
3 地方長官(東京府ニ在リテハ警視總監)前項ノ規定ニ依リ選擧事務所ノ數ヲ定メタル場合ニ於

テハ選擧ノ期日ノ告示アリタル後直ニ之ヲ告示スヘシ

第九十一條　選擧事務所ハ選擧ノ當日ニ限リ投票所ヲ設ケタル場所ノ入口ヨリ三町以内ノ區域ニ之ヲ置クコトヲ得ス

第九十二條　休憩所其ノ他之ニ類似スル設備ハ選擧運動ノ爲之ヲ設クルコトヲ得ス

第九十三條　選擧委員及選擧事務員ハ議員候補者一人ニ付通シテ五十人ヲ超ユルコトヲ得ス

2　第九十條第二項及第三項ノ規定ハ選擧委員及選擧事務員ニ關シ之ヲ準用ス

第九十四條　選擧事務長選擧權ヲ有セサル者ナルトキ又ハ第九十九條第二項ノ規定ニ依リ選擧運動ヲ爲スコトヲ得サル者ナルトキハ地方長官（東京府ニ在リテハ警視總監）ハ直ニ其ノ解任又ハ退任ヲ命スヘシ

2　第八十九條第一項ノ規定ニ違反シテ選擧事務所ノ設置アリト認ムルトキハ地方長官（東京府ニ在リテハ警視總監）ハ直ニ其ノ選擧事務所ノ閉鎖ヲ命スヘシ第九十條第一項又ハ第二項ノ規定ニ依ル定數ヲ超エテ選擧事務所ノ設置アリト認ムルトキハ其ノ超過シタル數ノ選擧事務所ニ付亦同シ

3　前條ノ規定ニ依ル定數ヲ超エテ選擧委員又ハ選擧事務員ノ選任アリト認ムルトキハ地方長官（東京府ニ在リテハ警視總監）ハ直ニ其ノ超過シタル數ノ選擧委員又ハ選擧事務員ノ解任ヲ命スヘシ選擧委員又ハ選擧事務員選擧權ヲ有セサル者ナルトキ又ハ第九十九條第二項ノ規定ニ依リ選擧運動ヲ爲スコトヲ得サル者ナルトキ其ノ選擧委員又ハ選擧事務員ニ付亦同シ

第九十五條 選擧事務長故障アルトキハ選任者代リテ其ノ職務ヲ行フ

2 推薦屆出者タル選任者モ亦故障アルトキハ議員候補者ノ承諾ヲ得スシテ其ノ推薦ノ屆出ヲ爲シタル場合ヲ除クノ外議員候補者代リテ其ノ職務ヲ行フ

第九十六條 議員候補者、選擧事務長、選擧委員又ハ選擧事務員ニ非サレハ選擧運動ヲ爲スコトヲ得ス但シ演說又ハ推薦狀ニ依ル選擧運動ハ此ノ限ニ在ラス

第九十七條 選擧事務長、選擧委員又ハ選擧事務員ハ選擧運動ノ爲ニ要スル飮食物、船車馬等ノ供給又ハ旅費、休泊料其ノ他ノ實費ノ辨償ヲ受クルコトヲ得演說又ハ推薦狀ニ依リ選擧運動ヲ爲ス者其ノ運動ヲ爲スニ付亦同シ

2 選擧事務員ハ選擧運動ヲ爲スニ付報酬ヲ受クルコトヲ得

第九十八條 何人ト雖投票ヲ得若ハ得シメ又ハ得シメサルノ目的ヲ以テ戶別訪問ヲ爲スコトヲ得ス

2 何人ト雖前項ノ目的ヲ以テ連續シテ個個ノ選擧人ニ對シ面接シ又ハ電話ニ依リ選擧運動ヲ爲スコトヲ得ス

第九十九條 選擧權ヲ有セサル者ハ選擧事務長、選擧委員又ハ選擧事務員ト爲ルコトヲ得ス

2 選擧事務ニ關係アル官吏及吏員ハ其ノ關係區域內ニ於ケル選擧運動ヲ爲スコトヲ得ス

第百條 內務大臣ハ選擧運動ノ爲頒布シ又ハ揭示スル文書圖畫ニ關シ命令ヲ以テ制限ヲ設クルコトヲ得

第十一章　選擧運動ノ費用

第百一條　立候補準備ノ爲ニ要スル費用ヲ除クノ外選擧運動ノ費用ハ選擧事務長ニ非サレハ之ヲ支出スルコトヲ得ス但シ議員候補者、選擧委員又ハ選擧事務員ハ選擧事務長ノ文書ニ依ル承諾ヲ得テ之ヲ支出スルコトヲ妨ケス

2　議員候補者、選擧事務長、選擧委員又ハ選擧事務員ニ非サル者ハ選擧運動ノ費用ヲ支出スルコトヲ得ス但シ演說又ハ推薦狀ニ依ル選擧運動ノ費用ハ此ノ限ニ在ラス

第百二條　選擧運動ノ費用ハ議員候補者一人ニ付左ノ各號ノ額ヲ超ユルコトヲ得ス

一　選擧區內ノ議員ノ定數ヲ以テ選擧人名簿確定ノ日ニ於テ之ニ記載セラレタル者ノ總數ヲ除シテ得タル數ヲ四十錢ニ乘シテ得タル額

二　選擧ノ一部無效ト爲リ更ニ選擧ヲ行フ場合ニ於テハ選擧區內ノ議員ノ定數ヲ以テ選擧人名簿確定ノ日ニ於テ關係區域ノ選擧人名簿ニ記載セラレタル者ノ總數ヲ除シテ得タル數ヲ四十錢ニ乘シテ得タル額

三　第三十七條ノ規定ニ依リ投票ヲ行フ場合ニ於テハ前號ノ規定ニ準シテ算出シタル額但シ地方長官（東京府ニ在リテハ警視總監）必要アリト認ムルトキハ之ヲ減額スルコトヲ得

2　地方長官（東京府ニ在リテハ警視總監）ハ選擧ノ期日ノ公布又ハ告示アリタル後直ニ前項ノ規定ニ依ル額ヲ告示スヘシ

第百三條　選擧運動ノ爲財產上ノ義務ヲ負擔シ又ハ建物、船車馬、印刷物、飮食物其ノ他ノ金錢

以外ノ財産上ノ利益ヲ使用シ若ハ費消シタル場合ニ於テハ其ノ義務又ハ利益ヲ時價ニ見積リタル金額ヲ以テ選擧運動ノ費用ト看做ス

第百四條　左ノ各號ニ掲クル費用ハ之ヲ選擧運動ノ費用ニ非サルモノト看做ス

一　議員候補者カ乘用スル船車馬等ノ爲ニ要シタル費用

二　選擧ノ期日後ニ於テ選擧運動ノ殘務整理ノ爲ニ要シタル費用

三　選擧委員又ハ選擧事務員ノ支出シタル費用ニシテ議員候補者又ハ選擧事務長ト意思ヲ通シテ支出シタル費用以外ノモノ但シ第百一條第一項ノ規定ノ適用ニ付テハ此ノ限ニ在ラス

四　第六十七條第一項乃至第三項ノ屆出アリタル後議員候補者、選擧事務長、選擧委員又ハ選擧事務員ニ非サル者ノ支出シタル費用ニシテ議員候補者又ハ選擧事務長ト意思ヲ通シテ支出シタル費用以外ノモノ但シ第百一條第二項ノ規定ノ適用ニ付テハ此ノ限ニ在ラス

五　立候補準備ノ爲ニ要シタル費用ニシテ議員候補者若ハ選擧事務長ト爲リタル者ノ支出シタル費用又ハ其ノ者ト意思ヲ通シテ支出シタル費用以外ノモノ

第百五條　選擧事務長ハ勅令ノ定ムル所ニ依リ帳簿ヲ備ヘ之ニ選擧運動ノ費用ヲ記載スヘシ

第百六條　選擧事務長ハ勅令ノ定ムル所ニ依リ選擧運動ノ費用ヲ精算シ選擧ノ期日ヨリ十四日以內ニ第八十八條第五項ノ屆出アリタル警察官署ヲ經テ之ヲ地方長官（東京府ニ在リテハ警視總監）ニ屆出ツヘシ

2 地方長官（東京府ニ在リテハ警視總監）ハ前項ノ規定ニ依リ屆出アリタル選擧運動ノ費用ヲ告

亦スヘシ

第百七條　選擧事務長ハ前條第一項ノ屆出ヲ爲シタル日ヨリ一年間選擧運動ノ費用ニ關スル帳簿及書類ヲ保存スヘシ

2 前項ノ帳簿及書類ノ種類ハ勅令ヲ以テ之ヲ定ム

第百八條　警察官吏ハ選擧ノ期日後何時ニテモ選擧事務長ニ對シ選擧運動ノ費用ニ關スル帳簿又ハ書類ノ提出ヲ命シ、之ヲ檢査シ又ハ之ニ關スル說明ヲ求ムルコトヲ得

第百九條　選擧事務長辭任シ又ハ解任セラレタル場合ニ於テハ遲滯ナク選擧運動ノ費用ノ計算ヲ爲シ新ニ選擧事務長ト爲リタル者ニ對シ、新ニ選擧事務長ト爲リタル者ナキトキハ第九十五條ノ規定ニ依リ選擧事務長ノ職務ヲ行フ者ニ對シ選擧事務所、選擧委員、選擧事務員其ノ他ニ關スル事務ト共ニ其ノ引繼ヲ爲スヘシ第九十五條ノ規定ニ依リ選擧事務長ノ職務ヲ行フ者事務ノ引繼ヲ受ケタル後新ニ選擧事務長定リタルトキ亦同シ

第百十條　議員候補者ノ爲支出セラレタル選擧運動ノ費用カ第百二條第二項ノ規定ニ依リ告示セラレタル額ヲ超エタルトキハ其ノ議員候補者ノ當選ヲ無效トス但シ議員候補者及推薦屆出者カ選擧事務長又ハ之ニ代リテ其ノ職務ヲ行フ者ノ選任及監督ニ付相當ノ注意ヲ爲シ且選擧事務長又ハ之ニ代リテ其ノ職務ヲ行フ者ニ於テ選擧運動ノ費用ノ支出ニ付過失ナカリシトキハ此ノ限ニ在ラス

第十二章　罰則

第百十一條　詐僞ノ方法ヲ以テ選擧人名簿ニ登錄セラレタル者又ハ第二十五條第二項ノ場合ニ於テ虛僞ノ宣言ヲ爲シタル者ハ百圓以下ノ罰金ニ處ス

第百十二條　左ノ各號ニ掲クル行爲ヲ爲シタル者ハ二年以下ノ懲役若ハ禁錮又ハ千圓以下ノ罰金ニ處ス

一　當選ヲ得若ハ得シメ又ハ得シメサル目的ヲ以テ選擧人又ハ選擧運動者ニ對シ金錢、物品其ノ他ノ財產上ノ利益若ハ公私ノ職務ノ供與、其ノ供與ノ申込若ハ約束ヲ爲シ又ハ饗應接待、其ノ申込若ハ約束ヲ爲シタルトキ

二　當選ヲ得若ハ得シメ又ハ得シメサル目的ヲ以テ選擧人又ハ選擧運動者ニ對シ其ノ者又ハ其ノ者ノ關係アル社寺、學校、會社、組合、市町村等ニ對スル用水、小作、債權、寄附其ノ他特殊ノ直接利害關係ヲ利用シテ誘導ヲ爲シタルトキ

三　投票ヲ爲シ若ハ爲サヽルコト、選擧運動ヲ爲シ若ハ止メタルコト又ハ其ノ周旋勸誘ヲ爲シタルコトノ報酬ト爲ス目的ヲ以テ選擧人又ハ選擧運動者ニ對シ第一號ニ掲クル行爲ヲ爲シタルトキ

四　第一號若ハ前號ノ供與、饗應接待ヲ受ケ若ハ要求シ、第一號若ハ前號ノ申込ヲ承諾シ又ハ第二號ノ誘導ニ應シ若ハ之ヲ促シタルトキ

五　前各號ニ掲クル行爲ニ關シ周旋又ハ勸誘ヲ爲シタルトキ

第百十三條　左ノ各號ニ掲クル行爲ヲ爲シタル者ハ三年以下ノ懲役若ハ禁錮又ハ二千圓以下ノ罰

金ニ處ス

一　議員候補者タルコト若ハ議員候補者タラムトスルコトヲ止メシムル目的ヲ以テ議員候補者若ハ議員候補者タラムトスル者ニ對シ又ハ當選ヲ辭セシムル目的ヲ以テ當選人ニ對シ前條第一號又ハ第二號ニ掲クル行爲ヲ爲シタルトキ

二　議員候補者タルコト若ハ議員候補者タラムトスルコトヲ止メタルコト、當選ヲ辭シタルコト又ハ其ノ周旋勸誘ヲ爲シタルコトノ報酬ト爲ス目的ヲ以テ議員候補者タリシ者、議員候補者タラムトシタル者又ハ當選人タリシ者ニ對シ前條第一號ニ掲クル行爲ヲ爲シタルトキ

三　前二號ノ供與、饗應接待ヲ受ケ若ハ要求シ、前二號ノ申込ヲ承諾シ又ハ第一號ノ誘導ニ應シ若ハ之ヲ促シタルトキ

四　前各號ニ掲クル行爲ニ關シ周旋又ハ勸誘ヲ爲シタルトキ

第百十四條　前二條ノ場合ニ於テ收受シタル利益ハ之ヲ沒收ス其ノ全部又ハ一部ヲ沒收スルコト能ハサルトキハ其ノ價額ヲ追徵ス

第百十五條　選擧ニ關シ左ノ各號ニ掲クル行爲ヲ爲シタル者ハ三年以下ノ懲役若ハ禁錮又ハ二千圓以下ノ罰金ニ處ス

一　選擧人、議員候補者、議員候補者タラムトスル者、選擧運動者又ハ當選人ニ對シ暴行若ハ威力ヲ加ヘ又ハ之ヲ拐引シタルトキ

二　交通若ハ集會ノ便ヲ妨ケ又ハ演說ヲ妨害シ其ノ他僞計詐術等不正ノ方法ヲ以テ選擧ノ自由

ヲ妨害シタルトキ

三　選擧人、議員候補者、議員候補者タラムトスル者、選擧運動者若ハ當選人又ハ其ノ關係アル社寺、學校、會社、組合、市町村等ニ對スル用水、小作、債權、寄附其ノ他特殊ノ利害關係ヲ利用シテ選擧人、議員候補者、議員候補者タラムトスル者、選擧運動者又ハ當選人ヲ威逼シタルトキ

第百十六條　選擧ニ關シ官吏又ハ吏員故意ニ其ノ職務ノ執行ヲ怠リ又ハ職權ヲ濫用シテ選擧ノ自由ヲ妨害シタルトキハ三年以下ノ禁錮ニ處ス

2　官吏又ハ吏員選擧人ニ對シ其ノ投票セムトシ又ハ投票シタル被選擧人ノ氏名ノ表示ヲ求メタルトキハ三月以下ノ禁錮又ハ百圓以下ノ罰金ニ處ス

第百十七條　選擧事務ニ關係アル官吏、吏員、立會人又ハ監視者選擧人ノ投票シタル被選擧人ノ氏名ヲ表示シタルトキハ二年以下ノ禁錮又ハ千圓以下ノ罰金ニ處ス其ノ表示シタル事實虚僞ナルトキ亦同シ

第百十八條　投票所又ハ開票所ニ於テ正當ノ事由ナクシテ選擧人ノ投票ニ關渉シ又ハ被選擧人ノ氏名ヲ認知スルノ方法ヲ行ヒタル者ハ一年以下ノ禁錮又ハ五百圓以下ノ罰金ニ處ス

2　法令ノ規定ニ依ラスシテ投票函ヲ開キ又ハ投票函中ノ投票ヲ取出シタル者ハ三年以下ノ懲役若ハ禁錮又ハ二千圓以下ノ罰金ニ處ス

第百十九條　投票管理者、開票管理者、選擧長、立會人若ハ選擧監視者ニ暴行若ハ脅迫ヲ加ヘ、

選擧會場、開票所若ハ投票所ヲ騷擾シ又ハ投票、投票函其ノ他關係書類ヲ抑留、毀壞若ハ奪取シタル者ハ四年以下ノ懲役又ハ禁錮ニ處ス

第百二十條　多衆聚合シテ第百十五條第一號又ハ前條ノ罪ヲ犯シタル者ハ左ノ區別ニ從テ處斷ス

一　首魁ハ一年以上七年以下ノ懲役又ハ禁錮ニ處ス

二　他人ヲ指揮シ又ハ他人ニ率先シテ勢ヲ助ケタル者ハ六月以上五年以下ノ懲役又ハ禁錮ニ處ス

三　附和隨行シタル者ハ百圓以下ノ罰金又ハ科料ニ處ス

2　第百十五條第一號又ハ前條ノ罪ヲ犯ス爲多衆聚合シ當該公務員ヨリ解散ノ命ヲ受クルコト三囘以上ニ及フモ仍解散セサルトキハ首魁ハ二年以下ノ禁錮ニ處シ其ノ他ノ者ハ百圓以下ノ罰金又ハ科料ニ處ス

第百二十一條　選擧ニ關シ銃砲、刀劍、棍棒其ノ他人ヲ殺傷スルニ足ルヘキ物件ヲ携帶シタル者ハ二年以下ノ禁錮又ハ千圓以下ノ罰金ニ處ス

2　警察官吏又ハ憲兵ハ必要ト認ムル場合ニ於テ前項ノ物件ヲ領置スルコトヲ得

第百二十二條　前條ノ物件ヲ携帶シテ選擧會場、開票所又ハ投票所ニ入リタル者ハ三年以下ノ禁錮又ハ二千圓以下ノ罰金ニ處ス

第百二十三條　前二條ノ罪ヲ犯シタル場合ニ於テハ其ノ携帶シタル物件ヲ沒收ス

第百二十四條　選擧ニ關シ多衆集合シ若ハ隊伍ヲ組ミテ往來シ又ハ煙火、松明ノ類ヲ用ヒ若ハ鐘

鼓、喇叭ノ類ヲ鳴ラシ旗幟其ノ他ノ標章ヲ用フル等氣勢ヲ張ルノ行爲ヲ爲シ警察官吏ノ制止ヲ受クルモ仍其ノ命ニ從ハサル者ハ六月以下ノ禁錮又ハ三百圓以下ノ罰金ニ處ス

第百二十五條 演說又ハ新聞紙、雜誌、引札、張札其ノ他何等ノ方法ヲ以テスルニ拘ラス第百十二條、第百十三條、第百十五條、第百十八條乃至第百二十二條及前條ノ罪ヲ犯サシムル目的ヲ以テ人ヲ煽動シタル者ハ一年以下ノ禁錮又ハ五百圓以下ノ罰金ニ處ス但シ新聞紙及雜誌ニ在リテハ仍其ノ編輯人及實際編輯ヲ擔當シタル者ヲ罰ス

第百二十六條 演說又ハ新聞紙、雜誌、引札、張札其ノ他何等ノ方法ヲ以テスルニ拘ラス左ノ各號ニ揭クル行爲ヲ爲シタル者ハ二年以下ノ禁錮又ハ千圓以下ノ罰金ニ處ス新聞紙及雜誌ニ在リテハ前條但書ノ例ニ依ル

一 當選ヲ得又ハ得シムル目的ヲ以テ議員候補者ノ身分、職業又ハ經歷ニ關シ虛僞ノ事項ヲ公ニシタルトキ

二 當選ヲ得シメサル目的ヲ以テ議員候補者ニ關シ虛僞ノ事項ヲ公ニシタルトキ

第百二十七條 選擧人ニ非サル者投票ヲ爲シタルトキハ一年以下ノ禁錮又ハ五百圓以下ノ罰金ニ處ス

2 氏名ヲ詐稱シ其ノ他詐僞ノ方法ヲ以テ投票ヲ爲シタル者ハ二年以下ノ禁錮又ハ千圓以下ノ罰金ニ處ス

3 投票ヲ僞造シ又ハ其ノ數ヲ增減シタル者ハ三年以下ノ懲役若ハ禁錮又ハ二千圓以下ノ罰金ニ處ス

4 選擧事務ニ關係アル官吏、吏員、立會人又ハ監視者前項ノ罪ヲ犯シタルトキハ五年以下ノ懲役若ハ禁錮又ハ二千圓以下ノ罰金ニ處ス

第百二十八條　立會人正當ノ事故ナクシテ本法ニ定メタル義務ヲ缺クトキハ百圓以下ノ罰金ニ處ス

第百二十九條　第九十六條若ハ第九十八條ノ規定ニ違反シタル者又ハ第九十四條ノ規定ニ依ル命令ニ從ハサル者ハ一年以下ノ禁錮又ハ五百圓以下ノ罰金ニ處ス

第百三十條　第九十條第一項第二項ノ規定ニ依ル定數ヲ超エ若ハ第九十一條ノ規定ニ違反シテ選擧事務所ヲ設置シタル者又ハ第九十二條ノ規定ニ違反シテ休憩所其ノ他之ニ類似スル設備ヲ設ケタル者ハ三百圓以下ノ罰金ニ處ス

2 第九十三條ノ規定ニ依ル定數ヲ超エテ選擧委員又ハ選擧事務員ノ選任ヲ爲シタル者亦前項ニ同シ

第百三十一條　第八十九條第一項、第九十九條又ハ第百九條ノ規定ニ違反シタル者ハ六月以下ノ禁錮又ハ三百圓以下ノ罰金ニ處ス

第百三十二條　第八十八條第五項乃至第七項又ハ第八十九條第四項ノ屆出ヲ怠リタル者ハ百圓以下ノ罰金ニ處ス

2 第百條ノ規定ニ依ル命令ニ違反シタル者亦前項ニ同シ

第百三十三條　選擧事務長又ハ選擧事務長ニ代リ其ノ職務ヲ行フ者第百二條第二項ノ規定ニ依リ

告示セラレタル額ヲ超エ選擧運動ノ費用ヲ支出シ又ハ第百一條第一項但書ノ規定ニ依ル承諾ヲ與ヘテ支出セシメタルトキハ一年以下ノ禁錮又ハ五百圓以下ノ罰金ニ處ス

第百三十四條 第百一條ノ規定ニ違反シテ選擧運動ノ費用ヲ支出シタル者ハ一年以下ノ禁錮ニ處ス

第百三十五條 左ノ各號ニ揭クル行爲ヲ爲シタル者ハ六月以下ノ禁錮又ハ三百圓以下ノ罰金ニ處ス

一 第百五條ノ規定ニ違反シテ帳簿ヲ備ヘス又ハ帳簿ニ記載ヲ爲サス若ハ之ニ虛僞ノ記入ヲ爲シタルトキ

二 第百六條第一項ノ屆出ヲ怠リ又ハ虛僞ノ屆出ヲ爲シタルトキ

三 第百七條第一項ノ規定ニ違反シテ帳簿又ハ書類ヲ保存セサルトキ

四 第百七條第一項ノ規定ニ依リ保存スヘキ帳簿又ハ書類ニ虛僞ノ記入ヲ爲シタルトキ

五 第百八條ノ規定ニ依ル帳簿若ハ書類ノ提出若ハ檢査ヲ拒ミ若ハ之ヲ妨ケ又ハ說明ノ求ニ應セサルトキ

第百三十六條 當選人其ノ選擧ニ關シ本章ニ揭クル罪ヲ犯シ刑ニ處セラレタルトキハ其ノ當選ヲ無效トス選擧事務長第百十二條又ハ第百十三條ノ罪ヲ犯シ刑ニ處セラレタルトキ亦同シ但シ選擧事務長ノ選任及監督ニ付相當ノ注意ヲ爲シタルトキハ此ノ限ニ在ラス

第百三十七條 本章ニ揭クル罪ヲ犯シタル者ニシテ罰金ノ刑ニ處セラレタル者ニ在リテハ其ノ裁

判確定ノ後五年間、禁錮以上ノ刑ニ處セラレタル者ニ在リテハ其ノ裁判確定ノ後刑ノ執行ヲ終ル迄又ハ刑ノ時效ニ因ル場合ヲ除クノ外刑ノ執行ノ免除ヲ受クル迄ノ間及其ノ後五年間衆議院議員及選擧ニ付本章ノ規定ヲ準用スル議會ノ議員ノ選擧權及被選擧權ヲ有セス禁錮以上ノ刑ニ處セラレタル者ニ付其ノ裁判確定ノ後刑ノ執行ヲ受クルコトナキニ至ル迄ノ間亦同シ

2 前項ニ規定スル者ト雖情狀ニ因リ裁判所ハ刑ノ言渡ト同時ニ前項ノ規定ヲ適用セス又ハ其ノ期間ヲ短縮スル旨ノ宣告ヲ爲スコトヲ得

3 前二項ノ規定ハ第六條第五號ノ規定ニ該當スル者ニハ之ヲ適用セス

第百三十八條　第百二十七條第三項及第四項ノ罪ノ時效ハ一年ヲ經過スルニ因リテ完成ス

2 前項ニ掲クル罪以外ノ本章ノ罪ノ時效ハ六月ヲ經過スルニ因リテ完成ス但シ犯人逃亡シタルトキハ其ノ期間ハ一年トス

第十三章　補　則

第百三十九條　選擧ニ關スル費用ニ付テハ勅令ヲ以テ之ヲ定ム

第百四十條　議員候補者又ハ推選屆出者ハ勅令ノ定ムル所ニ依リ其ノ選擧區內ニ在ル選擧人ニ對シ選擧運動ノ爲ニスル通常郵便物ヲ選擧人一人ニ付一通ヲ限リ無料ヲ以テ差出スコトヲ得

2 公立學校其ノ他勅令ヲ以テ定ムル營造物ノ設備ハ勅令ノ定ムル所ニ依リ演說ニ依ル選擧運動ノ爲其ノ使用ヲ許可スヘシ

第百四十一條　選擧ニ關スル訴訟ニ付テハ本法ニ規定シタルモノヲ除クノ外民事訴訟ノ例ニ依ル

選擧ニ關スル訴訟ニ付テハ裁判所ハ他ノ訴訟ノ順序ニ拘ラス速ニ其ノ裁判ヲ爲スヘシ

第百四十二條 第十二章ニ揭クル罪ニ關スル刑事訴訟ニ付テハ上告裁判所ハ刑事訴訟法第四百二十二條第一項ノ期間ニ依ラサルコトヲ得

第百四十三條 當選人其ノ選擧ニ關シ第十二章ニ揭クル罪ヲ犯シ刑ニ處セラレタルトキ又ハ選擧事務長第百十二條若ハ第百十三條ノ罪ヲ犯シ刑ニ處セラレタルトキハ裁判所ノ長ハ其ノ旨ヲ內務大臣及關係地方長官ニ通知スヘシ

第百四十四條 町村組合ニシテ町村ノ事務ノ全部又ハ役場事務ヲ共同處理スルモノハ本法ノ適用ニ付テハ之ヲ一町村、其ノ組合管理者ハ之ヲ町村長、其ノ組合役場ハ之ヲ町村役場ト看做ス

第百四十四條ノ二 本法中郡又ハ島廳管內トアルハ從前郡長又ハ島司ノ管轄シタル區域ヲ謂フ

（大正十五年六月法律第八十二號追加）

2 從前郡長又ハ島司ノ管轄シタル區域內ニ於テ市ノ設置アリタルトキ又ハ其ノ區域ノ境界ニ涉リテ市町村ノ境界ノ變更アリタルトキハ其ノ區域モ亦自ラ變更シタルモノト看做ス（同上追加）

3 從前郡長又ハ島司ノ管轄シタル區域ノ境界ニ涉リテ町村ノ設置アリタル場合ニ於テハ本法ノ適用ニ付其ノ町村ノ屬スヘキ區域ハ內務大臣之ヲ定ム（同上追加）

第百四十四條ノ三 北海道廳支廳長ノ管轄區域ニ變更アルモ選擧區ニ關シテハ仍從前ノ管轄區域ニ依ル但シ市町村ノ境界ノ變更アリタル爲北海道廳支廳長ノ管轄區域ニ變更アリタルトキハ此ノ限ニ在ラス（同上追加）

2前項ノ規定ニ依ル選擧ニ關シ本法ノ規定ヲ適用シ難キ事項ニ付テハ勅令ヲ以テ特別ノ規定ヲ設クルコトヲ得（同上追加）

第百四十五條　第百四十四條ノ二ノ規定ヲ除クノ外本法中郡ニ關スル規定ハ支廳長ノ管轄區域ニ之ヲ適用ス（同上改正）

2市制第六條ノ市ニ於テハ本法中市ニ關スル規定ハ區ニ、市長ニ關スル規定ハ區長ニ、市役所ニ關スル規定ハ區役所ニ之ヲ適用ス

3町村制ヲ施行セサル地ニ於テハ本法中町村ニ關スル規定ハ町村ニ準スヘキモノニ、町村長ニ關スル規定ハ町村長ニ準スヘキ者ニ、町村役場ニ關スル規定ハ町村役場ニ準スヘキモノニ之ヲ適用ス

第百四十六條　交通至難ノ島嶼其ノ他ノ地ニ於テ本法ノ規定ヲ適用シ難キ事項ニ付テハ勅令ヲ以テ特別ノ規定ヲ設クルコトヲ得

第百四十七條　第三十三條ノ規定ニ依ル投票ニ付テハ其ノ投票ヲ管理スヘキ者ハ之ヲ投票管理者、其ノ投票ヲ記載スヘキ場所ハ之ヲ投票所、其ノ投票ニ立會フヘキ者ハ之ヲ投票立會人ト看做シ第十二章ノ規定ヲ適用ス

第百四十八條　本法ノ適用ニ付テハ明治十三年第三十六號布告刑法ノ重罪ノ刑ニ處セラレタル者ハ之ヲ六年ノ懲役又ハ禁錮以上ノ刑ニ處セラレタル者、同法ノ禁錮ノ刑ニ處セラレタル者ハ之ヲ六年未滿ノ懲役又ハ禁錮ノ刑ニ處セラレタル者ト看做ス

第百四十九條　明治十三年第三十六號布告刑法第二編第四章第九節ノ規定ハ衆議院議員ノ選擧ニ關シテハ之ヲ適用セス

第百五十條　本法ハ東京府小笠原島並北海道廳根室支廳管内占守郡、新知郡、得撫郡及色丹郡ニハ當分ノ內之ヲ施行セス

附　則

1 本法ハ次ノ總選擧ヨリ之ヲ施行ス

2 本法ニ依リ初テ議員ヲ選擧スル場合ニ於テ第十八條ノ規定ニ依リ難キトキハ勅命ヲ以テ別ニ總選擧ノ期日ヲ定ムルコトヲ得

3 前項ノ規定ニ依ル總選擧ニ必要ナル選擧人名簿ニ關シ第十二條、第十三條、第十五條又ハ第十七條ニ規定スル期日又ハ期間ニ依リ難キトキハ勅令ヲ以テ別ニ其ノ期日又ハ期間ヲ定ム但シ其ノ選擧人名簿ハ次ノ選擧人名簿確定迄其ノ效力ヲ有ス

附　則（大正十五年六月法律第八十二號）

本法ハ郡長及島司廢止ノ日ヨリ之ヲ施行ス（郡長及島司ハ大正十五年七月一日ヨリ廢止）

別　表

選擧區		議員數
東京府	第一區　麴町區　芝區　麻布區　赤坂區　四谷區　牛込區	五人

第二區	神田區　小石川區　本郷區　下谷區	五人
第三區	日本橋區　京橋區　淺草區	四人
第四區	本所區　深川區	四人
第五區	荏原郡　豐多摩郡　大島廳管内　八丈島廳管内	五人
第六區	北豐島郡　南足立郡　南葛飾郡	五人
第七區	八王子市　西多摩郡　南多摩郡　北多摩郡	三人

京都府

第一區	上京區　下京區	五人
第二區	愛宕郡　葛野郡　乙訓郡　紀伊郡　宇治郡　久世郡　綴喜郡　相樂郡	三人
	南桑田郡　北桑田郡　船井郡	
第三區	天田郡　何鹿郡　加佐郡　與謝郡　中郡　竹野郡　熊野郡	三人

大阪府

第一區	西區	三人
第二區	南區	三人
第三區	東區　北區	四人
第四區	西成郡　東成郡	四人
第五區	三島郡　豐能郡　南河内郡　中河内郡　北河内郡	四人
第六區	堺市　岸和田市　泉北郡　泉南郡	三人

神奈川縣

第一區　横濱市　三人

第二區　横須賀市　川崎市　久良岐郡　橘樹郡　都筑郡　三浦郡　鎌倉郡　四人

第三區　高座郡　中郡　足柄上郡　足柄下郡　愛甲郡　津久井郡　四人

兵庫縣

第一區　神戸市　五人

第二區　尼崎市　武庫郡　川邊郡　有馬郡　津名郡　三原郡　四人

第三區　明石市　明石郡　美嚢郡　加東郡　多可郡　加西郡　加古郡　印南郡　三人

姫路市

第四區　飾磨郡　神崎郡　揖保郡　赤穂郡　佐用郡　宍粟郡　四人

第五區　城崎郡　出石郡　養父郡　朝來郡　美方郡　氷上郡　多紀郡　三人

長崎縣

第一區　長崎市　西彼杵郡　北高來郡　南高來郡　對馬島廳管内　五人

第二區　佐世保市　東彼杵郡　北松浦郡　南松浦郡　壹岐郡　四人

新潟縣

第一區　新潟市　西蒲原郡　佐渡郡　三人

第二區　北蒲原郡　中蒲原郡　東蒲原郡　岩船郡　四人

第三區	長岡市　南蒲原郡　三島郡　古志郡　北魚沼郡　南魚沼郡　刈羽郡	五人
第四區	高田市　中魚沼郡　東頸城郡　中頸城郡　西頸城郡	三人

埼玉縣

第一區	川越市　北足立郡　入間郡	四人
第二區	比企郡　秩父郡　兒玉郡　大里郡	四人
第三區	北埼玉郡　南埼玉郡　北葛飾郡	三人

群馬縣

第一區	前橋市　桐生市　勢多郡　利根郡　佐波郡　新田郡　山田郡　邑樂郡	五人
第二區	高崎市　群馬郡　多野郡　北甘樂郡　碓氷郡　吾妻郡	四人

千葉縣

第一區	千葉市　千葉郡　市原郡　東葛飾郡　君津郡	四人
第二區	印旛郡　海上郡　匝瑳郡　香取郡	三人
第三區	長生郡　山武郡　夷隅郡　安房郡	四人

茨城縣

第一區	水戸市　東茨城郡　西茨城郡　鹿島郡　行方郡　稻敷郡　北相馬郡	四人
第二區	那珂郡　久慈郡　多賀郡	三人

第三區 新治郡 筑波郡 眞壁郡 猿島郡 結城郡 四人

栃木縣

第一區 宇都宮市 河内郡 上都賀郡 鹽谷郡 那須郡 五人

第二區 足利市 芳賀郡 下都賀郡 安蘇郡 足利郡 四人

奈良縣 五人

三重縣

第一區 津市 四日市市 桑名郡 員辨郡 三重郡 鈴鹿郡 河藝郡 安濃郡 一志郡 阿山郡 名賀郡 五人

宇治山田市 飯南郡

第二區 多氣郡 度會郡 志摩郡 北牟婁郡 南牟婁郡 四人

愛知縣

第一區 名古屋市 五人

第二區 愛知郡 東春日井郡 西春日井郡 知多郡 三人

第三區 一宮市 丹羽郡 葉栗郡 中島郡 海部郡 三人

第四區 岡崎市 碧海郡 幡豆郡 額田郡 西加茂郡 東加茂郡 三人

第五區 豐橋市 北設樂郡 南設樂郡 寶飯郡 渥美郡 八名郡 三人

靜岡縣

第一區	靜岡市　清水市　庵原郡　安倍郡　志太郡　榛原郡　小笠郡	五人
第二區	沼津市　賀茂郡　田方郡　駿東郡　富士郡	四人
第三區	濱松市　磐田郡　周智郡　濱名郡　引佐郡	四人

山梨縣　五人

滋賀縣　五人

岐阜縣

第一區	岐阜市　稻葉郡　山縣郡　武儀郡　郡上郡	三人
第二區	大垣市　羽島郡　海津郡　養老郡　不破郡　安八郡　揖斐郡　本巣郡	三人
第三區	加茂郡　可兒郡　土岐郡　惠那郡　益田郡　大野郡　吉城郡	三人

長野縣

第一區	長野市　更級郡　上高井郡　下高井郡　上水内郡　下水内郡	三人
第二區	上田市　南佐久郡　北佐久郡　小縣郡　埴科郡	三人
第三區	諏訪郡　上伊那郡　下伊那郡	四人
第四區	松本市　西筑摩郡　東筑摩郡　南安曇郡　北安曇郡	三人

宮城縣

第一區	仙臺市 刈田郡 柴田郡 伊具郡 亘理郡 名取郡 宮城郡 黒川郡 加美郡 志田郡 遠田郡	五人
第二區	玉造郡 栗原郡 登米郡 桃生郡 牡鹿郡 本吉郡	三人

福島縣

第一區	福島市 郡山市 信夫郡 伊達郡 安達郡 安積郡	三人
第二區	若松市 岩瀬郡 南會津郡 北會津郡 耶麻郡 河沼郡 大沼郡 東白河郡 西白河郡 石川郡 田村郡	五人
第三區	石城郡 雙葉郡 相馬郡	三人

岩手縣

第一區	盛岡市 巖手郡 紫波郡 下閉伊郡 九戸郡 二戸郡	三人
第二區	稗貫郡 和賀郡 膽澤郡 江刺郡 西磐井郡 東磐井郡 氣仙郡 上閉伊郡	四人

青森縣

第一區	青森市 東津輕郡 上北郡 下北郡 三戸郡	三人
第二區	弘前市 西津輕郡 中津輕郡 南津輕郡 北津輕郡	三人

山形縣

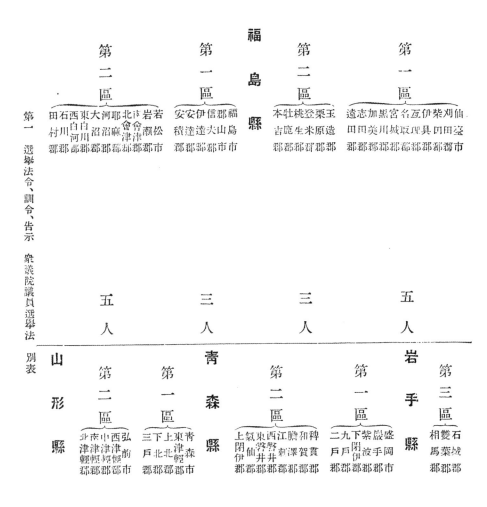

	第一區	山形市　米澤市　南村山郡　東村山郡　西村山郡　南置賜郡　東置賜郡　西置賜郡	四人
	第二區	鶴岡市　北村山郡　最上郡　東田川郡　西田川郡　飽海郡	四人
秋田縣	第一區	秋田市　鹿角郡　北秋田郡　山本郡　南秋田郡　河邊郡	四人
	第二區	由利郡　仙北郡　平鹿郡　雄勝郡	三人
福井縣			五人
石川縣	第一區	金澤市　江沼郡　能美郡　石川郡	三人
	第二區	河北郡　羽咋郡　鹿島郡　鳳至郡　珠洲郡	三人
富山縣	第一區	富山市　上新川郡　中新川郡　下新川郡　婦負郡	三人
	第二區	高岡市　射水郡　氷見郡　東礪波郡　西礪波郡	三人
鳥取縣			四人
島根縣	第一區	松江市　八東郡　能義郡　仁多郡　大原郡　簸川郡　隱岐島廳管內	三人
	第二區	飯石郡　安濃郡　邇摩郡　邑智郡　那賀區　美濃郡　鹿足郡	三人

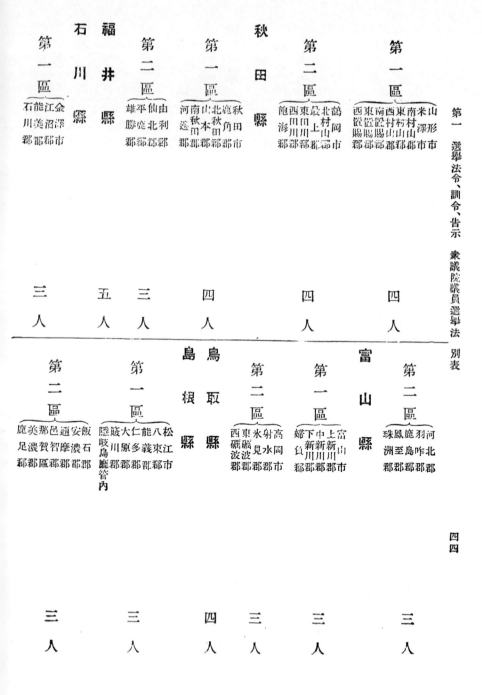

府縣	區	區域	人員
岡山縣	第一區	岡山市　御津郡　赤磐郡　和氣郡　邑久郡　上道郡　眞庭郡　苫田郡　勝田郡　英田郡　久米郡	五人
	第二區	兒島郡　都窪郡　淺口郡　小田郡　後月郡　吉備郡　上房郡　川上郡　阿哲郡	五人
廣島縣	第一區	廣島市　佐伯郡　安佐郡　山縣郡　高田郡	四人
	第二區	吳市　安藝郡　賀茂郡　豐田郡	四人
	第三區	尾道市　福山市　御調郡　世羅郡　沼隈郡　深安郡　蘆品郡　神石郡　甲奴郡　雙三郡　比婆郡	五人
山口縣	第一區	下關市　宇部市　厚狹郡　豐浦郡　美禰郡　大津郡　阿武郡	四人
	第二區	大島郡　玖珂郡　熊毛郡　都濃郡　佐波郡　吉敷郡	五人
和歌山縣	第一區	和歌山市　海草郡　那賀郡　伊都郡	三人
	第二區	有田郡　日高郡　西牟婁郡　東牟婁郡	三人

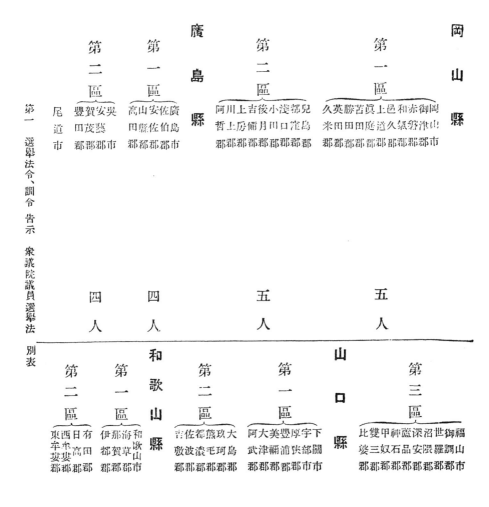

德島縣		
第一區	德島市　名東郡　勝浦郡　那賀郡　海部郡　名西郡	三人
第二區	板野郡　阿波郡　麻植郡　美馬郡　三好郡	三人
香川縣		
第一區	高松市　大川郡　木田郡　小豆郡　香川郡	三人
第二區	丸龜市　綾歌郡　仲多度郡　三豐郡	三人
愛媛縣		
第一區	松山市　溫泉郡　伊豫郡　上浮穴郡　喜多郡	三人
	今治市　越智郡	
第二區	周桑郡　新居郡　宇摩郡	三人
第三區	宇和島市　西宇和郡　東宇和郡　北宇和郡　南宇和郡	三人
高知縣		
第一區	高知市　安藝郡　香美郡　長岡郡　土佐郡	三人
第二區	吾川郡　高岡郡　幡多郡	三人
福岡縣		
第一區	福岡市　糟屋郡　宗像郡　朝倉郡　筑紫郡　早良郡　糸島郡	四人
第二區	若松市　八幡市　戶畑市　遠賀郡　鞍手郡　嘉穗郡	五人

第三區　久留米市　大牟田市　浮羽郡　三井郡　三潴郡　八女郡　山門郡　三池郡　　五人

第四區　小倉市　門司市　企救郡　田川郡　京都郡　築上郡　　四人

大分縣

第一區　大分市　大分郡　北海部郡　南海部郡　大野郡　直入郡　玖珠郡　日田郡　　四人

第二區　別府市　西國東郡　東國東郡　速見郡　下毛郡　宇佐郡　　三人

佐賀縣

佐賀市　佐賀郡

第一區　神埼郡　三養基郡　小城郡　　三人

第二區　東松浦郡　西松浦郡　杵島郡　藤津郡　　三人

熊本縣

第一區　熊本市　飽託郡　玉名郡　鹿本郡　菊池郡　阿蘇郡　　五人

第二區　宇土郡　上益城郡　下益城郡　八代郡　葦北郡　球磨郡　天草郡　　五人

宮崎縣　　五人

鹿兒島縣

第一區　鹿兒島市　鹿兒島郡　揖宿郡　川邊郡　熊毛郡　日置郡　　五人

	第二區	薩摩郡 出水郡 伊佐郡 始良郡 囎唹郡	四人
	第三區	肝屬郡 大島島廳管內	三人
沖繩縣			五人
北海道	第一區	札幌市 小樽市 石狩支廳管內 後志支廳管內	四人
	第二區	旭川市 上川支廳管內 宗谷支廳管內 留萠支廳管內	四人
	第三區	函館市 檜山支廳管內 渡島支廳管內	三人
	第四區	室蘭市 空知支廳管內 膽振支廳管內 浦河支廳管內	五人
	第五區	釧路市 河西支廳管內 釧路國支廳管內 根室支廳管內 網走支廳管內	四人

本表ハ十年間ハ之ヲ更正セス

●衆議院議員選擧法施行令（大正十五年一月三十日勅令第三號）改正（大正十五年六月勅令第二百三十八號）

第一章　選擧區、選擧權及被選擧權

第一條　衆議院議員選擧法ノ別表ニ揭クル以外ノ市ハ其ノ設置前屬シタル郡市ノ屬スル選擧區ニ包含スルモノトス

第二條　選擧人ノ年齡ハ選擧人名簿調製ノ期日ニ依リ、被選擧人ノ年齡ハ選擧ノ期日ニ依リ之ヲ算定ス

第三條　衆議院議員選擧法第七條第二項ノ規定ニ依リ除外スヘキ學生生徒左ノ如シ

一　陸軍各部依託學生生徒

二　海軍軍醫學生藥劑學生主計學生造船學生造機學生造兵學生竝海軍豫備生徒及海軍豫備練習生

第二章　選擧人名簿

第四條　市町村ノ境界變更アリタル爲選擧人名簿ニ異動ヲ生シタルトキハ市町村長ハ其ノ管理ニ屬スル選擧人名簿中異動ニ係ル部分ヲ新ニ屬シタル市町村ノ市町村長ニ送付スヘシ（大正十五年六月勅令第二百三十八號改正）

2 市町村ノ廢置分合アリタル爲選擧人名簿ノ引繼ヲ要スルトキハ前項ノ例ニ依ル（同上改正）

第五條　削除（大正十五年六月勅令第二百三十八號）

第六條　選擧人名簿ハ市町村長ニ於テ議員ノ任期間之ヲ保存スヘシ（同上改正）

第三章　投　票

第七條　市町村ノ區域ヲ分チテ數投票區ヲ設ケタル場合ニ於テハ左ノ規定ニ依ル

一　選擧人名簿ハ投票區毎ニ之ヲ調製スヘシ

二　各投票區ニ於ケル投票管理者ハ地方長官ニ於テ官吏又ハ吏員ノ中ニ就キ之ヲ定ム此ノ場合ニ於テハ投票管理者ノ內一人ハ市町村長ヲ以テ之ニ充ツルコトヲ要ス（同上改正）

三　市町村長ハ選擧ノ期日ノ公布又ハ告示アリタルトキハ直ニ選擧人名簿ヲ各投票管理者ニ送付スヘシ

第八條　數町村ノ區域ヲ合セテ一投票區ヲ設ケタル場合ニ於テハ左ノ規定ニ依ル

一　投票管理者ハ地方長官ニ於テ關係町村長ノ中ニ就キ之ヲ定ム（同上改正）

二　町村長ハ選擧ノ期日ノ公布又ハ告示アリタルトキハ直ニ選擧人名簿ヲ投票管理者ニ送付スヘシ

第九條　投票管理者及其ノ代理者故障アルトキハ監督官廳ハ臨時ニ官吏又ハ吏員ヲシテ其ノ事務ヲ管掌セシムルコトヲ得

第十條　投票立會人ノ屆出ハ文書ヲ以テ之ヲ爲シ投票立會人ノ氏名、住居及生年月日ヲ記載シ且本人ノ承諾書ヲ添附スヘシ

第十一條　選擧人選擧人名簿調製期日後其ノ投票區域外ニ住居ヲ移シタル場合ニ於テハ名簿調製

期日ニ於テ住居ヲ有シタル地ノ投票區ノ投票所ニ到リ投票ヲ爲スヘシ

第十二條　投票管理者必要アリト認ムルトキハ投票所入場劵及到著番號札ヲ選擧人ニ交付スルコトヲ得

第十三條　投票記載ノ場所ハ選擧人ノ投票ヲ覗ヒ又ハ投票ノ交換其ノ他不正ノ手段ヲ用フルコト能ハサラシムル爲相當ノ設備ヲ爲スヘシ

第十四條　投票函ハ二重ノ蓋ヲ造リ各別ニ鎖鑰ヲ設クヘシ

第十五條　投票管理者ハ投票ヲ爲サシムルニ先チ投票所ニ參會シタル選擧人ノ面前ニ於テ投票函ヲ開キ其ノ空虛ナルコトヲ示シタル後內蓋ヲ鎖スヘシ

第十六條　投票管理者ハ投票立會人ノ面前ニ於テ選擧人ヲ選擧人名簿ニ對照シタル後投票用紙ヲ交付スヘシ

第十七條　選擧人誤リテ投票ノ用紙又ハ封筒ヲ汚損シタルトキハ其ノ引換ヲ請求スルコトヲ得

第十八條　投票ハ投票管理者及投票立會人ノ面前ニ於テ選擧人自ラ之ヲ投函スヘシ

第十九條　投票ヲ爲サムトスル選擧人ヲシテ本人ナル旨ノ宣言ヲ爲サシムル必要アルトキハ投票管理者ハ投票立會人ノ面前ニ於テ之ヲ宣言セシメ投票所ノ事務ニ從事スル者ヲシテ之ヲ筆記セシメ選擧人ニ讀聞カセ選擧人ヲシテ之ニ署名セシムヘシ

2 前項ノ規定ニ依ル宣言書ハ之ヲ投票錄ニ添附スヘシ

第二十條　選擧人投票前投票所外ニ退出シ又ハ退出ヲ命セラレタルトキハ投票管理者ハ投票用紙

ヲ返付セシムヘシ

第二十一條 衆議院議員選擧法第二十八條ノ規定ニ依リ盲人カ投票ニ關スル記載ニ使用スルコトヲ得ル點字ハ別表ヲ以テ之ヲ定ム

2 點字ニ依リ投票ヲ爲サムトスル選擧人ハ投票管理者ニ對シ其ノ旨ヲ申立ツヘシ此ノ場合ニ於テハ投票管理者ハ投票用紙ニ點字投票ナル旨ノ印ヲ押捺シテ交付スヘシ

3 點字ニ依ル投票ノ拒否ニ付テハ衆議院議員選擧法第三十一條ノ例ニ依ル此ノ場合ニ於テハ封筒ニ點字投票ナル旨ノ印ヲ押捺シテ交付スヘシ

4 前項ノ規定ニ依リ假ニ爲サシメタル投票ハ衆議院議員選擧法第四十九條ノ規定ノ適用ニ付テハ同法第三十一條第二項及第四項ノ投票ト看做ス

第二十二條 投票ヲ終リタルトキハ投票管理者ハ投票函ノ內蓋ノ投票口及外蓋ヲ鎖シ其ノ內蓋ノ鑰ハ投票函ヲ送致スヘキ投票立會人之ヲ保管シ外蓋ノ鑰ハ投票管理者之ヲ保管スヘシ

第二十三條 投票ニ關スル書類ハ投票管理者ニ於テ議員ノ任期間之ヲ保存スヘシ但シ市町村ノ區域ヲ分チテ數投票區ヲ設ケタル場合ニ於テハ市町村長タル投票管理者ハ其ノ他ノ投票管理者ノ保存スヘキ書類ヲ併セテ保存スヘシ

第二十四條 地方長官衆議院議員選擧法第三十六條ノ規定ニ依リ投票ノ期日ヲ定メタルトキハ直ニ之ヲ告示シ併セテ投票管理者及開票管理者ニ通知スヘシ

第二十五條 地方長官衆議院議員選擧法第三十七條ノ規定ニ依リ投票ノ期日ヲ定メタルトキハ直

ニ之ヲ投票管理者、開票管理者及選舉長ニ通知スヘシ

第四章　衆議院議員選擧法第三十三條ノ投票

第二十六條　衆議院議員選擧法第三十三條ノ事由ヲ定ムルコト左ノ如シ

一　湖川、港灣ノミヲ航行スル船舶、總噸數二十噸未滿又ハ積石數二百石未滿ノ船舶及端舟其ノ他櫓櫂ノミヲ以テ運轉シ又ハ主トシテ櫓櫂ヲ以テ運轉スル舟ヲ除クノ外日本船舶（內地以外ニ船籍港ヲ定ムルモノヲ含ム以下之ニ同シ）ノ船員又ハ其ノ船舶ニ乘務スルノ常況ニ在ル者船內從業中ナルヘキコト

二　前號ノ船舶ヲ除クノ外日本船舶ニシテ總噸數五噸以上又ハ積石數五十石以上ノモノノ船員又ハ其ノ船舶ニ乘務スルノ常況ニ在ル者船內從業中ナルヘキコト

三　鐵道列車ニ乘務スルノ常況ニ在ル鐵道係員、郵便取扱員其ノ他ノ者鐵道列車ニ乘務中ナルヘキコト

四　陸海軍軍人演習召集中又ハ敎育召集中ナルヘキコト

五　艦船乘員タル軍屬海上勤務中ナルヘキコト

第二十七條　選擧人前條第一號、第四號又ハ第五號ニ揭クル事由ニ因リ選擧ノ當日自ラ投票所ニ到リ投票ヲ爲シ能ハサルヘキトキハ選擧ノ期日ノ公布又ハ告示アリタル日ヨリ選擧ノ期日ノ前日迄ニ自ラ其ノ屬スル投票區ノ投票管理者ニ就キ又ハ之ニ對シ郵便ヲ以テ其ノ旨ヲ證シテ投票用紙及投票用封筒ノ交付ヲ請求スルコトヲ得

2 選擧人前條第二號又ハ第三號ニ掲クル事由ニ因リ選擧ノ當日自ラ投票所ニ到リ投票ヲ爲シ能ハサルヘキトキハ選擧ノ期日前十日ヨリ選擧ノ期日ノ前日迄ニ自ラ其ノ屬スル投票區ノ投票管理者ニ就キ其ノ旨ヲ證シテ投票用紙及投票用封筒ノ交付ヲ請求スルコトヲ得

3 點字ニ依リ投票ヲ爲サムトスル選擧人ハ前二項ノ請求ヲ爲スト同時ニ投票管理者ニ對シ其ノ旨ヲ申立ツヘシ

第二十八條　選擧人前條ノ請求ヲ爲ス場合ニ於テハ併セテ其ノ證スル事項ニ付各左ニ掲クル者ノ證明書ヲ提出スヘシ但シ第二十六條第四號ニ掲クル事由ニ基ク事項ニ付テハ選擧ノ期日カ召集期間中ナル場合ニ於テ選擧人自ラ其ノ屬スル投票區ノ投票管理者ニ就キ請求ヲ爲ストキニ限リ召集令狀ノ提示ヲ以テ證明書ノ提出ニ代フルコトヲ得

一　第二十六條第一號ニ掲クル事由ニ關シテハ船員ニ在リテハ管海官廳（管海官廳ニ準スヘキモノヲ含ム）、領事官又ハ船長（船長ノ職務ヲ行フ者ヲ含ム以下之ニ同シ）、其ノ他ノ者ニ在リテハ各所屬ノ官署ノ長又ハ其ノ業務主

二　第二十六條第二號ニ掲クル事由ニ關シテハ各所屬ノ官署ノ長又ハ其ノ者ノ業務主

三　第二十六條第三號ニ掲クル事由ニ關シテハ鐵道係員ニ在リテハ各所屬ノ車掌監督機關庫主任電車庫主任（地方鐵道ニ在リテハ各之ニ該當スル者）、郵便取扱員ニ在リテハ各所屬ノ郵便局長、其ノ他ノ者ニ在リテハ各所屬ノ官署ノ長又ハ其ノ業務主

四　第二十六條第四號ニ掲クル事由ニ關シテハ其ノ者ノ所屬ノ部隊若ハ陸上海軍各部（陸軍大

臣又ハ海軍大臣ノ定ムル所ニ依ル以下之ニ同シ）ノ長又ハ所屬ノ艦船ノ長

五　第二十六條第五號ニ掲クル事由ニ關シテハ其ノ者ノ所屬ノ艦船ノ長

2 前項ノ規定ニ依ル證明者前項ノ證明書ノ交付ノ請求ヲ受ケタル場合ニ於テ該當事項アリト認ムルトキハ直ニ證明書ヲ交付スヘシ

3 選擧人正當ノ事由ニ因リ第一項ノ證明書ヲ提出スルコト能ハサルトキハ其ノ旨ヲ投票管理者ニ疏明スヘシ

第二十九條　投票管理者第二十七條及前條第一項又ハ第三項ノ規定ニ依リ投票用紙及投票用封筒ノ交付ノ請求ヲ受ケタル場合ニ於テハ直ニ其ノ選擧ニ用フヘキ選擧人名簿ニ對照シ當該選擧人カ第二十六條ニ掲クル事由ノ一ニ因リ選擧ノ當日自ラ投票所ニ到リ投票ヲ爲シ能ハスト認ムルトキハ投票用紙及投票用封筒ヲ直ニ選擧人ニ直接ニ交付シ又ハ郵便ヲ以テ發送スヘシ

2 前項ノ場合ニ於テ第二十七條第三項ノ中立ヲ爲シタル選擧人ニ交付シ又ハ發送スル投票用紙ニハ點字投票ナル旨ノ印ヲ押捺スヘシ

第三十條　衆議院議員選擧法第三十三條ノ規定ニ依ル投票ニ付テハ當該選擧人カ第二十六條ニ掲クル事由ノ何レニ關シ投票用紙及投票用封筒ノ交付ヲ受ケタルカニ依リ各左ニ掲クル者之ヲ管理ス（之ヲ特別投票管理者ト稱ス）

一　第二十六條第一號ニ掲クル事由ニ關スルトキハ選擧人ノ屬スル投票區ノ投票管理者又ハ其ノ乘務スル船舶ノ船長

二　第二十六條第二號又ハ第三號ニ掲クル事由ニ關スルトキハ選擧人ノ屬スル投票區ノ投票管理者

三　第二十六條第四號ニ掲クル事由ニ關スルトキハ選擧人ノ屬スル投票區ノ投票管理者、其ノ所屬ノ部隊若ハ陸上海軍各部ノ所在地ノ投票管理者（當該所在地二以上ノ投票區ニ渉ルトキハ關係投票管理者ノ中ニ就キ地方長官ノ指定スル者）又ハ所屬ノ艦船ノ長

四　第二十六條第五號ニ掲クル事由ニ關スルトキハ選擧人ノ屬スル投票區ノ投票管理者又ハ其ノ所屬ノ艦船ノ長

第三十一條　第二十六條第一號、第四號又ハ第五號ニ掲クル事由ニ關シ投票用紙及投票用封筒ノ交付ヲ受ケタル選擧人ハ選擧ノ期日迄ニ其ノ投票用紙及投票用封筒ヲ特別投票管理者ニ提示シ點檢ヲ受ケ當該管理者ノ管理スル投票記載ノ場所ニ於テ自ラ投票用紙ニ被選擧人一人ノ氏名ヲ記載シ之ヲ投票用封筒ニ入レ封緘シ投票用封筒ノ表面ニ其ノ氏名ヲ記載シ直ニ之ヲ當該管理者ニ提出スヘシ

2　第二十六條第二號又ハ第三號ニ掲クル事由ニ關シ投票用紙及投票用封筒ノ交付ヲ受ケタル選擧人ハ其ノ交付ヲ受ケタル後直ニ特別投票管理者ノ管理スル投票記載ノ場所ニ於テ自ラ投票用紙ニ被選擧人一人ノ氏名ヲ記載シ之ヲ投票用封筒ニ入レ封緘シ投票用封筒ノ表面ニ其ノ氏名ヲ記載シ直ニ之ヲ當該管理者ニ提出スヘシ

3　前二項ノ場合ニ於テ特別投票管理者ハ各關係市町村吏員、船員若ハ海軍軍人又ハ之ニ準スヘキ

者ヲシテ之ニ立會ハシムヘシ

4 第十三條ノ規定ハ第一項及第二項ノ投票記載ノ場所ニ之ヲ準用ス

第三十二條 特別投票管理者前條第一項又ハ第二項ノ規定ニ依ル投票ヲ受領シタルトキハ投票用封筒ノ裏面ニ投票ノ年月日及場所ヲ記載シ前條第三項ノ規定ニ依ル立會人ト共ニ之ニ署名スヘシ

2 前項ノ特別投票管理者選擧人ノ屬スル投票區ノ投票管理者ナルトキハ其ノ投票ヲ其ノ儘保管スヘシ

3 第一項ノ特別投票管理者選擧人ノ屬スル投票區ノ投票管理者以外ノ者ナルトキハ更ニ其ノ投票ヲ他ノ封筒ニ入レ封緘シ其ノ表面ニ投票在中ノ旨ヲ明記シ其ノ裏面ニ署名捺印シ之ヲ選擧人ノ屬スル投票區ノ投票管理者ニ送致スヘシ

4 投票用紙及投票用封筒ヲ交付シタル後投票區ニ異動アリタルニ因リ投票管理者ノ管理ニ係ル投票區ニ屬スルコトナキニ至リタル選擧人ノ投票ハ投票管理者ニ於テ直ニ之ヲ新ニ選擧人ノ屬スル投票區ノ投票管理者ニ送致スヘシ

5 投票管理者投票所ヲ閉ツヘキ時刻迄ニ前二項ノ規定ニ依ル投票ノ送致ヲ受ケタルトキハ送致ニ用ヒラレタル封筒ヲ開披シ投票ハ其ノ儘之ヲ保管スヘシ

第三十三條 投票管理者ハ第二十七條乃至第二十九條及前二條ノ規定ニ依ル手續ニ關スル顚末書ヲ作成シ之ニ署名シ投票錄ニ添附スヘシ

第三十四條　投票管理者ハ投票函閉鎖前投票立會人ノ意見ヲ聽キ第三十二條第二項又ハ第五項ノ規定ニ依リ保管スル投票ノ受理如何ヲ決定スヘシ

2　前項ノ決定アリタルトキハ投票管理者ハ直ニ投票用封筒ヲ開披シ其ノ點字投票ナル旨ノ印ヲ押捺シタル投票用紙ヲ用ヒタル投票ニ付衆議院議員選擧法第三十一條ノ例ニ依リ其ノ拒否ヲ決定スヘシ

3　第一項ノ規定ニ依リ受理スヘシト決定セラレ且前項ノ規定ニ依ル拒否ノ決定ヲ受ケサル投票ハ投票管理者ニ於テ直ニ之ヲ投函シ第一項ノ規定ニ依リ受理スヘカラスト決定セラレタル投票又ハ前項ノ規定ニ依ル拒否ノ決定ヲ受ケタル投票ハ投票管理者ニ於テ更ニ之ヲ其ノ投票用封筒ニ入レ假ニ封緘ヲ施シ其ノ表面ニ第一項ノ規定ニ依ル不受理ノ決定又ハ前項ノ規定ニ依ル拒否ノ決定アリタル旨ヲ記載シテ之ヲ投函スヘシ

4　第一項ノ規定ニ依ル不受理ノ決定又ハ第二項ノ規定ニ依ル拒否ノ決定アリタル投票ハ衆議院議員選擧法第四十九條ノ規定ノ適用ニ付テハ同法第三十一條第二項及第四項ノ投票ト看做ス

第三十五條　第二十九條ノ規定ニ依リ交付ヲ受ケタル投票用紙及投票用封筒ハ選擧ノ當日投票所ニ於テ之ヲ使用スルコトヲ得ス

2　選擧人第二十九條ノ規定ニ依リ投票用紙及投票用封筒ノ交付ヲ受ケタルトキハ之ヲ投票管理者ニ返還スルニ非サレハ衆議院議員選擧法第二十五條第一項ノ規定ニ依ル投票ヲ爲スコトヲ得ス

第三十六條　投票管理者投票所ヲ閉ツヘキ時刻後第三十二條第三項又ハ第四項ニ規定ニ依ル投票ノ送致ヲ受ケタルトキハ送致ニ用ヒラレタル封筒ヲ開披シ投票用封筒ノ裏面ニ受領ノ年月日時ヲ記載シ之ヲ開票管理者ニ送致スヘシ

第五章　開　票

第三十七條　郡市ノ區域ヲ分チテ數開票區ヲ設ケタル場合ニ於テハ各開票區ニ於ケル開票管理者ハ地方長官ニ於テ官吏又ハ吏員ノ中ニ就キ之ヲ定ム但シ支廳長ノ管轄區域又ハ市ノ區域ヲ分チテ數開票區ヲ設ケタル場合ニ於テハ開票管理者ノ内一人ハ支廳長又ハ市長ヲ以テ之ニ充ツルコトヲ要ス（大正十五年六月勅令第二百五十八號改正）

第三十八條　第九條ノ規定ハ開票管理者及其ノ代理者ニ、第十條ノ規定ハ開票立會人ニ之ヲ準用ス

第三十九條　投票ヲ點檢スルトキハ開票管理者ハ開票事務ニ從事スル者二人ヲシテ各別ニ同一議員候補者ノ得票數ヲ計算セシムヘシ

第四十條　前條ノ計算終リタルトキハ開票管理者ハ投票區毎ニ各議員候補者ノ得票數ヲ朗讀シ終リニ各議員候補者ノ得票總數ヲ朗讀スヘシ

第四十一條　開票管理者衆議院議員選擧法第四十九條第三項ノ報告ヲ爲ストキハ同時ニ開票錄ノ謄本ヲ送付スヘシ

2 開票管理者ハ前項ノ報告ヲ爲シタル後直ニ投票管理者ヨリ送付シタル選擧人名簿ヲ關係市町村

長ニ返付スヘシ（大正十五年六月勅令第二百三十八號改正）

第四十二條　開票管理者ハ投票區毎ニ點檢濟ニ係ル投票ノ有效無効ヲ區別シ各之ヲ封筒ニ入レ開票立會人ト共ニ封印ヲ施シ之ヲ保存スヘシ

2 受理スヘカラスト決定シタル投票ハ其ノ封筒ヲ開披セス前項ノ例ニ依リ議員ノ任期間之ヲ保存スヘシ

3 第三十六條ノ規定ニ依リ送致ヲ受ケタル投票ハ開票管理者ニ於テ其ノ封筒ヲ開披セス議員ノ任期間之ヲ保存スヘシ

4 地方長官ノ指定シタル官吏（支廳長ヲ除ク）又ハ吏員（市長ヲ除ク）開票管理者タル場合ニ於テハ開票管理者ノ保存スヘキ投票ハ地方長官若ハ支廳長又ハ市長ニ於テ之ヲ保存スヘシ（大正十五年六月勅令第二百三十八號追加）

第四十三條　開票ニ關スル書類ハ開票管理者ニ於テ議員ノ任期間之ヲ保存スヘシ但シ此ノ場合ニ於テハ前條第四項ノ規定ヲ準用ス（同上但書改正）

第四十四條　地方長官衆議院議員選擧法第五十六條ノ規定ニ依リ開票ノ期日ヲ定メタルトキハ直ニ之ヲ開票管理者及選擧長ニ通知スヘシ

第六章　選擧會

第四十五條　第九條ノ規定ハ選擧長及其ノ代理者ニ、第十條ノ規定ハ選擧立會人ニ之ヲ準用ス

第四十六條　開票管理者ノ報告ヲ調査スルトキハ選擧長ハ開票區毎ニ各議員候補者ノ得票數ヲ朗

讀シ終リニ各議員候補者ノ得票總數ヲ朗讀スヘシ

第四十七條 選擧會ニ關スル書類ハ選擧長ニ於テ議員ノ任期間之ヲ保存スヘシ但シ地方長官ノ指定シタル官吏(支廳長ヲ除ク)選擧長タル場合ニ於テハ地方長官ニ於テ之ヲ保存スヘシ(大正十五年六月勅令第二百三十八號但書追加)

第四十八條 地方長官衆議院議員選擧法第六十五條ノ規定ニ依リ選擧會ノ期日ヲ定メタルトキハ直ニ之ヲ選擧長ニ通知スヘシ

第七章 議員候補者及當選人

第四十九條 議員候補者ノ屆出又ハ推薦屆出ハ文書ヲ以テ之ヲ爲シ議員候補者タルヘキ者ノ氏名、職業、住居及生年月日(推薦屆出ノ場合ニ於テハ併セテ推薦屆出者ノ氏名、住居及生年月日)ヲ記載シ且衆議院議員選擧法第六十八條第一項ノ供託ヲ爲シタルコトヲ證スヘキ書面ヲ添附スヘシ

2 議員候補者タルコトヲ辭スルコトノ屆出ハ文書ヲ以テ之ヲ爲シ其ノ被選擧權ヲ有セサルニ至リタル爲選擧ノ期日前十日以內ニ議員候補者タルコトヲ辭スル場合ニ於テハ其ノ事由ヲ記載スヘシ

第五十條 議員候補者ノ屆出又ハ推薦屆出アリタルトキハ選擧長ハ直ニ其ノ旨ヲ議員候補者ノ住居ヲ有スル地ノ市町村長ニ通知シ同時ニ議員候補者ノ氏名、職業、住居、生年月日其ノ他必要

ナル事項ヲ開票管理者ニ通知スヘシ

2 前項ノ通知ヲ受ケタル市町村長ハ當該議員候補者死亡シタルトキハ直ニ其ノ旨ヲ選擧長ニ通知スヘシ

3 選擧長ハ議員候補者ノ議員候補者タルコトヲ辭シタルトキ又ハ其ノ死亡シタルコトヲ知リタルトキハ直ニ其ノ旨ヲ開票管理者ニ通知スヘシ

第五十一條　議員候補者選擧ノ期日前十一日迄ニ議員候補者タルコトヲ辭シタルトキ、選擧ノ期日ニ於ケル投票所ヲ開クヘキ時刻迄ニ死亡シタルトキ若ハ被選擧權ヲ有セサルニ至リタル爲議員候補者タルコトヲ辭シタルトキ又ハ選擧ノ全部無效ト爲リタルトキハ直ニ衆議院議員選擧法第六十八條第一項ノ供託物ノ還付ヲ請求スルコトヲ得

2 議員候補者ノ得票數衆議院議員選擧法第六十八條第二項ノ規定ニ該當セサルモノナルトキ又ハ議員候補者同法第七十一條ノ規定ノ適用ヲ受ケタルモノナルトキハ其ノ選擧及當選ノ效力確定後直ニ同法第六十八條第一項ノ供託物ノ還付ヲ請求スルコトヲ得

第五十二條　當選人衆議院議員選擧法第七十四條ノ期間内ニ當選承諾ノ屆出ヲ爲ササルトキハ選擧長ハ直ニ其ノ旨ヲ地方長官ニ報告スヘシ

第八章　選擧運動

第五十三條　選擧事務長ノ選任（議員候補者又ハ推薦屆出者自ラ選擧事務長ト爲リタル場合ヲ含ム以下之ニ同シ）ノ屆出ハ文書ヲ以テ之ヲ爲シ選擧事務長ノ氏名、職業、住居、生年月日及選

任年月日竝議員候補者ノ氏名ヲ記載シ且選擧事務長カ選擧權ヲ有スル者ナルコトヲ證スヘキ書面ヲ添附スヘシ

2 推薦屆出者選擧事務長ノ選任ヲ爲シタル場合ニ於テハ前項ノ屆出ニハ推薦屆出者數人アルトキハ其ノ代表者タルコトヲ證スヘキ書面ヲ、其ノ選任ニ付議員候補者ノ承諾ヲ要スルトキハ其ノ承諾ヲ得タルコトヲ證スヘキ書面ヲ添附スヘシ

第五十四條 選擧委員又ハ選擧事務員ノ選任ノ屆出ハ文書ヲ以テ之ヲ爲シ選擧委員又ハ選擧事務員ノ氏名、職業、住居、生年月日及選任年月日ヲ記載シ且選擧委員又ハ選擧事務員カ選擧權ヲ有スル者ナルコトヲ證スヘキ書面ヲ添附スヘシ

第五十五條 選擧事務所ノ設置ノ屆出ハ文書ヲ以テ之ヲ爲シ選擧事務所ノ所在地及設置年月日ヲ記載スヘシ

第五十六條 選擧事務長、選擧委員、選擧事務員又ハ選擧事務所ニ異動アリタルコトノ屆出ハ前三條ノ例ニ依リ之ヲ爲スヘシ

2 前項ノ屆出ニシテ解任又ハ辭任ニ因ル異動ニ關スルモノニハ衆議院議員選擧法第八十八條第三項若ハ第四項又ハ第八十九條第二項若ハ第三項ノ通知アリタルコトヲ證スヘキ書面ヲ添附スヘシ選擧事務長ヲ選任シタル推薦屆出者選擧事務長ヲ解任シタル場合ニ於テハ併セテ其ノ解任ニ付議員候補者ノ承諾アリタルコトヲ證スヘキ書面ヲ添附スヘシ

第五十七條 選擧事務長故障アルトキ之ニ代リテ其ノ職務ヲ行フコトノ屆出ハ文書ヲ以テ之ヲ爲

シ選擧事務長ノ氏名（選擧事務長ノ選任ヲ爲シタル推薦屆出者モ亦故障アルトキハ併セテ其ノ氏名）、故障ノ事實及其ノ職務代行ヲ始メタル年月日ヲ記載シ且故障ノ生シタルコトヲ證スヘキ書面ヲ添附スヘシ

2 選擧事務長故障アルトキ之ニ代リテ其ノ職務ヲ行フ者之ヲ罷メタルコトノ屆出ハ文書ヲ以テ之ヲ爲シ故障ノ止ミタル事實及其ノ職務代行ヲ罷メタル年月日ヲ記載シ且故障ノ止ミタルコトヲ證スヘキ書面ヲ添附スヘシ

第九章　選擧運動ノ費用

第五十八條　選擧事務長選擧運動ノ費用ノ支出ノ承諾ヲ與ヘタル場合ニ於テ承諾ニ係ル費用ノ支出終了シタルトキ又ハ選擧ノ期日經過シタルトキハ選擧事務長ハ遲滯ナク其ノ承諾ヲ受ケタル者ニ就キ支出金額（財產上ノ義務ノ負擔又ハ金錢以外ノ財產上ノ利益ノ使用若ハ費消ノ承諾ヲ與ヘタル場合ニ於テハ其ノ負擔シタル義務又ハ其ノ使用シ若ハ費消シタル利益）、其ノ用途ノ大要、支出先、支出年月日及支出者ノ氏名ヲ記載シタル精算書ヲ作成スヘシ

第五十九條　演說又ハ推薦狀ニ依ル選擧運動ノ費用ニシテ議員候補者、選擧事務長、選擧委員又ハ選擧事務員ニ非サル者カ議員候補者又ハ選擧事務長ト意思ヲ通シテ支出シタルモノニ付テハ選擧事務長ハ其ノ都度遲滯ナク議員候補者又ハ支出者ニ就キ前條ノ例ニ依リ精算書ヲ作成スヘシ

2 前項ノ費用ニシテ議員候補者ト意思ヲ通シテ支出シタルモノニ付テハ其ノ意思ヲ通シタル都度

議員候補者ハ直ニ其ノ旨ヲ選擧事務長ニ通知スヘシ

第六十條 立候補準備ノ爲ニ要シタル費用ニシテ議員候補者若ハ選擧事務長ト爲リタル者カ支出シ又ハ他人カ其ノ者ト意思ヲ通シテ支出シタルモノニ付テハ選擧事務長ハ其ノ就任後遲滯ナク議員候補者又ハ支出者ニ就キ第五十八條ノ例ニ依リ精算書ヲ作成スヘシ

第六十一條 選擧事務長ハ左ニ掲クル帳簿ヲ備フヘシ

一 承諾簿

二 評價簿

三 支出簿

第六十二條 選擧事務長選擧運動ノ費用ノ支出ノ承諾ヲ與ヘタルトキハ直ニ承諾ニ係ル金額（財産上ノ義務ノ負擔又ハ金錢以外ノ財産上ノ利益ノ使用若ハ費消ノ承諾ヲ與ヘタル場合ニ於テハ承諾ニ係ル義務又ハ利益）、其ノ用途ノ大要、承諾年月日及承諾ヲ受ケタル者ノ氏名ヲ承諾簿ニ記載スヘシ

2 選擧事務長選擧運動ノ費用ノ支出ノ承諾ヲ與ヘタル後未タ支出セラレサル費用ニ付テハ文書ヲ以テ其ノ承諾ノ取消ヲ爲スコトヲ得此ノ場合ニ於テハ其ノ旨ヲ前項ノ例ニ依リ承諾簿ニ記載スヘシ

3 選擧事務長第五十八條ノ規定ニ依リ精算書ヲ作成シタルトキハ直ニ支出總金額（財産上ノ義務ノ負擔又ハ金錢以外ノ財産上ノ利益ノ使用若ハ費消ニ付テハ其ノ種類別總額）、其ノ用途ノ大要

精算年月日及承諾ヲ受ケタル者ノ氏名ヲ承諾簿ニ記載スヘシ

第六十三條　左ニ揭クル場合ニ於テハ選擧事務長ハ直ニ財產上ノ義務又ハ金錢以外ノ財產上ノ利益ヲ時價ニ見積リタル金額、其ノ用途ノ大要、支出先、支出年月日及見積リノ詳細ナル根據ヲ評價簿ニ記載スヘシ

一　選擧事務長選擧運動ノ費用トシテ財產上ノ義務ヲ負擔シ又ハ金錢以外ノ財產上ノ利益ヲ使用シ若ハ費消シタルトキ

二　選擧事務長第五十九條第一項又ハ第六十條ノ規定ニ依リ財產上ノ義務ノ負擔又ハ金錢以外ノ財產上ノ利益ノ使用若ハ費消ニ關スル精算書ヲ作成シタルトキ

三　選擧事務長前條ノ規定ニ依リ財產上ノ義務ノ負擔又ハ金錢以外ノ財產上ノ利益ノ使用若ハ費消ニ關スル承諾簿ノ記載ヲ爲シタルトキ

第六十四條　左ニ揭クル場合ニ於テハ選擧事務長ハ直ニ支出金額、其ノ用途ノ大要、支出先及支出年月日ヲ支出簿ニ記載スヘシ

一　選擧事務長金錢ヲ以テ選擧運動ノ費用ノ支出ヲ爲シタルトキ

二　選擧事務長第五十九條第一項又ハ第六十條ノ規定ニ依リ金錢ノ支出ニ關スル精算書ヲ作成シタルトキ

三　選擧事務長第六十二條第三項ノ規定ニ依リ金錢ノ支出ニ關スル承諾簿ノ記載ヲ爲シタルトキ

四　選擧事務長前條ノ規定ニ依リ評價簿ノ記載ヲ爲シタルトキ

第六十五條　衆議院議員選擧法第百九條ノ規定ニ依リ事務ノ引繼ヲ爲ス場合ニ於テハ第六十六ニ定ムル精算屆書ノ樣式ニ準シ選擧運動ノ費用ノ計算書ヲ作成シテ引繼ヲ爲ス者及引繼ヲ受クル者ニ於テ之ニ引繼ノ旨及引繼年月日ヲ記載シ共ニ署名捺印シ第六十八條ニ定ムル帳簿及書類ト共ニ其ノ引繼ヲ爲スヘシ

第六十六條　衆議院議員選擧法第百六條第一項ノ規定ニ依ル選擧運動ノ費用ノ精算ノ屆出ハ文書ヲ以テ之ヲ爲シ內務大臣ノ定ムル精算屆書ノ樣式ニ依ルヘシ

第六十七條　選擧運動ノ費用ノ支出ヲ爲シタルトキハ其ノ都度領收書其ノ他ノ支出ヲ證スヘキ書面ヲ徵スヘシ但シ之ヲ徵シ難キ事情アルトキ又ハ一口五圓未滿ノ支出ヲ爲シタルトキハ此ノ限ニ在ラス

第六十八條　衆議院議員選擧法第百七條第二項ノ規定ニ依リ帳簿及書類ノ種類ヲ定ムルコト左ノ如シ

一　第五十八條乃至第六十條ノ精算書
二　第六十一條ニ揭クル帳簿
三　第六十五條ノ計算書
四　前條ノ領收書其ノ他ノ支出ヲ證スヘキ書面

第十章　選擧ニ關スル費用

第六十九條　選擧人名簿、投票ノ用紙及封筒、投票函並點字器ノ調製ニ要スル費用ハ北海道地方費又ハ府縣ノ負擔トス

第七十條　選擧事務ノ爲地方長官、選擧長、開票管理者又ハ投票管理者ニ於テ要スル費用及選擧會場、開票所又ハ投票所ニ要スル費用ハ關係行政廳ノ經費ヲ以テ之ヲ支辨スヘシ

2　衆議院議員選擧法第三十三條ノ規定ニ依ル投票ニ關スル選擧事務ノ爲投票管理者又ハ特別投票管理者ニ於テ要スル費用及其ノ投票記載ノ場所ニ要スル費用ハ選擧人ノ屬スル投票區ノ行政廳ノ經費ヲ以テ之ヲ支辨スヘシ

第七十一條　前條ノ關係行政廳二以上アル場合ニ於テハ其ノ支辨スヘキ費用ハ關係行政廳ニ之ヲ平分スヘシ此ノ場合ニ於テ關係行政廳ノ經費カ同一經濟ニ屬スルトキハ一行政廳ノ經費ヲ以テ之ヲ支辨スヘシ

第七十二條　投票立會人、開票立會人及選擧立會人ニハ職務ノ爲要スル費用ヲ給ス

2　前項ノ費用ノ額ハ地方長官之ヲ定ム

3　第一項ノ費用ハ北海道地方費又ハ府縣ノ負擔トス

第十一章　無料郵便物ノ差出

第七十三條　衆議院議員選擧法第百四十條第一項ノ選擧運動ノ爲ニスル通常郵便物ハ左ニ掲クルモノニ限ル

一　重量十匁迄ノ無封ノ書狀

二　私製葉書
2　前項ノ郵便物ハ之ヲ特殊取扱ト爲スコトヲ得ス
第七十四條　前條ノ郵便物ハ選擧事務長ノ選任ヲ爲シタル議員候補者又ハ推薦屆出者ニ限リ之ヲ差出スコトヲ得
2　選擧事務長ノ選任ヲ爲シタル推薦屆出者死亡其ノ他ノ事由ニ因リ前條ノ郵便物ヲ差出スコトヲ得サルトキハ議員候補者之ヲ差出スコトヲ得
3　前項ノ議員候補者ハ前條ノ郵便物ヲ其ノ未タ差出サレサル選擧人ニ對シテノミ差出スコトヲ得選擧事務長ニ異動アリタル場合ニ於テ新ニ選擧事務長ノ選任ヲ爲シタル者モ亦同シ
第七十五條　前二條ニ定ムルモノノ外第七十三條ノ郵便物ニ關シ必要ナル事項ハ遞信大臣之ヲ定ム

第十二章　公立學校等ノ設備ノ使用

第七十六條　衆議院議員選擧法第百四十條第二項ノ營造物ノ設備ハ左ニ掲クルモノニシテ道府縣市町村、市町村組合、町村組合、商業會議所又ハ農會ノ管理ニ屬スルモノニ限ル
一　公會堂
二　議事堂
三　前各號ノ外地方長官ノ指定シタル營造物ノ設備
2　議事堂ニシテ國又ハ公共團體ノ他ノ營造物ノ設備ト同一ノ建物內ニ在リ又ハ之ニ接續シ若ハ近

接シ其ノ使用ニ依リ國又ハ公共團體ノ事務ニ著シキ支障アリト認ムルモノニ付テハ地方長官ハ豫メ之ヲ指定シ其ノ使用ヲ制限シ又ハ禁止スルコトヲ得

3 前二項ノ指定ヲ爲シタルトキハ地方長官ハ直ニ之ヲ告示スヘシ

第七十七條　公立學校及前條ノ營造物ノ設備ノ使用ハ選擧事務長ノ選任ヲ爲シタル議員候補者又ハ推薦屆出者ニ限リ之ヲ申請スルコトヲ得

2 第七十四條第二項ノ規定ハ前項ノ申請ニ之ヲ準用ス

第七十八條　公立學校ヲ使用セムトスルトキハ其ノ使用スヘキ學校ノ設備及日時ヲ記載シタル文書ヲ以テ當該公立學校管理者ニ之ヲ申請スヘシ

2 同一議員候補者ノ爲二回以上同一公立學校ヲ使用セムトスルトキハ先ノ申請ニ對シ許可セラレタル使用ノ日ヲ經過シタル後ニ非サレハ更ニ申請ヲ爲スコトヲ得ス

第七十九條　同一公立學校ヲ同一日時ニ使用スヘキ二以上ノ申請アリタルトキハ公立學校管理者ハ先ニ到達シタル申請書ノ申請ニ對シ、其ノ到達同時ナルトキハ既ニ使用ヲ許可セラレタル度數ノ少キ議員候補者ノ爲ノ申請ニ對シ其ノ使用ヲ許可スヘシ其ノ度數モ亦同シキトキハ申請者又ハ其ノ代人立會ノ上抽籤ニ依リ其ノ使用ヲ許可スヘキ者ヲ決定スヘシ

第八十條　第七十八條ノ規定ニ依ル申請書ノ到達アリタルトキハ公立學校管理者ハ當該公立學校長ノ意見ヲ徵シテ其ノ許否ヲ決定シ到達ノ日ヨリ二日以內ニ申請者又ハ其ノ代人及當該公立學校長ニ通知スヘシ

第八十一條　公立學校ノ使用ノ許可ハ左ノ各號ノ規定ニ依ル
一　公立學校長ニ於テ學校ノ授業又ハ諸行事ニ支障アリト認ムル場合ニ於テハ其ノ使用ヲ許可スルコトヲ得ス
二　職員室、事務室、宿直室、器械室、標本室其ノ他公立學校長ニ於テ著シキ支障アリト認ムル設備ニ付テハ其ノ使用ヲ許可スルコトヲ得ス
三　使用ヲ許可スヘキ期間ハ選擧ノ期日ノ公布又ハ告示アリタル日ヨリ選擧ノ期日ノ前日迄トス
四　使用ノ時間ハ一回ニ付五時間ヲ超ユルコトヲ得ス
第八十二條　道廳府縣立學校管理者タル地方長官ハ前四條ニ規定スル管理者ノ權限ヲ學校長ニ委任スルコトヲ得
2　地方長官前項ノ委任ヲ爲シタルトキハ直ニ之ヲ告示スヘシ
第八十三條　前五條ノ規定ハ第七十六條ノ營造物ノ設備ノ使用ニ之ヲ準用ス但シ公立學校長ニ該當スル者ナキ場合ニ於テハ第八十一條中公立學校長トアルハ管理者トス
第八十四條　第七十六條ノ營造物ノ設備ノ使用ニ付一般ニ使用ニ關スル料金徵收ノ定アルモノニ關シテハ其ノ料金ヲ徵收スルコトヲ妨ケス
第八十五條　公立學校又ハ第七十六條ノ營造物ノ設備ノ使用ノ準備及其ノ後片付等ニ要スル費用ハ使用ノ許可ヲ受ケタル者ノ負擔トス

2公立學校又ハ第七十六條ノ營造物ノ設備ノ使用ニ因リ其ノ設備ヲ損傷シタルトキハ使用ノ許可ヲ受ケタル者ニ於テ之ヲ賠償シ又ハ原狀ニ復スヘシ

第八十六條 地方長官ハ公立學校又ハ第七十六條ノ營造物ノ設備ノ管理者カ本章ノ規定ニ違反シテ又ハ不當ニ使用ノ許可ヲ爲シ又ハ爲ササルトキハ使用ノ許可ヲ取消シ又ハ使用ノ許可ヲ爲スコトヲ得

第八十七條 地方長官ハ選擧運動ノ爲ニスル公立學校又ハ第七十六條ノ營造物ノ設備ノ使用ニ關シ本章ニ定ムルモノノ外必要ナル規定ヲ設クルコトヲ得

第十三章 交通至難ノ島嶼ニ於ケル特例

第八十八條 北海道廳根室支廳管內國後郡、紗那郡、擇捉郡及蘂取郡ニ於ケル選擧ニ關シテハ第八十九條乃至第百七條ノ規定ニ依ル

第八十九條 削除（大正十五年六月勅令第二百三十八號）

第九十條 削除（同上）

第九十一條 削除（同上）

第九十二條 削除（同上）

第九十三條 衆議院議員選擧法第十六條第一項ニ定ムル出訴期間ハ決定ノ通知ヲ受ケタル日ヨリ三十日以內トス（同上改正）

第九十四條 衆議院議員選擧法第三十一條第二項乃至第四項ノ規定及第三十四條中投票ヲ受理ス

ヘカラスト決定シタル場合ニ關スル規定ハ之ヲ適用セス

第九十五條 投票管理者ハ投票ノ翌日投票所ニ於テ衆議院議員選擧法第四十八條、第四十九條第二項及第五十一條ノ例ニ依リ開票管理者ニ屬スル職務ヲ行フ此ノ場合ニ於テハ投票立會人ハ其ノ例ニ依リ開票立會人ニ屬スル職務ヲ行フ

2 第三十九條ノ規定ハ前項ノ規定ニ依リ投票ヲ點檢スル場合ニ之ヲ準用ス

第九十六條 各議員候補者ノ得票數ノ計算終リタルトキハ投票管理者ハ其ノ得票數ヲ朗讀スヘシ

第九十七條 投票ノ點檢終リタルトキハ投票管理者ハ直ニ其ノ結果ヲ開票管理者ニ報告スヘシ

第九十八條 投票管理者ハ點檢濟ニ係ル投票ノ有效無效ヲ區別シ各之ヲ封筒ニ入レ投票立會人ト共ニ之ニ封印ヲ施スヘシ

2 第三十四條ノ規定ニ依リ受理スヘカラスト決定シタル投票ハ投票管理者之ヲ其ノ儘他ノ封筒ニ入レ投票立會人ト共ニ之ニ封印ヲ施スヘシ

第九十九條 投票管理者ハ前四條ノ規定ニ依ル手續ニ關スル顚末書ヲ作成シ投票立會人ト共ニ署名シ投票錄及前條ノ投票ト併セテ開票管理者ニ之ヲ送致スヘシ

第百條 投票管理者ハ豫メ開票ノ日時ヲ告示スヘシ

第百一條 選擧人ハ其ノ投票所ニ就キ開票ノ參觀ヲ求ムルコトヲ得

第百二條　天災其ノ他避クヘカラサル事故ニ因リ投票ヲ行フコトヲ得サルトキ又ハ更ニ之ヲ行フノ必要アルトキハ投票管理者ハ更ニ期日ヲ定メ投票ヲ行ハシムヘシ
2 前項ノ規定ハ開票ニ之ヲ準用ス
3 投票管理者第一項ノ規定ニ依リ投票ノ期日ヲ定メタルトキハ少クトモ五日前ニ之ヲ告示シ前項ノ規定ニ依リ開票ノ期日ヲ定メタルトキハ豫メ之ヲ告示スヘシ
4 投票管理者第一項又ハ第二項ノ規定ニ依リ投票又ハ開票ノ期日ヲ定メタルトキハ直ニ之ヲ開票管理者、選擧長及地方長官ニ報告スヘシ

第百三條　開票管理者ハ第九十七條ノ報告及衆議院議員選擧法第三十五條又ハ第三十六條ノ規定ニ依リ送致セラレタル投票函ノ總テ到達シタル翌日開票ヲ行フヘシ
2 開票管理者ハ前項ノ投票函ノ投票ニ付衆議院議員選擧法第四十九條第一項及第二項ノ規定ニ依ル手續ヲ終リタルトキハ前項ノ報告ヲ調査シ投票區每ニ各議員候補者ノ得票數ヲ朗讀シ終リニ各議員候補者ノ得票總數ヲ朗讀スヘシ
3 第九十七條ノ報告遲著ノ虞アルトキハ其ノ報告總テ到達セサルモ投票函ノ總テ到達シタル翌日以後ハ開票管理者ハ其ノ投票函ノ投票及前日迄ニ到達シタル報告ニ付前項ノ例ニ依リ開票ノ手續ヲ爲スコトヲ得
4 前項ノ規定ニ依リ開票ヲ行ヒタル場合ニ於テハ開票管理者ハ報告ノ總テ到達シタル日又ハ其ノ翌日更ニ開票所ニ於テ調査未濟ノ報告ヲ調査シ該報告ニ付投票區每ニ各議員候補者ノ得票數ヲ

朗讀シ終リニ前項ノ規定ニ依ル得票總數ニ通算シタル各議員候補者ノ得票總數ヲ朗讀スヘシ
5 第二項及前項ノ場合ニ於テハ開票管理者ハ直ニ其ノ結果ヲ選擧長ニ報告スヘシ
第百四條 第九十七條ノ報告ニ關スル書類及第九十九條ノ規定ニ依リ送致ヲ受ケタル顚末書ハ開票管理者ニ於テ議員ノ任期間之ヲ保存スヘシ
第百五條 選擧ノ一部無效ト爲リ更ニ選擧ヲ行ヒタル場合ノ開票ニ於テハ其ノ選擧ニ係ル第九十七條ノ報告ヲ調査スヘシ
第百六條 衆議院議員選擧法第百六條ノ規定ニ依リ届出ツヘキ事項ニ付同條ノ定ムル期間內ニ届出ツルコト能ハサル情況アリト認ムルトキハ地方長官ハ第八十八條ノ地域ニ關スル部分ニ限リ分別シテ適宜ニ其ノ期間ヲ延長スルコトヲ得
2 地方長官前項ノ規定ニ依リ届出期間ヲ延長シタルトキハ直ニ其ノ旨ヲ告示スヘシ
3 第八十八條ノ地域ニ關スル當選人ニ對スル衆議院議員選擧法第八十四條第一項ニ定ムル出訴期間ハ第一項ノ規定ニ依リ延長シタル期間ト同一ノ期間之ヲ延長ス
第百七條 衆議院議員選擧法第百二十八條ノ規定ハ投票立會人正當ノ事故ナクシテ第九十五條又ハ第九十九條ニ定メタル義務ヲ缺キタル場合ニ之ヲ適用ス
第百八條 東京府青ケ島ニ於テハ名主ハ其ノ年十二月十九日迄ニ選擧人名簿ヲ支廳長ニ送付スヘシ（大正十五年六月勅令第二百三十八號改正）
2 前項ノ規定ニ依リ送付ヲ受ケタル選擧人名簿ハ支廳長ニ於テ之ヲ管理スヘシ（同上改正）

3 第一項ノ規定ニ依リ選擧人名簿ヲ支廳長ニ發送シタル後確定判決ニ依リ之ヲ修正スヘキトキハ名主ハ直ニ其ノ旨ヲ支廳長ニ報告スヘシ（同上）

4 支廳長前項ノ報告ヲ受ケタルトキハ直ニ名簿ヲ修正シ其ノ旨ヲ告示スヘシ（同上）

5 選擧人名簿ヲ其ノ年十二月十九日迄ニ支廳長ニ送付スルコト能ハサル情況アリト認ムルトキハ地方長官ハ適宜ニ選擧人名簿ノ調製、縱覽、修正ノ申立及修正ノ申立ノ決定ニ關スル期日又ハ期間ヲ定メ併セテ之ヲ告示シ其ノ年十二月十九日迄ニ選擧人名簿ヲ送付セシムルコトヲ得（同上改正）

6 第一項ノ區域ニ於ケル選擧ニ關シテハ第九十三條及第百六條ノ規定ヲ準用ス但シ地方長官トアルハ警視總監トス（同上改正）

7 投票所ハ支廳ニ之ヲ設ケ投票管理者ノ職務ハ支廳長之ヲ行フ（同上改正）

8 衆議院議員選擧法第二十四條第二項ノ規定ニ依リ投票立會人ノ選任ヲ爲ス場合ニ於テハ官吏又ハ吏員ノ中ニ就キ之ヲ選任スルコトヲ得（同上改正）

第百九條　沖繩縣大東島ニ於ケル選擧人名簿ニ關スル町村長ノ職務ハ地方長官ノ定メタル官吏之ヲ行フ（同上改正）

2 前項ノ區域ニ於ケル選擧ニ關シテハ第九十三條乃至第百七條ノ規定ヲ準用ス但シ投票管理者ノ職務ハ地方長官ノ定メタル官吏之ヲ行フ（同上改正）

第十四章　補　則

第百十條　地方長官衆議院議員選擧法第百四十三條ノ規定ニ依リ選擧事務長カ同法第百十二條又ハ第百十三條ノ罪ヲ犯シ刑ニ處セラレタル旨ノ裁判所ノ長ノ通知ヲ受ケタルトキハ直ニ之ヲ關係選擧長ニ通知スヘシ

2　選擧長前項ノ通知ヲ受ケタルトキハ直ニ其ノ旨ヲ告示スヘシ

第百十一條　衆議院議員選擧法第百四十四條、第百四十四條ノ二及第百四十五條ノ規定ハ本令ノ適用ニ付之ヲ準用ス（大正十五年六月勅令第二百三十八號改正）

附　則

1　本令ハ次ノ總選擧ヨリ之ヲ施行ス

2　北海道衆議院議員選擧特例ハ之ヲ廢止ス

附　則（大正十五年六月勅令第二百三十八號）

本令ハ郡長及島司廢止ノ日ヨリ之ヲ施行ス（大正十五年七月一日ヨリ施行）

別　表

點字（右側ノ記載ハ各點字ノ發音ヲ示スモノトス）

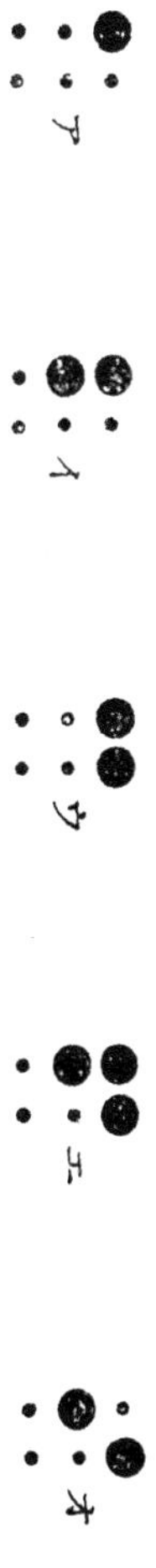

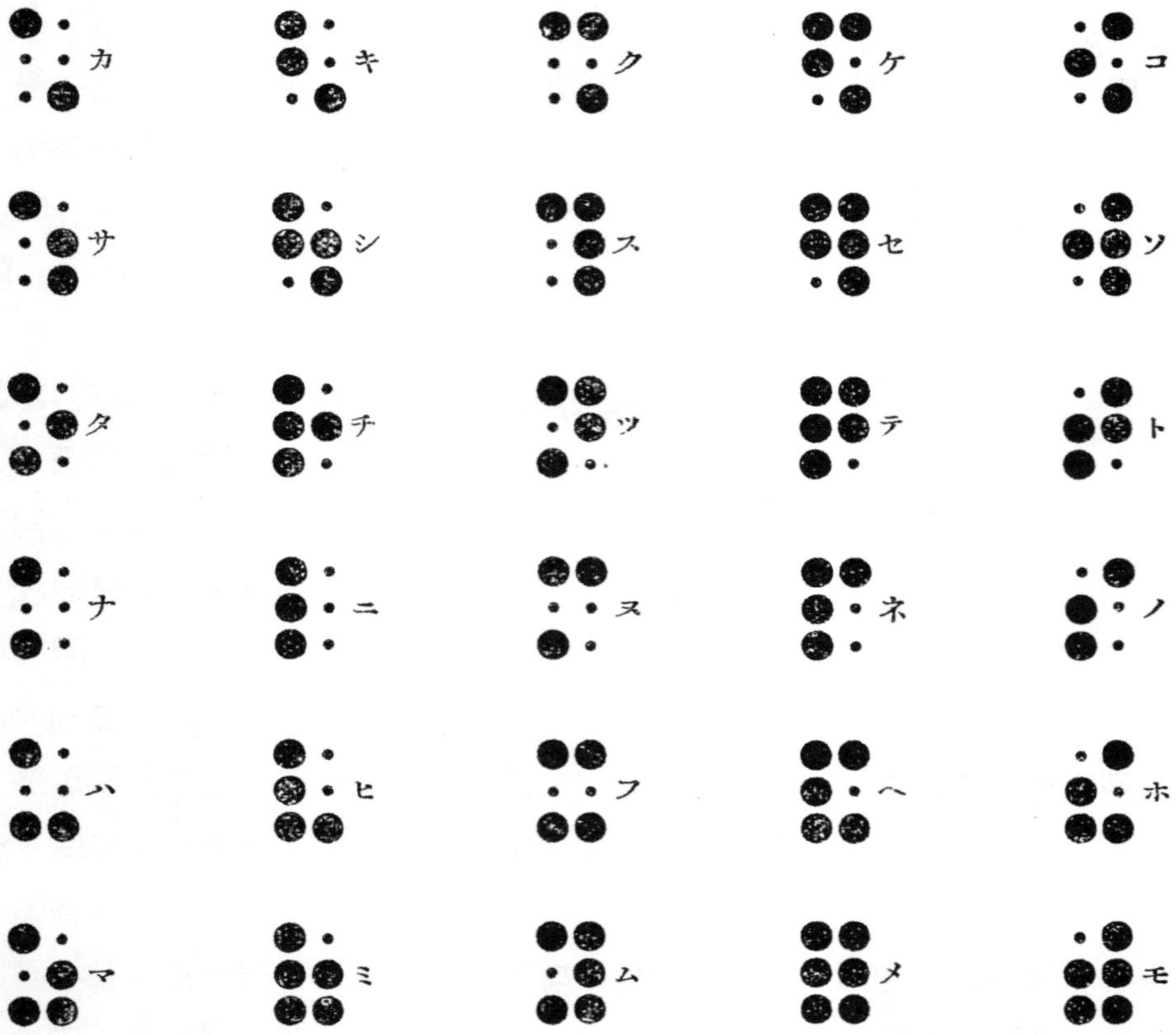
カ
キ
ク
ケ
コ
サ
シ
ス
セ
ソ
タ
チ
ツ
テ
ト
ナ
ニ
ヌ
ネ
ノ
ハ
ヒ
フ
ヘ
ホ
マ
ミ
ム
メ
モ

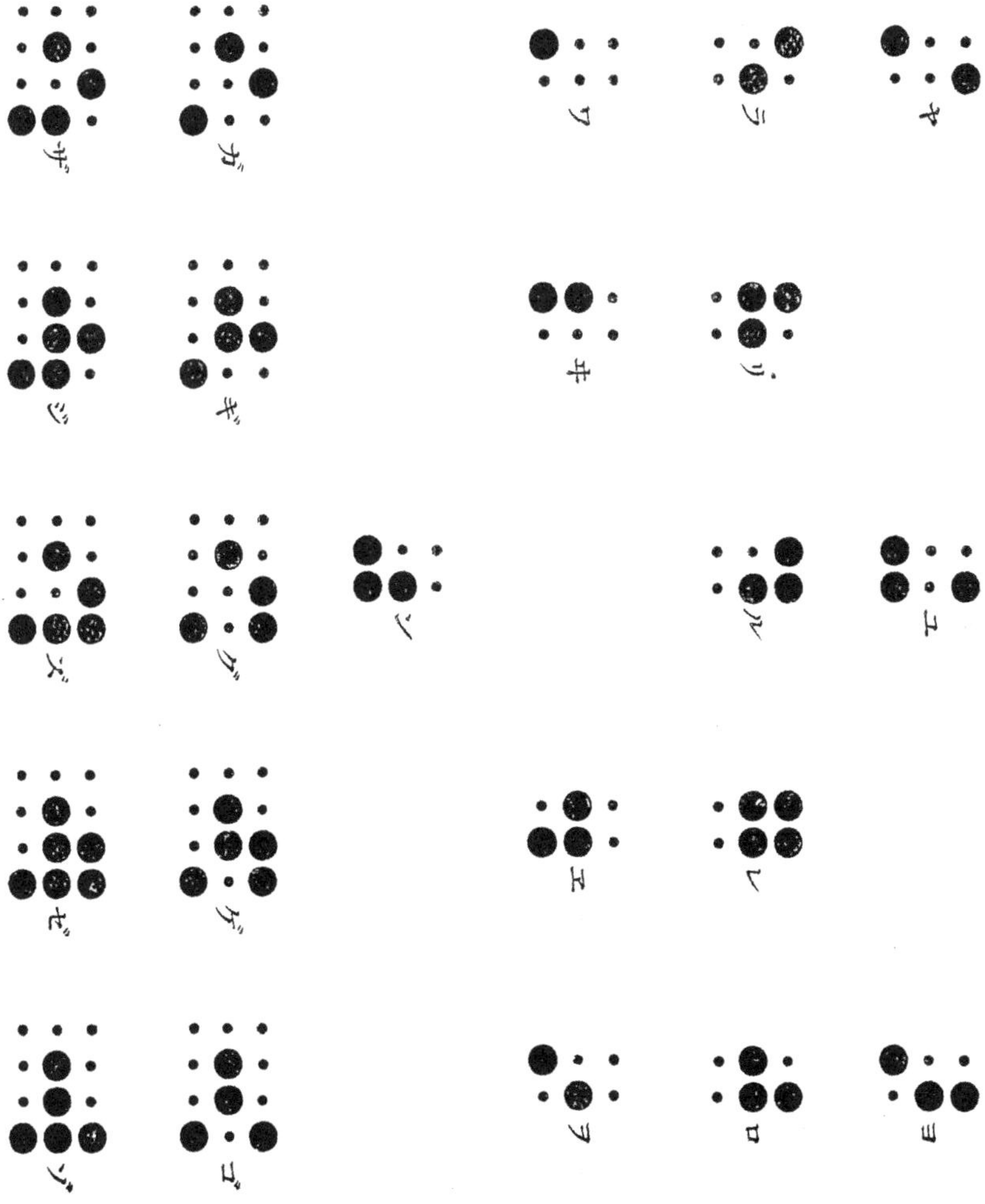
ヤ
ユ
ヨ
ラ
リ
ル
レ
ロ
ワ
ヰ
ヱ
ヲ
ン
ガ
ギ
グ
ゲ
ゴ
ザ
ジ
ズ
ゼ
ゾ

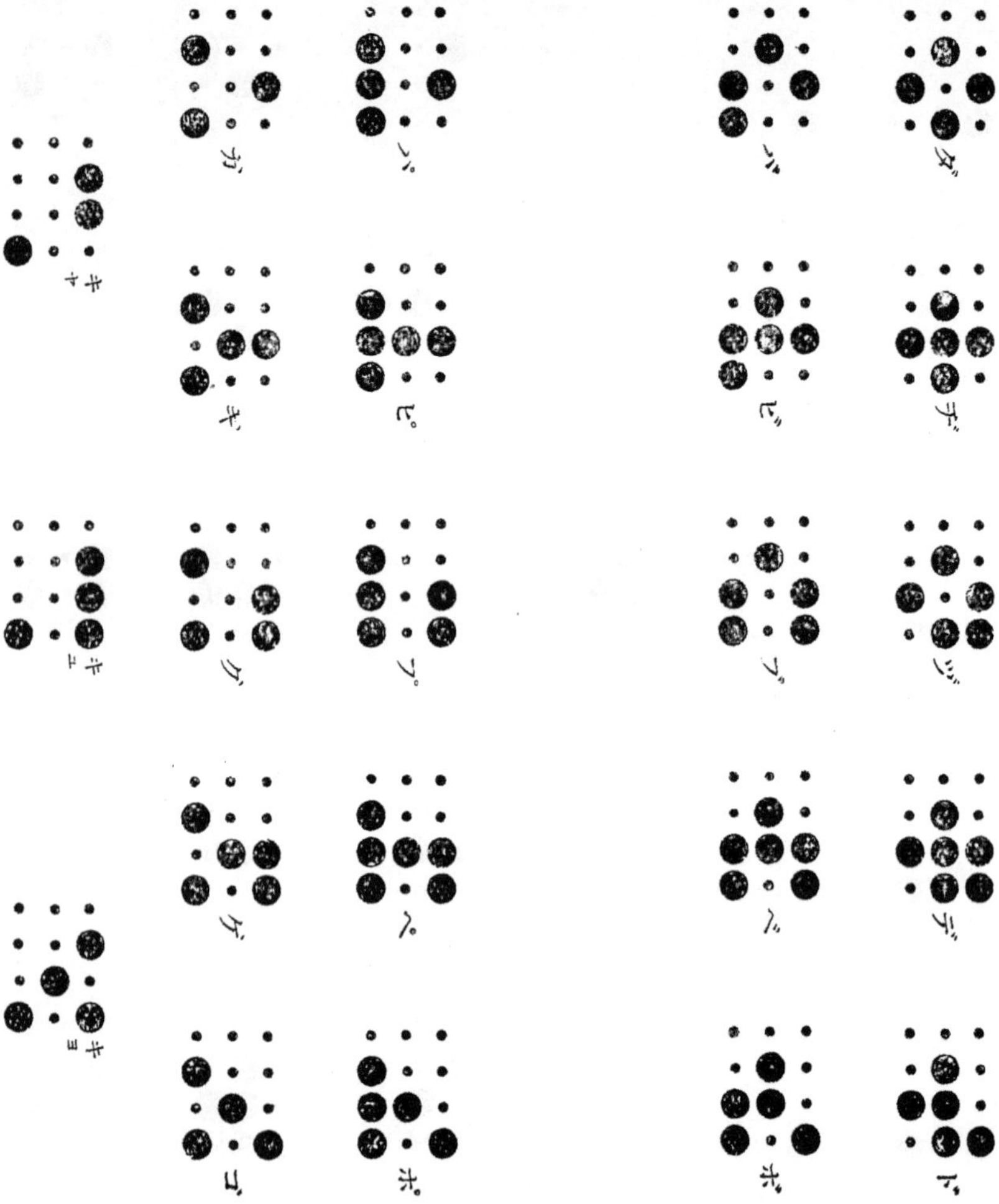
ダ
ヂ
ヅ
デ
ド
バ
ビ
ブ
ベ
ボ
パ
ピ
プ
ペ
ポ
ガ
ギ
グ
ゲ
ゴ
キャ
キュ
キョ

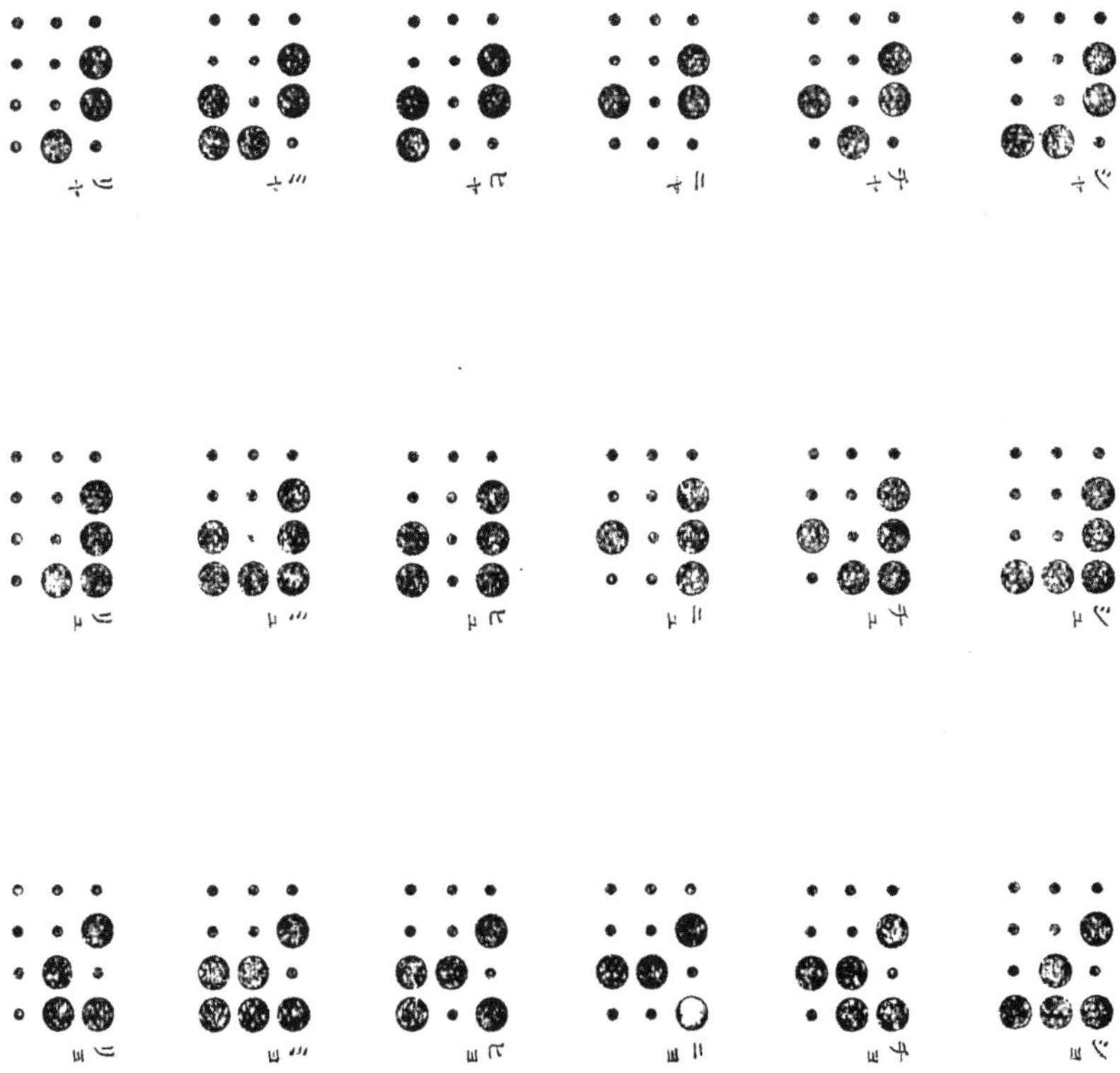
ジャ
チャ
ニャ
ヒャ
ミャ
リャ
ジュ
チュ
ニュ
ヒュ
ミュ
リュ
ジョ
チョ
ニョ
ヒョ
ミョ
リョ

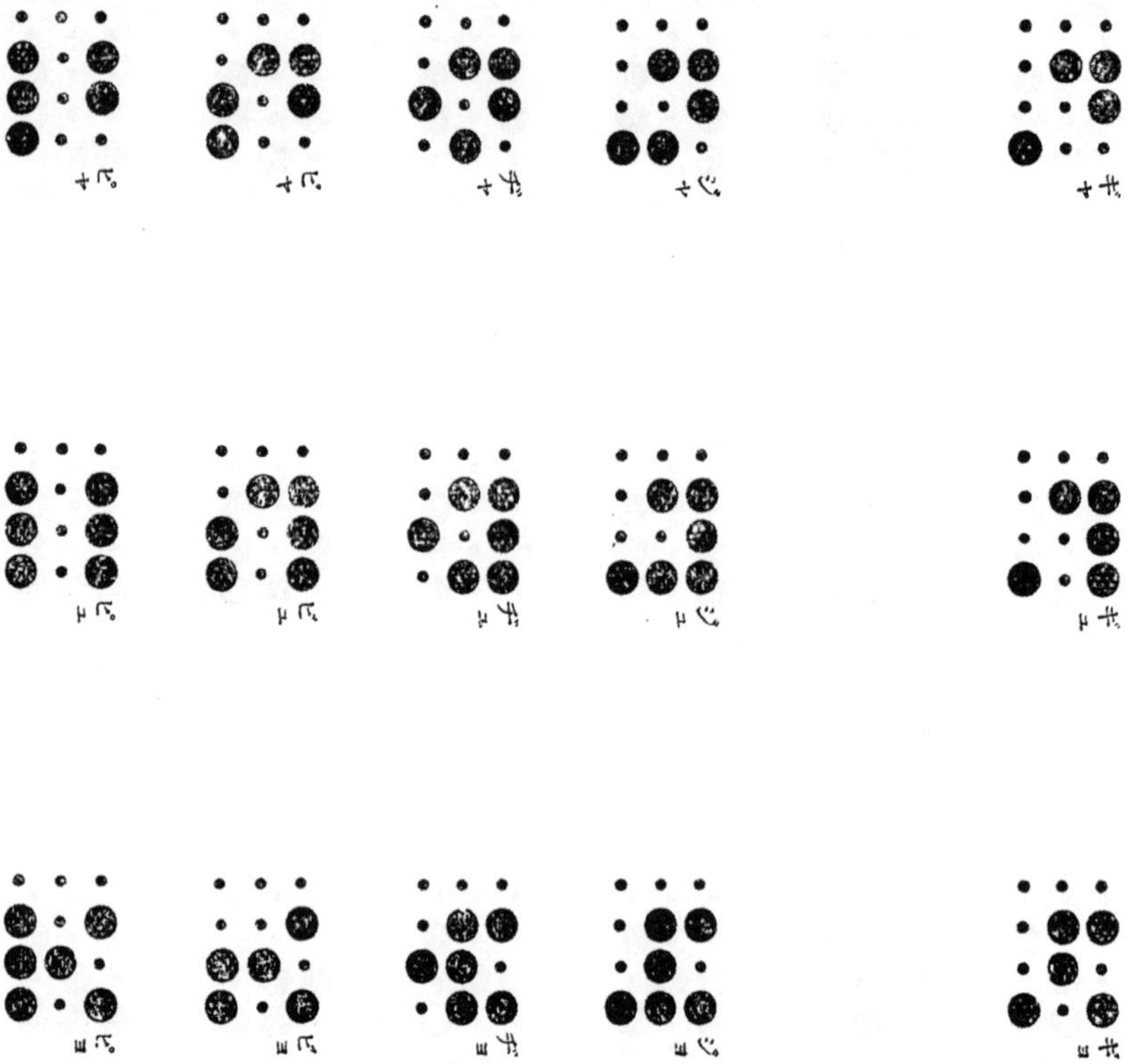
ギャ
ギュ
ギョ
ジャ
ジュ
ジョ
ヂャ
ヂュ
ヂョ
ビャ
ビュ
ビョ
ピャ
ピュ
ピョ

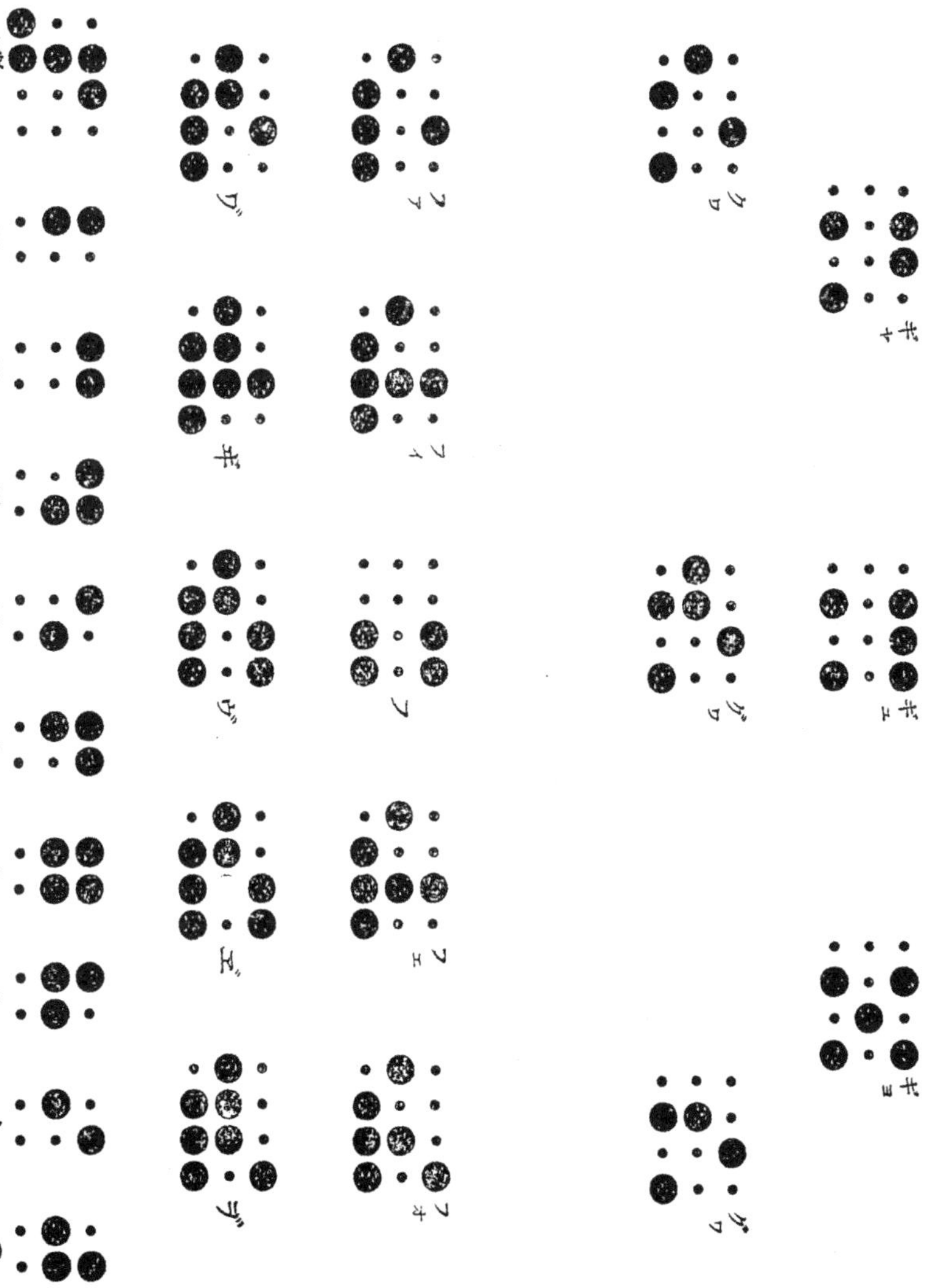
ギャ
ギュ
ギョ
クワ
グワ
グワ
ファ
フィ
フ
フェ
フォ
ヷ
ヸ
ヴ
ヹ
ヺ
數符一
二
三
四
五
六
七
八
九
〇

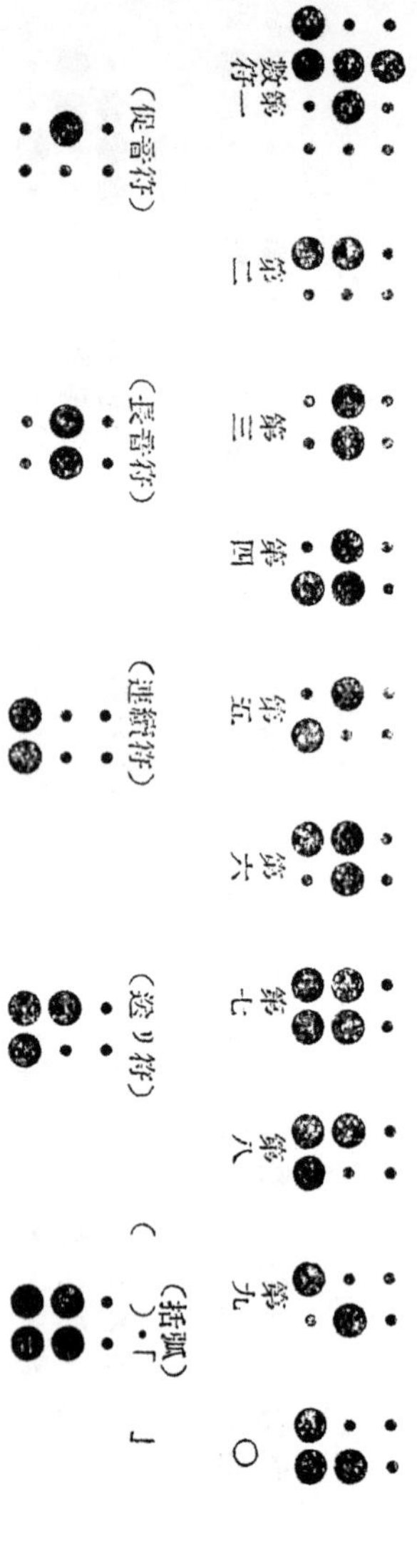

衆議院議員選擧法施行規則（大正十五年二月三日内務省令第四號）改正（大正十五年六月三十日内務省令第三十五號）

第一條　衆議院議員選擧人名簿ハ別記樣式ニ依リ之ヲ調製スヘシ

第二條　衆議院議員選擧法第十七條第六項ノ選擧人名簿ノ調製及其ノ期日、縱覽確定ニ關スル期日、期間等ハ地方長官ニ於テ之ヲ定メ豫メ告示スヘシ

第三條　投票用紙竝衆議院議員選擧法第三十一條第三項及第四項ノ規定ニ依ル封筒及衆議院議員選擧法施行令第二十九條ノ規定ニ依ル投票用封筒ハ別記樣式ニ依リ之ヲ調製スヘシ

第四條　衆議院議員選擧法施行令第二十一條第二項及第三項竝第二十九條第二項ノ規定ニ依リ投票用紙又ハ封筒ニ押捺スヘキ點字投票ナル旨ノ印ハ別記樣式ニ依リ之ヲ調製スヘシ

2　點字投票ナル旨ノ印ハ投票用紙及封筒ノ表面ニ之ヲ押捺スヘシ

第五條　投票函ハ別記樣式ニ依リ之ヲ調製スヘシ

第六條　立會人ノ屆出書及之ニ添附スヘキ承諾書、議員候補者ノ屆出書又ハ推薦屆出書竝議員候補者タルコトヲ辭スルコトノ屆出書ハ別記樣式ニ準シ之ヲ作成スヘシ

第七條　衆議院議員選擧法施行令第二十八條第一項ノ規定ニ依ル證明書ハ別記樣式ニ準シ之ヲ作成スヘシ

第八條　投票函ハ其ノ閉鎖後開票管理者ニ送致ノ爲ノ外之ヲ投票所外ニ搬出スルコトヲ得ス

第九條　投票錄、衆議院議員選擧法施行令第三十三條ノ顚末書、開票錄及選擧錄ハ別記樣式ニ依リ之ヲ調製スヘシ

第十條　議員候補者ノ屆出若ハ推薦屆出又ハ議員候補者タルコトヲ辭スルコトノ屆出ヲ受理シタルトキハ選擧長ハ直ニ其ノ受理ノ年月日時ヲ屆出書ノ餘白ニ記載スヘシ

第十一條　當選證書ハ別記樣式ニ依リ之ヲ調製スヘシ

第十二條　選擧運動ノ費用ノ精算屆書ハ別記樣式ニ準シ之ヲ作成スヘシ

附　則

1 本令ハ次ノ總選擧ヨリ之ヲ施行ス

2 明治三十四年内務省令第二十八號及第二十九號竝大正九年内務省令第二號ハ之ヲ廢止ス

附　則（大正十五年六月三十日内務省令第三十五號）

本令ハ郡長及島司廢止ノ日ヨリ之ヲ施行ス

別　記

衆議院議員選擧人名簿樣式（用紙美濃紙）

番號	住居	生年月日	氏名
一	何郡（市）何町（村）大字何（町）何番地	何年何月何日	氏名
番號	住居	生年月日	氏名

備考

一　名簿ハ大字若ハ小字毎ニ區別シテ調製スヘシ但シ一字若ハ數字毎ニ分綴スルモ妨ナシ

一　決定判決等ニ依リ名簿ヲ修正シタルトキハ其ノ旨及修正ノ年月日ヲ欄外ニ記シ官印又ハ職印ヲ押捺スヘシ

一　名簿ノ表紙及卷末ニハ左ノ通記載スヘシ

（表紙）

大正何年何月何日現在調

衆議院議員選擧人名簿

何府縣（北海道）何郡（市）何町（村）、大字若ハ小字何々）

（卷末）

此ノ選擧人名簿ハ大正何年何月何日ヨリ何日間何市役所何町村役場（何ノ場所）ニ於テ縦覧セシメ大正何年何月何日ヲ以テ確定セリ（大正十五年内務省令第三十五號改正）

官職　氏　　名　印

投票用紙樣式

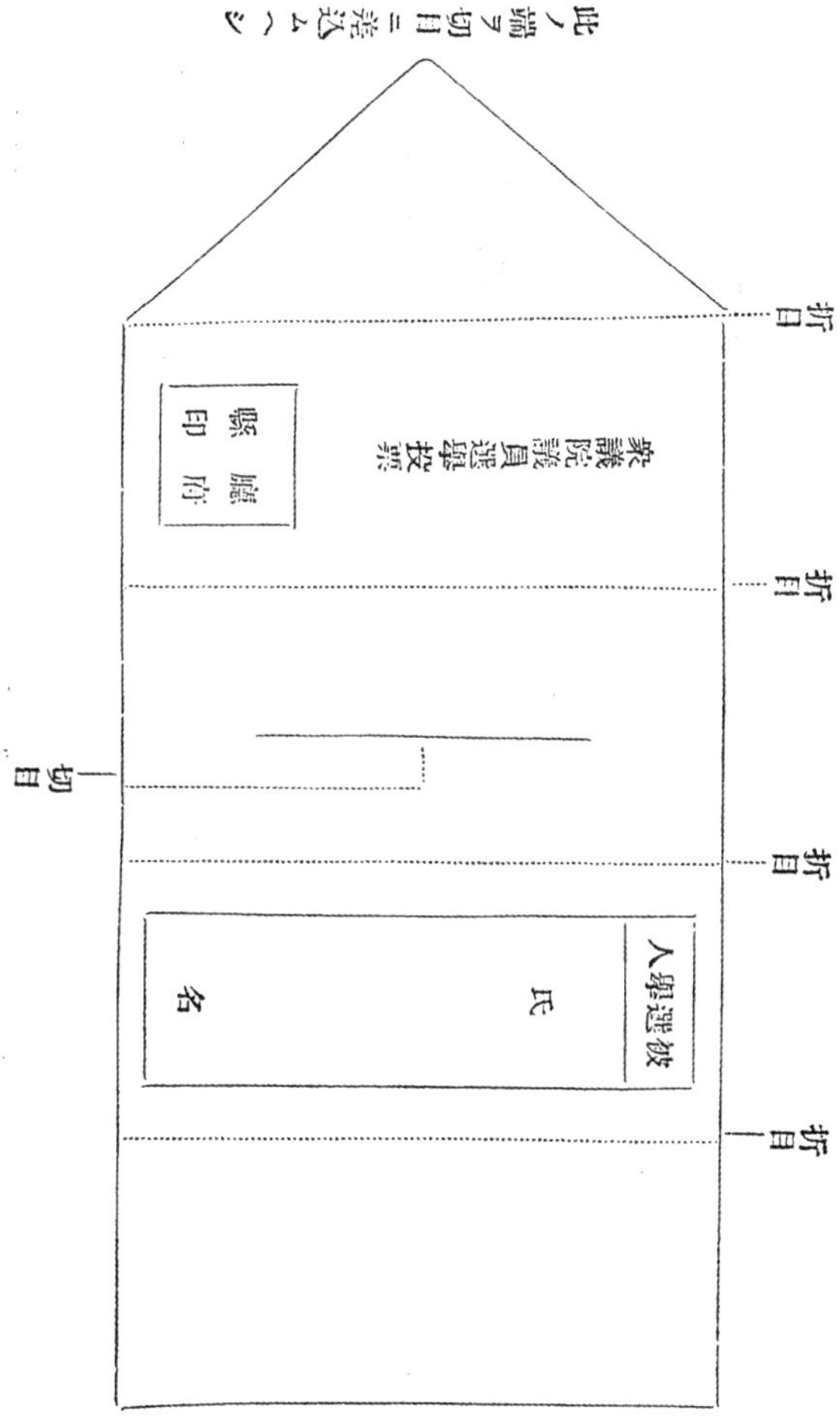

表

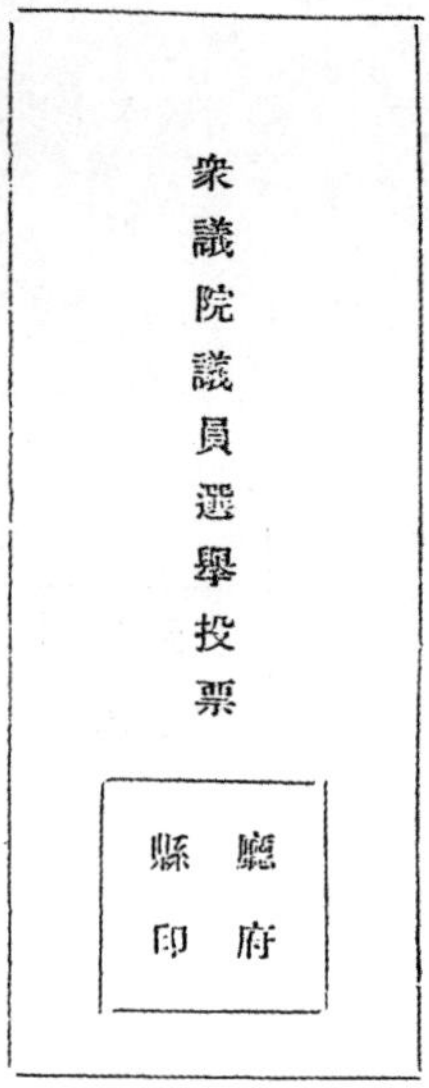

裏

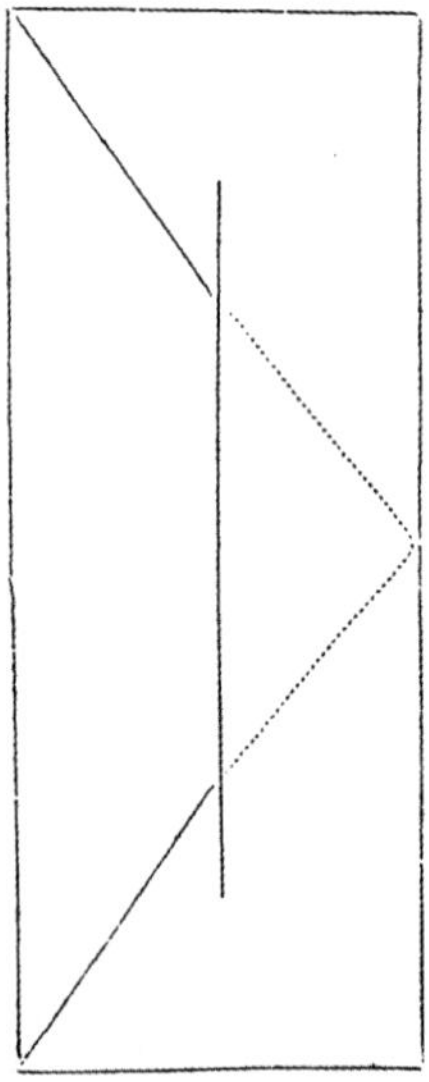

備考

用紙ハ折疊ミタル場合ニ於テ外部ヨリ被選擧人ノ氏名ヲ透視シ得サル紙質ノモノヲ用フヘシ

衆議院議員選擧法第三十一條第三項及第四項ノ規定ニ依ル封筒樣式

表

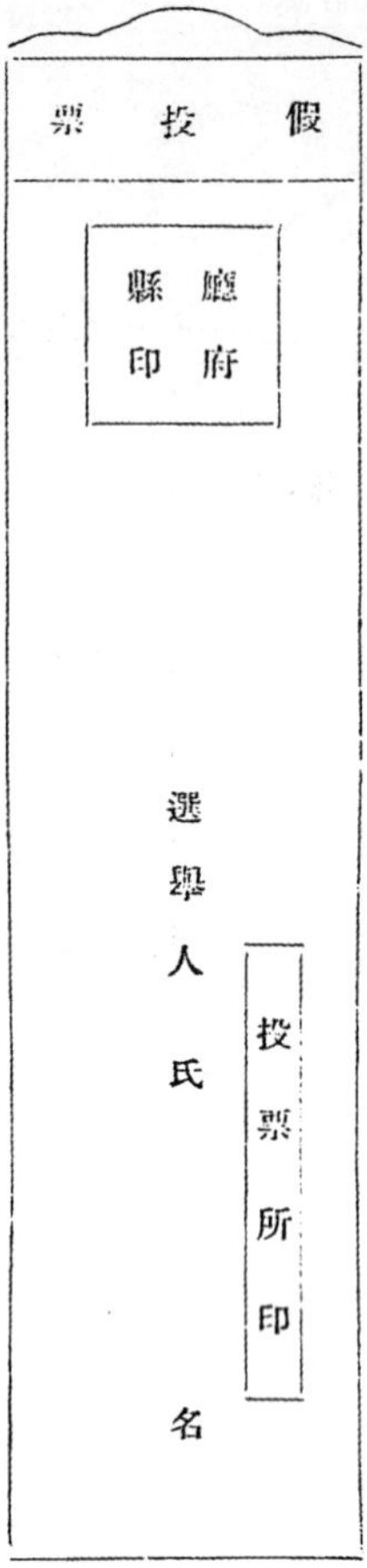

裏

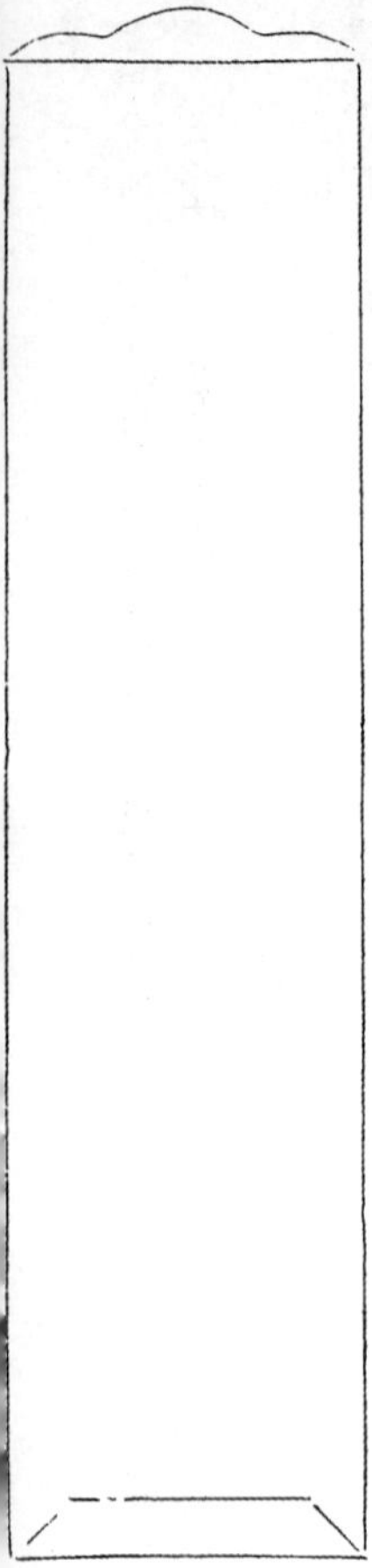

備考

投票所印ハ豫メ封筒ニ左ノ印章ヲ押捺シ置キ各投票所ニ於テ投票所名ヲ記入シ之ニ代フルモ妨ナシ

投票所

衆議院議員選擧法施行令第二十九條ノ規定ニ依ル投票用封筒様式

表

特別投票

廳府縣印

選擧人氏名

投票所印

裏

投票年月日　大正何年何月何日

投票場所　何市役所何町(村)役場(何丸)(何々)

特別投票管理者　何市何町(村)投票管理者(何丸船長)(何々)　氏名

立會人　官職(何々)　氏名

備考

投票所印ハ豫メ封筒ニ左ノ印章ヲ押捺シ置キ各投票所ニ於テ投票所名ヲ記入シ之ニ代フルモ妨ナシ

投票所

衆議院議員選擧法施行令第三十一條第二項及第三項竝第三十九條第二項ノ規定ニ依リ投票用紙又

ハ封筒ニ押捺スヘキ點字投票ナル旨ノ印樣式

點字投票

投票函樣式

厚仕上凡八歩
高凡二尺
幅凡二尺五寸
横凡一尺五寸
但シ大小ハ選擧人ノ多寡ニ應シ適宜ニ之ヲ造ルヘシ

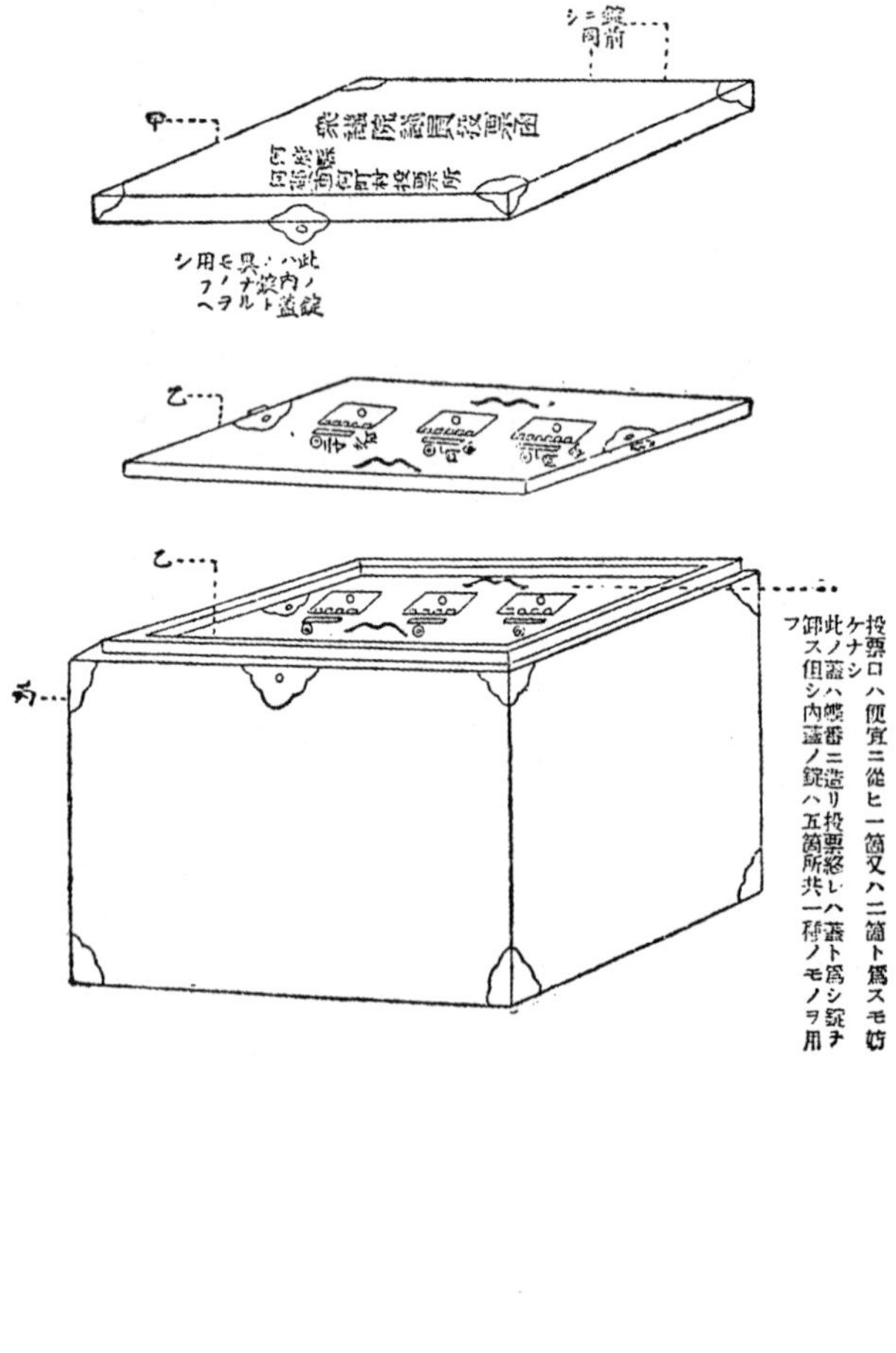

立會人ノ届出書樣式

投票立會人（開票立會人）（選擧立會人）屆

立會人　氏　名

住居　何府縣（北海道）何郡　市）何町（村）大字何（町）何番地

生年月日　何年何月何日

選擧　大正何年何月何日執行ノ衆議院議員選擧

右別紙本人ノ承諾書相添屆出候也

大正何年何月何日

議員候補者　氏　名　印

投票管理者（開票管理者）（選擧長）　氏　名　宛

立會人ノ屆出書ニ添附スヘキ承諾書樣式

投票立會人（開票立會人）（選擧立會人）承諾書

大正何年何月何日執行ノ衆議院議員選擧ニ於ケル投票立會人（開票立會人）（選擧立會人）タルコトヲ承諾候也

大正何年何月何日

何府縣（北海道）何郡（市）何町（村）大字何（町）何番地

氏　名　印

議員候補者　氏　名　宛

議員候補者ノ屆出書樣式

衆議院議員候補者屆

議員候補者　氏　　名

職　業　何々（官公吏、陸海軍軍人ニ在リテハ成ルヘク明細ニ記載スルコト）

住　居　何府縣（北海道）何郡（市）何町（村）大字何（町）何番地

生年月日　何年何月何日

選　擧　大正何年何月何日執行ノ衆議院議員選擧

右別紙供託ヲ證スヘキ書面相添立候補屆出候也

大正何年何月何日

氏　　名　印

選擧長　氏　　名　宛

議員候補者ノ推薦屆出書樣式

衆議院議員候補者推薦屆

議員候補者　氏　　名

職　業　何々（官公吏、陸海軍軍人ニ在リテハ成ルヘク明細ニ記載スルコト）

住　居　何府縣（北海道）何郡（市）何町（村）大字何（町）何番地

生年月日　何年何月何日

選　　舉　　大正何年何月何日執行ノ衆議院議員選擧

推薦屆出者　　氏　　　名

住　　居　　何府縣(北海道)何郡(市)何町(村)大字何(町)何番地

生年月日　　何年何月何日

(推薦屆出者)(氏　　　名)

(住　　居)〔何府縣(北海道)何郡(市)何町(村)大字何(町)何番地〕

(生年月日)(何年何月何日)

右別紙供託ヲ證スヘキ書面相添推薦屆出候也

大正何年何月何日

氏　　　名印

(氏　　　名印)

選擧長　　氏　　　名宛

議員候補者タルコトヲ辭スルコトノ屆出書樣式

衆議院議員候補者辭退屆

議員候補者　　氏　　　名

事　　由　　大正何年何月何日華族ノ戶主ト爲リタル爲(何々ノ爲)被選擧權ヲ有セサルニ至リタリ

右辭退屆出候也

大正何年何月何日

議員候補者　氏　名　印

選擧長　氏　名　宛

備考

事由ハ被選擧權ヲ有セサルニ至リタル爲議員候補者タルコトヲ辭スル場合ニ限リ記載スヘシ

衆議院議員選擧法施行令第二十八條第一項ノ規定ニ依ル證明書樣式

證　明　書

住　居　何府縣（北海道）何郡（市）何町（村）大字何（町）何番地

職　業　何々（成ルク可ク明細ニ記載スルコト）

選擧人　氏　名

右ハ左ノ事由ニ因リ選擧ノ當日自ラ投票所ニ到リ投票ヲ爲シ能ハサルヘキ者ナルコトヲ證明ス

大正何年何月何日

官職　（何丸船長）（何業務主）

氏　名　印

一　大正何年何月何日午前後何時何丸（總噸數何噸）（積石數何石）ニ乘組ミ何港出帆何航路ヲ何地ヘ航海大正何年何月何日午前後何時何港歸著

「一 大正何年何月何日午前後何時何丸（總噸數何噸）（積石數何石）ニ乘組ミ何港出帆何地沖合ニ於テ何々漁業ニ從事シ（何々ニ從事シ）大正何年何月何日午前後何時何港歸著」

「一 大正何年何月何日午前後何時何驛發何鐵道何線鐵道列車ニ乘務シ大正何年何月何日午前後何時何驛歸著」

「一 大正何年何月何日午前後何時ヨリ大正何年何月何日迄演習召集（教育召集）ノ爲何部隊（何々）ニ召集中」

「一 大正何年何月何日午前後何時何艦船ニ乘組ミ何港出帆何地ヘ航海大正何年何月何日午前後何時何港歸著」

投票錄樣式

大正何年何月何日執行 何府縣（北海道）何郡（市）何町（村）衆議院議員投票所投票錄

一 投票所ハ何市役所何町（村）役場（何ノ場所）ニ之ヲ設ケタリ

二 左ノ投票立會人ハ何レモ投票所ヲ開クヘキ時刻迄ニ投票所ニ參會シタリ

住居 氏名

住居 氏名

投票所ヲ開クヘキ時刻ニ至リ投票立會人中參會スル者三人ニ達セサルニ依リ投票管理者ハ臨時ニ投票區内ニ於ケル選擧人名簿ニ記載セラレタル者ノ中ヨリ左ノ者ヲ投票立會人ニ選任シタリ

住　居　氏　名

三　投票所ハ大正何年何月何日午前七時ニ之ヲ開キタリ

四　投票立會人中氏名ハ一旦參會シタルモ午前/後何時何々ノ事故ヲ以テ其ノ職ヲ辭シタル爲其ノ數三人ニ達セサルニ至リタルニ依リ投票管理者ハ臨時ニ投票區內ニ於ケル選擧人名簿ニ記載セラレタル者ノ中ヨリ午前/後何時左ノ者ヲ投票立會人ニ選任シタリ

住　居　氏　名

五　投票管理者ハ投票立會人ト共ニ投票ニ先テ投票所ニ參會シタル選擧人ノ面前ニ於テ投票函ヲ開キ其ノ空虛ナルコトヲ示シタル後內蓋ヲ鎖シ投票管理者及投票立會人ノ列席スル面前ニ之ヲ置キタリ

六　投票管理者及投票立會人ノ面前ニ於テ選擧人ヲ選擧人名簿ニ對照シタル後（到著番號札ト引換ニ）投票用紙ヲ交付シタリ

七　選擧人ハ自ラ投票ヲ認メ之ヲ投票函ニ投入シタリ

八　投票管理者ハ左ノ選擧人ノ本人ナリヤ否ヤヲ確認スルコト能ハサリシヲ以テ投票立會人ノ面前ニ於テ其ノ本人ナル旨ヲ宣言セシメ投票所ノ事務ニ從事スル職氏名ヲシテ之ヲ筆記セシメ之ヲ選擧人ニ讀聞カセ選擧人ヲシテ之ニ署名セシメタリ

住　居　氏　名

投票管理者ハ左ノ選擧人ノ本人ナリヤ否ヤヲ確認スルコト能ハサリシヲ以テ投票立會人ノ

面前ニ於テ其ノ本人ナル旨ノ宣言ヲ命シタルモ其ノ宣言ヲ爲サヽルニ依リ本人ニ非スト認メ之ヲ投票所外ニ退出セシメタリ

住　居　氏　名

九　左ノ選擧人ハ選擧人名簿ニ登錄ナキモ之ニ登錄セラルヘキ確定判決書ヲ所持シ投票所ニ到リタルニ依リ投票管理者ハ之ヲシテ投票ヲ爲サシメタリ

住　居　氏　名

十　左ノ選擧人ハ衆議院議員選擧法第三十三條ノ投票ノ爲交付ヲ受ケタル投票用紙及投票用封筒ヲ返還シタルニ依リ投票管理者ハ之ヲシテ投票ヲ爲サシメタリ

住　居　氏　名

十一　左ノ選擧人ハ點字ニ依リ投票ヲ爲サムトスル旨ヲ申立テタルヲ以テ投票管理者ハ投票用紙ニ點字投票ナル旨ノ印ヲ押捺シテ交付シ投票ヲ爲サシメタリ

住　居　氏　名

十二　左ノ選擧人ハ何々ノ事由ニ因リ投票管理者ニ於テ投票立會人ノ意見ヲ聽キ投票ヲ拒否シタリ

住　居　氏　名

左ノ選擧人ハ何々ノ事由ニ因リ投票管理者ニ於テ投票立會人ノ意見ヲ聽キ投票ヲ拒否スヘキ旨決定シタルモ同選擧人ニ於テ不服ヲ申立テタルヲ以テ（投票立會人氏名ニ於テ異議ア

リシヲ以テ）假ニ投票ヲ爲サシメタリ

住　居　氏　名

十三　左ノ選擧人ハ何々ノ事由ニ因リ投票管理者ニ於テ投票立會人ノ意見ヲ聽キ點字投票ヲ拒否シタリ

住　居　氏　名

左ノ選擧人ハ何々ノ事由ニ因リ投票管理者ニ於テ投票立會人ノ意見ヲ聽キ點字投票ヲ拒否スヘキ旨決定シタルモ同選擧人ニ於テ不服ヲ申立テタルヲ以テ（投票立會人氏名ニ於テ異議アリシヲ以テ）假ニ點字投票ヲ爲サシメタリ

住　居　氏　名

十四　左ノ選擧人ハ誤リテ投票用紙（封筒）ヲ汚損シタル旨ヲ以テ更ニ之ヲ請求シタルニ依リ其ノ相違ナキヲ認メ之ト引換ニ投票用紙（封筒）ヲ交付シタリ

住　居　氏　名

十五　左ノ選擧人ハ投票所ニ於テ演說討論ヲ爲シ（喧騷ニ涉リ）（投票ニ關シ協議若ハ勸誘ヲ爲シ）（何々ニ因リ）投票所ノ秩序ヲ紊リタルニ依リ投票管理者ニ於テ之ヲ制止シタルモ其ノ命ニ從ハサルヲ以テ投票用紙（到著番號札）ヲ返付セシメ之ヲ投票所外ニ退出セシメタリ

住　居　氏　名

十六　投票管理者ハ投票所外ニ退出ヲ命シタル左ノ選擧人ニ對シ投票所ノ秩序ヲ紊ルノ虞ナシ

ト認メ投票ヲ爲サシメタリ

住居	氏名

投票管理者ニ於テ投票所外ニ退出ヲ命シタル左ノ選擧人ハ最後ニ入場シテ投票ヲ爲シタリ

住居	氏名

十七　午後六時ニ至リ投票管理者ハ投票所ヲ閉ツヘキ時刻ニ至リタル旨ヲ告ケ投票所ノ入口ヲ鎖シタリ

十八　投票所閉鎖ノ時刻迄ニ投票管理者ノ受ケタル衆議院議員選擧法第三十三條ノ投票左ノ如シ

投票管理者自ラ特別投票管理者トシテ受ケタルモノ　何票

他ノ特別投票管理者ヨリ送致ヲ受ケタルモノ　何票

衆議院議員選擧法施行令第三十二條第四項ノ規定ニ依リ送致ヲ受ケタルモノ　何票

計　何票

投票管理者ハ投票函閉鎖前投票立會人ノ意見ヲ聽キ前記ノ投票ノ受理如何ヲ決定シ更ニ投票用封筒ヲ開披シテ點字投票ニ付其ノ拒否ヲ決定シタリ

投票ヲ受理スヘシト決定シ且點字投票ノ拒否ノ決定ヲ受ケサル何票ハ之ヲ直ニ投函シタリ

左ノ何人ノ投票ハ受理スヘカラスト決定シ又ハ點字投票ノ拒否ノ決定ヲ受ケタルヲ以テ各

其ノ投票用封筒ニ入レ假ニ封緘ヲ施シ其ノ表面ニ不受理ノ決定又ハ點字投票ノ拒否ノ決定アリタル旨ヲ記載シテ之ヲ投函シタリ

不受理ノ決定ヲ受ケタルモノ

住居　氏名

點字投票ノ拒否ノ決定ヲ受ケタルモノ

住居　氏名

十九　午後何時投票所ニ在ル選擧人ノ投票結了シタルヲ以テ投票管理者ハ投票立會人ト共ニ投票函ノ內蓋ノ投票口及外蓋ヲ鎖シタリ

二十　投票函ヲ閉鎖シタルニ依リ其ノ內蓋ノ鑰ハ投票函ヲ送致スヘキ左ノ投票立會人之ヲ保管シ外蓋ノ鑰ハ投票管理者之ヲ保管ス

氏名

二十一　投票函、投票錄及選擧人名簿ヲ開票管理者ニ送致スヘキ投票立會人左ノ如シ

氏名

二十二　左ノ何人ハ投票所ノ事務ニ從事シタリ

職　氏名

二十三　投票所ニ臨監シタル官吏左ノ如シ

職　氏名

官職氏名

二十四　選擧人名簿ニ記載セラレタル者ノ總數　何人

二十五　投票ヲ爲シタル選擧人ノ總數　何人

內

選擧人名簿ニ記載セラレタル選擧人ニシテ投票ヲ爲シタル者　何人

內

衆議院議員選擧法第三十三條ノ投票ヲ爲シタル者　何人

確定判決書ニ依リ投票ヲ爲シタル者　何人

投票拒否ノ決定ヲ受ケタル者ノ總數　何人

內

假ニ投票ヲ爲サシメタル者　何人

內

衆議院議員選擧法第三十三條ノ投票中受理スヘカラスト決定セラレタル投票ヲ爲シタル者　何人

投票管理者ハ此ノ投票錄ヲ作リ之ヲ朗讀シタル上投票立會人ト共ニ茲ニ署名ス

大正何年何月何日

投票管理者

投票立會人　職　氏　名
氏　名
氏　名
氏　名

備考
樣式ニ掲クル事項ノ外投票管理者ニ於テ投票ニ關シ緊要ト認ムル事項アルトキハ之ヲ記載スヘシ

衆議院議員選擧法施行令第三十三條ノ顚末書樣式

何府縣(北海道)何郡(市)何町(村)衆議院議員投票區衆議院議員選擧法施行令第三十三條ノ顚末書

一　左ノ選擧人ハ衆議院議員選擧法施行令第二十六條乃至第二十八條ノ規定ニ依リ投票用紙及投票用封筒ノ交付ヲ請求シタルニ依リ該當事項アリト認メ之ヲ交付シタリ

住居　氏　名

請求　大正何年何月何日
事由　何丸船内從業中(何鐵道何線鐵道列車乘務中)(何々)
證明書　官職氏名ノ證明書
交付　大正何年何月何日

住居氏名

請求　大正何年何月何日

事由　演習召集中

證明書　召集令狀ヲ提示シ證明書ノ提出ニ代フ

交付　大正何年何月何日

住居氏名

請求　大正何年何月何日

事由　何丸船内從業中

證明書　何々ノ事由ニ因リ證明書ヲ提出スルコト能ハサル旨ヲ疏明ス

交付　大正何年何月何日

計　何人

二　左ノ選擧人ハ點字ニ依リ投票ヲ爲サムトスル旨ヲ申立テタルヲ以テ投票用紙ニ點字投票ナル旨ノ印ヲ押捺シテ交付又ハ發送シタリ

住居氏名

三　左ノ選擧人ハ投票用紙及投票用封筒ノ交付ヲ請求シタルモ之ヲ拒絶シタリ

住居氏名

請求　大正何年何月何日

事　由　何鐵道何線鐵道列車乘務中

證明書　提出セス

拒　絕　大正何年何月何日

拒絕事由　正當ノ事由ナク證明書ヲ提出セス

住居氏名

請　求　大正何年何月何日

事　由　何々

證明書　官職氏名ノ證明書

拒　絕　大正何年何月何日

拒絕事由　選擧人名簿ニ登錄セラレス（何々）

計　何人

四　投票管理者ニ於テ自ラ特別投票管理者トシテ受ケタル投票左ノ如シ

大正何年何月何日受　住居氏名

大正何年何月何日受　住居氏名

計　何票

五　投票管理者ニ於テ投票所ヲ閉ツヘキ時刻迄ニ送致ヲ受ケタル投票左ノ如シ
特別投票管理者何府縣(北海道)何郡(市)何町(村)投票管理者送致
大正何年何月何日受　住居　氏　名
特別投票管理者何丸船長送致
大正何年何月何日受　住居　氏　名
何府縣(北海道)何郡(市)何町(村)投票管理者送致
大正何年何月何日受　住居　氏　名
計　何　票
六　左ノ選擧人ハ交付ヲ受ケタル投票用紙及投票用封筒ヲ返還シタリ
大正何年何日何日返還　住居　氏　名
大正何年何月何日返還　住居　氏　名
計　何　人

投票管理者ハ此ノ顚末書ヲ作リ茲ニ署名ス

大正何年何月何日

投票管理者
職　氏　名

備　考

樣式ニ揭クル事項ノ外投票管理者ニ於テ衆議院議員選擧法第三十三條ノ投票ニ關シ緊要ト認ムル事項アルトキハ之ヲ記載スヘシ

開票錄樣式

大正何年何月何日執行何府縣(北海道)何郡(市)衆議院議員開票所開票錄

一　開票所ハ何市役所(何ノ場所)ニ之ヲ設ケタリ(大正十五年六月內務省令第三十五號改正)

二　左ノ開票立會人ハ何レモ開票所ヲ開クヘキ時刻迄ニ開票所ニ參會シタリ

住居　氏　名

住居　氏　名

開票所ヲ開クヘキ時刻ニ至リ開票立會人中參會スル者三人ニ達セサルニ依リ開票管理者ハ臨時ニ開票區內ニ於ケル選擧人名簿ニ記載セラレタル者ノ中ヨリ左ノ者ヲ開票立會人ニ選任シタリ

住居　氏　名

三　大正何年何月何日開票管理者ハ總テノ投票函ノ送致ヲ受ケタルヲ以テ其ノ翌何日午前後何時ニ開票所ヲ開キタリ

四　開票立會人中氏名ハ一旦參會シタルモ午前後何時何々ノ事故ヲ以テ其ノ職ヲ辭シタル爲其ノ數三人ニ達セサルニ至リタルニ依リ開票管理者ハ臨時ニ開票區內ニ於ケル選擧人名簿ニ記載セラレタル者ノ中ヨリ午前後何時左ノ者ヲ開票立會人ニ選任シタリ

住居　氏名

五　開票管理者ハ開票立會人立會ノ上逐次投票函ヲ開キ投票ノ總數ト投票人ノ總數トヲ計算シタルニ左ノ如シ

投票總數　何票
投票人總數　何人
外
假ニ爲シタル投票數　何票
假ニ爲シタル投票人數　何人

右投票區別內譯左ノ如シ

何町(村)投票區(何市何々投票區)
投票數　何票
投票人數　何人

外

假ニ爲シタル投票數　何　票

假ニ爲シタル投票人數　何　人

〔投票數ト投票人數ト符合セス即チ投票數ハ投票人數ニ比シ何票多シ(少シ)(其ノ理由ノ明カナルモノハ之ヲ記載スヘシ)〕

何町(村)投票區(何市何々投票區)

、、、　、、

、、、、　、、

六　投票管理者ヨリ拒否ノ決定ヲ受ケタル者ニシテ假ニ投票ヲ爲シタル者左ノ如シ

住居　氏名

住居　氏名

開票管理者ハ右ノ投票ヲ調査シ開票立會人ノ意見ヲ聽キ左ノ通之ヲ決定セリ

受理セシモノ

一事由何々　住居　氏名

一事由何々　住居　氏名

受理セサリシモノ

一事由何々　住居　氏名

七　開票管理者ハ投票區毎ニ假ニ爲シタル投票ニシテ受理スヘキモノト決定シタル投票ノ封筒ヲ開披シタル上總テノ投票ヲ混同シ開票立會人ト共ニ之ヲ點檢シタリ

八　開票事務ニ從事スル官職氏名及官職氏名ノ二人ハ各別ニ同一議員候補者ノ得票數ヲ計算シタリ

九　開票管理者ニ於テ開票立會人ノ意見ヲ聽キ有效又ハ無效ト決定シタル投票左ノ如シ

一有效ト決定シタルモノ　何　票

一無效ト決定シタルモノ　何　票

內

一　成規ノ用紙ヲ用ヒサルモノ　何　票

二　議員候補者ニ非サル者ノ氏名ヲ記載シタルモノ　何　票

三　、、、、、、、、　何　票

總計　何　票

右投票區別內譯左ノ如シ

何町（村　投票區（何市何々投票區）

一有效ト決定シタルモノ　何　票

一無效ト決定シタルモノ　何　票

內

一　成規ノ用紙ヲ用ヒサルモノ　何票

二　議員候補者ニ非サル者ノ氏名ヲ記載シタルモノ　何票

三　、、、、、、、　何票

計　何票

何町(村)投票區(何市何々投票區)

一、、、、、、、、　、、

一、、、、、、、、　、、

十　午前後何時投票ノ點檢ヲ終リタルヲ以テ開票管理者ハ投票區每ニ各議員候補者ノ得票數ヲ朗讀シ終リニ其ノ得票總數ヲ朗讀シタリ

十一　各議員候補者ノ得票數左ノ如シ

何票　氏名

内

何町(村)投票區(何市何々投票區)　何票

何町(村)投票區(何市何々投票區)　何票

何票　氏名

内

何町(村)投票區(何市何々投票區)　何票

何町(村)投票區(何市何々投票區)　　　　何票

十二　開票管理者ハ投票區毎ニ點檢濟ニ係ル投票ノ有效無效及受理スヘカラスト決定シタル投票ヲ大別シ尚有效ノ決定アリタル投票ニ在リテハ得票者毎ニ之ヲ區別シ無效ノ決定アリタル投票ニ在リテハ之ヲ類別シ各之ヲ一括シ更ニ有效無效及受理スヘカラスト決定シタル投票別ニ之ヲ封筒ニ入レ開票立會人ト共ニ封印ヲ施シタリ

十三　午前《ぜん》後《ご》何時開票ノ事務ヲ結了ス

十四　左ノ何人ハ開票所ノ事務ニ從事シタリ

官職　氏　名

官職　氏　名

十五　開票所ニ臨監シタル官吏左ノ如シ

官職　氏　名

開票管理者ハ此ノ開票錄ヲ作リ之ヲ朗讀シタル上開票立會人ト共ニ茲ニ署名ス

大正何年何月何日

開票管理者　官職　氏　名

開票立會人　氏　名

氏　　名

氏　　名

備　考

樣式ニ掲クル事項ノ外開票管理者ニ於テ開票ニ關シ緊要ト認ムル事項アルトキハ之ヲ記載スヘシ

選擧錄樣式ノ一

大正何年何月何日開會何府縣（北海道）（第何區）衆議院議員選擧會選擧錄

一　選擧會場ハ何府縣廳何市役所（何ノ場所）ニ之ヲ設ケタリ（十五年六月内務省令第三十五號改正）

二　左ノ選擧立會人ハ何レモ選擧會ヲ開クヘキ時刻迄ニ選擧會ニ參會シタリ

住　居　　氏　　名

住　居　　氏　　名

選擧會ヲ開クヘキ時刻ニ至リ選擧立會人中參會スル者三人ニ達セサルニ依リ選擧長ハ臨時ニ選擧區内ニ於ケル選擧人名簿ニ記載セラレタル者ノ中ヨリ左ノ者ヲ選擧立會人ニ選任シタリ

住　居　　氏　　名

三　大正何年何月何日選擧長ハ總テノ開票管理者ヨリ報告ヲ受ケタルヲ以テ其ノ當日（翌何日）午前後何時ニ選擧會ヲ開キタリ

四　選擧立會人中氏名ハ一旦參會シタルモ午前後何時何々ノ事故ヲ以テ其ノ職ヲ辭シタル爲其ノ

數三人ニ達セサルニ至リタルニ依リ選擧長ハ臨時ニ選擧區內ニ於ケル選擧人名簿ニ記載セラレタル者ノ中ヨリ午前後何時左ノ者ヲ選擧立會人ニ選任シタリ

住居　氏名

五　選擧長ハ選擧立會人立會ノ上逐次開票管理者ノ報告ヲ調査シ開票區每ニ議員候補者ノ氏名及其ノ得票數ヲ朗讀シ終リニ各議員候補者ノ得票總數ヲ朗讀シタリ

六　各議員候補者ノ得票數左ノ如シ

何票　氏名

何票　氏名

何票　氏名

七　議員定數何人ヲ以テ有效投票ノ總數何票ヲ除シテ得タル數ハ何票ニシテ此ノ四分ノ一ノ數ハ何票ナリ

議員候補者中其ノ得票數此ノ數ニ達スル者左ノ如シ

何票　氏名

何票　氏名

右ノ內有效投票ノ最多數ヲ得タル左ノ何人ヲ以テ當選人トス

氏名

氏名

但シ氏名及氏名ハ得票ノ數相同シキニ依リ其ノ年齢ヲ調査スルニ氏名ハ何年何月何日生、氏名ハ何年何月何日生ニシテ氏名年長者ナルヲ以テ氏名ヲ以テ當選人ト定メタリ
（同年月日ナルヲ以テ選擧長ニ於テ抽籤シタルニ氏名當籤セリ依テ氏名ヲ以テ當選人ト定メタリ）

八　議員定數何人ヲ以テ有效投票ノ總數何票ヲ除シテ得タル數ハ何票ニシテ此ノ十分ノ一ノ數ハ何票ナリ

議員候補者中其ノ得票數此ノ數ニ達セサル者左ノ如シ

何　票　　氏　名

何　票　　氏　名

九　午前/後何時選擧會ノ事務ヲ結了ス

十　左ノ何人ハ選擧會ノ事務ニ從事シタリ

官　職　氏　名

官　職　氏　名

十一　選擧會ニ臨監シタル官吏左ノ如シ

官　職　氏　名

選擧長ハ此ノ選擧錄ヲ作リ之ヲ朗讀シタル上選擧立會人ト共ニ茲ニ署名ス

大正何年何月何日

選擧長　官職氏名
選擧立會人　氏名
氏名
氏名

備考
樣式ニ掲クル事項ノ外選擧長ニ於テ選擧會ニ關シ緊要ト認ムル事項アルトキハ之ヲ記載スヘシ

選擧錄樣式ノ二

大正何年何月何日開會何府縣(北海道)(第何區)衆議院議員選擧會選擧錄

一　選擧會場ハ何府縣廳何市役所(何ノ場所)ニ之ヲ設ケタリ(十五年六月内務省令第三十五號改正)

二　左ノ選擧立會人ハ何レモ選擧會ヲ開クヘキ時刻迄ニ選擧會ニ參會シタリ

住居　氏名
住居　氏名

選擧會ヲ開クヘキ時刻ニ至リ選擧立會人中參會スル者三人ニ達セサルニ依リ選擧長ハ臨時ニ選擧區内ニ於ケル選擧人名簿ニ記載セラレタル者ノ中ヨリ左ノ者ヲ選擧立會人ニ選任シタリ

三　屆出アリタル議員候補者ノ數何人ニシテ選擧スヘキ議員ノ數何人ヲ超エサル爲投票ヲ行ハサルコト大正何年何月何日確定シタルヲ以テ大正何年何月何日午前後何時ニ選擧會ヲ開キタリ

住居　氏名

四　選擧立會人中氏名ハ一旦參會シタルモ午前後何時何々ノ事故ヲ以テ其ノ職ヲ辭シタル爲其ノ數三人ニ達セサルニ至リタルニ依リ選擧長ハ臨時ニ選擧區內ニ於ケル選擧人名簿ニ記載セラレタル者ノ中ヨリ午前後何時左ノ者ヲ選擧立會人ニ選任シタリ

住居　氏名

五　屆出アリタル議員候補者ノ氏名左ノ如シ

氏名

氏名

氏名

六　選擧長ハ選擧立會人ノ意見ヲ聽キ議員候補者ノ被選擧權ノ有無ヲ決定シタリ

有リト決定シタル者

氏名

氏名

無シト決定シタル者

一　事由何々　　　　　　　　　　　　　　　　　　氏　　　　名

七　選擧スヘキ議員ノ數何人ニシテ被選擧權有リト決定シタル議員候補者ノ數何人ナリ依テ左ノ何人ヲ以テ當選人ト定ム

氏　　　　名

氏　　　　名

八　午前後何時選擧會ノ事務ヲ結了ス

九　左ノ何人ハ選擧會ノ事務ニ從事シタリ

官　　職　　氏　　　　名

官　　職　　氏　　　　名

十　選擧會ニ臨監シタル官吏左ノ如シ

官　　職　　氏　　　　名

選擧長ハ此ノ選擧錄ヲ作リ之ヲ朗讀シタル上選擧立會人ト共ニ茲ニ署名ス

大正何年何月何日

選擧長　官　　職　　氏　　　　名

選擧立會人　　氏　　　　名

氏　名

氏　名

備　考

樣式ニ掲クル事項ノ外選擧長ニ於テ選擧會ニ關シ緊要ト認ムル事項アルトキハ之ヲ記載スヘシ

當選證書樣式

（用紙鳥ノ子四ツ切）

衆議院議員當選證書

住居

氏　名

右何府縣（北海道）（第何區）ニ於テ衆議院議員ニ當選シタルコトヲ證ス

大正何年何月何日

地方長官　氏　名印

選擧運動ノ費用ノ精算屆書樣式

選擧運動費用精算屆

何府縣（北海道）（第何區）

議員候補者　氏　名

前記議員候補者ノ大正何年何月何日執行衆議院議員選擧（衆議院議員選擧再投票）ニ於ケル選擧運動ノ費用精算ノ結果左記ノ通相違無之依テ衆議院議員選擧法第百六條ニ依リ屆出候也

大正何年何月何日

選擧事務長　氏　名　印

地方長官（警視總監）宛

記

一支出總額　金何圓何錢

（一）選擧事務長ノ支出シタル額　金何圓何錢

（二）選擧事務長ノ承諾ヲ得テ支出シタル額　金何圓何錢

内

議員候補者ノ支出シタル額　金何圓何錢

選擧委員ノ支出シタル額　金何圓何錢

選擧事務員ノ支出シタル額　金何圓何錢

（三）議員候補者、選擧事務長、選擧委員又ハ選擧事務員ニ非サル者ノ支出シタル額　金何圓何錢

内

議員候補者ト意思ヲ通シテ支出シタル額　金何圓何錢
選擧事務長ト意思ヲ通シテ支出シタル額　金何圓何錢
（四）立候補準備ノ爲ニ支出シタル額　金何圓何錢
一支出明細
（一）報　酬　金何圓何錢
選擧事務員　金何圓何錢
何　某へ　金何圓何錢
何　某へ　金何圓何錢
傭　人　金何圓何錢
何　某へ　金何圓何錢
何　某へ　金何圓何錢
（二）家　屋　費　金何圓何錢
選擧事務所　金何圓何錢
何選擧事務所　金何圓何錢
何選擧事務所　金何圓何錢
集會會場　金何圓何錢
何集會會場　金何圓何錢

何集會會場　金何圓何錢
（三）通信費　金何圓何錢
郵便料　金何圓何錢
電報料　金何圓何錢
電話料　金何圓何錢
其ノ他　金何圓何錢
（四）船車馬費　金何圓何錢
汽車賃　金何圓何錢
電車賃　金何圓何錢
自動車賃　金何圓何錢
馬車賃　金何圓何錢
人力車賃　金何圓何錢
船賃　金何圓何錢
其ノ他　金何圓何錢
（五）印刷費　金何圓何錢
（六）廣告費　金何圓何錢
（七）筆墨紙費　金何圓何錢

(八)休泊費　金何圓何錢
(九)飲食物費　金何圓何錢
(十)雜　費　金何圓何錢
計　金何圓何錢
一　實費辨償　金何圓何錢
(一)選擧事務長　金何圓何錢
(二)選擧委員　金何圓何錢
何某へ　金何圓何錢
何某へ　金何圓何錢
(三)選擧事務員　金何圓何錢
何某へ　金何圓何錢
何某へ　金何圓何錢
(四)傭　人　金何圓何錢
何某へ　金何圓何錢
何某へ　金何圓何錢

備　考

一　衆議院議員選擧法第三十七條ノ規定ニ依リ投票ヲ行フ場合ニ於テハ別ニ精算屆書ヲ作成スヘシ

二　精算ノ屆出ハ最後ニ選擧事務長ノ職ニ在リタル者ヨリ之ヲ爲スヘシ
三　實費辨償ノ項ニハ支出明細ノ項ニ記載シタルモノノ中實費辨償ニ係ルモノヲ重ネテ記載スヘシ

●選擧運動ノ爲ニスル文書圖畫ニ關スル件（大正十五年二月三日内務省令第五號）

大正十四年法律第四十七號衆議院議員選擧法第百條ニ依リ選擧運動ノ爲頒布シ又ハ掲示スル文書圖畫ノ制限ニ關スル件左ノ通定ム

第一條　選擧運動ノ爲文書圖畫（信書ヲ除ク以下之ニ同シ）ヲ頒布シ又ハ掲示スル者ハ表面ニ其ノ氏名及住居ヲ記載スヘシ但シ名刺及選擧事務所ニ掲示スルモノニ付テハ此ノ限ニ在ラス

第二條　選擧運動ノ爲頒布シ又ハ掲示スル引札、張札ノ類ハ二度刷又ハ二色以下トシ長三尺一寸幅二尺一寸ヲ超ユルコトヲ得ス

2　選擧運動ノ爲使用スル名刺ノ用紙ハ白色ノモノニ限ル

第三條　選擧運動ノ爲使用スル立札、看板ノ類ハ議員候補者一人ニ付通シテ百箇以内トシ白色ニ黑色ヲ用ヒタルモノニ限リ且縱九尺横二尺ヲ超ユルコトヲ得ス

第四條　選擧運動ノ爲使用スル立札、看板ノ類ハ選擧事務所ヲ設ケタル場所ノ入口ヨリ一町以内ノ區域ニ於テハ選擧事務所一箇所ニ付通シテ二箇ヲ超ユルコトヲ得ス

第五條　選擧運動ノ爲ニスル文書圖畫ハ選擧ノ當日ニ限リ投票所ヲ設ケタル場所ノ入口ヨリ三町以内ノ區域ニ於テ之ヲ頒布シ又ハ掲示スルコトヲ得ス

第六條　選擧運動ノ爲ニスル文書圖畫ハ航空機ニ依リ之ヲ頒布スルコトヲ得ス

第七條　選擧運動ノ爲ニスル張札、立札、看板ノ類ハ承諾ヲ得スシテ他人ノ土地又ハ工作物ニ之ヲ掲示スルコトヲ得ス

附　則

本令ハ次ノ總選擧ヨリ之ヲ施行ス

◉陸軍軍人召集中證明ニ關スル件（大正十五年二月三日 陸軍省令第一號）

衆議院議員選擧法施行令第二十六條第四號ニ揭クル事由ニ關スル證明ハ當該聯隊長又ハ獨立隊長（分屯スル步兵大隊ノ長ヲ含ム）ニ於テ之ヲ爲スヘシ

附　則

本令ハ次ノ總選擧ヨリ之ヲ施行ス

◉海軍軍人召集中證明ニ關スル件（大正十五年二月十五日 海軍省令第一號）

勅令又ハ軍令ヲ以テ各別ニ設置セラレタル部隊、官衙及學校竝左ニ揭クルモノハ之ヲ衆議院議員選擧法施行令第二十八條第一項第四號ノ部隊又ハ陸上海軍各部トス

海軍機關學校練習科

海軍技術研究所出張所

海軍火藥廠爆藥部
海軍燃料廠採炭部
海軍燃料廠平壤鑛業部
海軍軍需支部
海軍建築部出張所
横須賀海兵團練習部
佐世保海軍航空隊廣分遣隊
東京海軍無線電信所船橋送信所

附則

本令ハ次ノ總選擧ヨリ之ヲ施行ス

◎選擧無料郵便規則（大正十五年二月三日 遞信省令第四號）

第一條 衆議院議員選擧法施行令第七十三條ノ通常郵便物（以下選擧無料郵便物ト稱ス）ノ差出人ハ選擧區内ニ在ル集配事務ヲ取扱フ郵便官署中一局ヲ差出郵便官署ト定メ最初ノ差出期日ノ前日迄（衆議院議員選擧法第六十七條第三項ノ事由ニ該當スル場合ハ當日迄）ニ選擧事務長ト連署シ左ノ事項ヲ記載シタル屆書ヲ當該差出郵便官署ニ提出スヘシ

一 差出郵便官署名

二　郵便物ノ種類及其ノ通數
三　差出期日
四　議員候補者ノ氏名
2　前項ノ場合ニ於テ衆議院議員選擧法第九十九條第二項等ノ事由ニ該當シ差出人二人アルトキト雖同一郵便官署ヲ差出郵便官署ト定メ連署ヲ以テ其ノ屆書ヲ提出スヘシ
3　第一項第二號第三號ノ事項ヲ變更シタルトキハ直ニ前二項ノ例ニ依リ其ノ旨差出郵便官署ニ屆出ツヘシ
4　差出郵便官署ハ之ヲ變更スルコトヲ得ス
第二條　前條ノ場合ニ於テ選擧無料郵便物ノ差出人ハ選擧事務長ノ選任（議員候補者又ハ推薦屆出者自ラ選擧事務長ト爲リタル場合ヲ含ム以下之ニ同シ）ヲ爲シタル者ナル旨ヲ證明シタル文書ヲ屆書ニ添附スヘシ但シ選擧事務長ノ選任ヲ爲シタル推薦屆出者死亡其ノ他ノ事由ニ因リ選擧無料郵便物ヲ差出スコトヲ得サル爲議員候補者差出人ト爲リタルモノナルトキハ其ノ旨屆書ニ附記シ且該推薦屆出者カ選擧事務長ノ選任ヲ爲シタル者ナル旨ヲ證明シタル文書ヲ添附スヘシ
第三條　第一條ノ屆出ヲ爲シタル後差出人ニ異動アリタルトキハ新ニ差出人ト爲リタル者ハ選擧事務長ト連署シ直ニ差出郵便官署ニ其ノ旨屆出ツヘシ此ノ場合ニ於テハ前條ノ規定ヲ準用ス

2 前項ノ場合ニ於テハ前ノ差出人ノ提出シタル屆書ハ新ニ差出人ト爲リタル者ノ提出シタルモノト看做ス第七條第一項但書ノ規定ニ依リ受ケタル承認ニ付テモ亦同シ

第四條 選擧無料郵便物ニハ其ノ表面左方上部ニ「選擧」ト表示スヘシ

2 前項ノ表示ナキ郵便物ハ之ヲ有料郵便物トシテ取扱フ

第五條 選擧無料郵便物ニハ其ノ差出人カ第一條ノ規定ニ依リ屆出ヲ爲シタル議員候補者ニ非サル者ノ選擧運動ノ爲ニスル事項ヲ記載スルコトヲ得ス

第六條 選擧無料郵便物ハ市（東京、大阪、京都及名古屋ノ各地ニ在リテハ區以下之ニ同シ）町村毎ニ同文タルコトヲ要ス

第七條 同一市町村內ニ配達スヘキ選擧無料郵便物ハ之ヲ取纏メ一回ニ差出スコトヲ要ス但シ別ニ告示スル市町村內ニ配達スヘキモノニ付テハ差出郵便官署ノ承認ヲ受ケ之ヲ小區域ニ分チ各區域每ニ差出スコトヲ妨ケス

2 前項ノ規定ニ依リ選擧無料郵便物ヲ差出シタルトキハ該市町村ハ小區域ニ分チタルモノナルトキハ其ノ區域以下之ニ同シ）內ニ在ル各選擧人ニ付之ヲ差出シタルモノト看做ス

第八條 選擧無料郵便物ハ郵便官署ノ指示ニ從ヒ其ノ種類、通數等ヲ記載シタル郵送票ヲ添ヘ市町村別ニ把束シ之ヲ差出スヘシ

2 前項ノ場合ニ於テハ差出郵便物ノ內容ヲ異ニスルモノ每ニ其ノ見本一箇ヲ提出スヘシ

第九條 選擧無料郵便物ニハ通信日附印ヲ押捺セス

第十條　衆議院議員選擧法第百四十條第一項又ハ衆議院議員選擧法施行令第七十三條若ハ第七十四條ニ規定スル條件ヲ具備セサル郵便物ヲ選擧無料郵便物トシテ差出シタルトキハ之ヲ差出人ニ還付シ差出人ヨリ不納額ノ二倍ヲ徴收ス本規則第五條又ハ第六條ノ規定ニ違背シタルトキモ亦同シ

第十一條　選擧無料郵便物ニ關シテハ本令ニ定ムルモノヲ除クノ外一般ノ規定ニ依ル

附　則

本令ハ大正十五年勅令第三號衆議院議員選擧法施行令施行ノ日ヨリ之ヲ施行ス

●選擧無料郵便物區域ノ件（大正十五年二月三日遞信省告示第百九十七號）

選擧無料郵便規則第七條第一項但書ニ依リ選擧無料郵便物ヲ小區域ニ分チ差出スコトヲ得ル市町村ハ左ノ如シ

一、各市

二、左ノ町村

東京府　荏原郡　品川町　大崎町　目黑町　世田谷町　平塚村　駒澤町　入新井町　大井町　大森町　蒲田町

豐多摩郡　中野町　野方町　杉並町　大久保町　戸塚町　落合町　淀橋町　代々幡町　千駄ヶ谷町　澁谷町

北豊島郡　板橋町　巣鴨町　瀧野川町　日暮里町　三河島町　南千住町　尾久町　王子町　岩淵町　高田町　西巣鴨町

南足立郡　千住町

南葛飾郡　小松川町　吾嬬町　隅田町　寺島町　龜戸町　大島町　砂町

京都府　紀伊郡　伏見町　深草町

天田郡　福知山町

神奈川縣　橘樹郡　保土ケ谷町　鶴見町　田島町

鎌倉郡　鎌倉町

高座郡　藤澤町　茅ケ崎町

中　郡　平塚町

足柄下郡　小田原町

兵庫縣　武庫郡　西灘村

川邊郡　小田村

津名郡　洲本町

新潟縣　北蒲原郡　新發田町

南蒲原郡　三條町

埼玉縣　北足立郡　大宮町

茨城縣　大里郡　熊谷町
　　　　多賀郡　日立町
栃木縣　上都賀郡　鹿沼町　足尾町
　　　　下都賀郡　栃木町
三重縣　桑名郡　桑名町
　　　　飯南郡　松阪町
愛知縣　東春日井郡　瀬戸町
　　　　碧海郡　安城町
靜岡縣　田方郡　三島町
　　　　富士郡　大宮町
　　　　志太郡　島田町
滋賀縣　犬上郡　彦根町
長野縣　諏訪郡　上諏訪町　平野村
宮城縣　牡鹿郡　石卷町
福島縣　西白河郡　白河町
　　　　石城郡　平町　内郷村
岩手縣　上閉伊郡　釜石町

青森縣　三戸郡　八戸町
山形縣　飽海郡　酒田町
秋田縣　山本郡　能代港町
福井縣　敦賀郡　敦賀町
富山縣　射水郡　新湊町
鳥取縣　西伯郡　米子町
岡山縣　淺口郡　玉島町
山口縣　都濃郡　德山町
　　　　佐波郡　防府町
　　　　吉敷郡　山口町
　　　　阿武郡　萩町
和歌山縣　西牟婁郡　田邊町
　　　　東牟婁郡　新宮町
福岡縣　鞍手郡　宮田村
　　　　嘉穂郡　稻築村
　　　　　　　　穂波村
　　　　　　　　飯塚町

筑紫郡　堅粕町
企救郡　足立村
田川郡　伊田町
　　　　後藤寺町
大分縣　下毛郡　中津町
佐賀縣　東松浦郡　相知村
熊本縣　葦北郡　水俣町
宮崎縣　西諸縣郡　小林町
鹿兒島縣　鹿兒島郡　谷山町
揖宿郡　頴娃村
川邊郡　枕崎町
日置郡　串木野村
出水郡　阿久根町
沖縄縣　國頭郡　本部村
宮古郡　平良町
北海道　空知郡　岩見澤町
　　　　沼貝町
　　　　砂川町
夕張郡　夕張町
河西郡　帶廣町
網走郡　網走町
常呂郡　野付牛町

◎本籍人犯罪人名簿整備方（昭和二年一月二十九日内務省訓令第三號北海道廳、府縣宛）

市町村長（市制第六條及第八十二條第三項ノ市ニ在リテハ區長、市制町村制ヲ施行セサル地ニ在リテハ市町村長ニ準スヘキ者以下同シ）ヲシテ他ノ市町村長ノ通知ニ依リ大正六年四月内務省訓令第一號ニ準シ入寄留者犯罪人名簿ヲ整備セシムヘシ

出寄留者アルトキハ本籍地ノ市町村長ヲシテ入寄留地ノ市町村長ニ寄留者ノ犯罪事項ヲ遲滯ナク

通知セシムヘシ

（參照）

大正六年四月十二日内務省第一號訓令ハ市町村長ヲシテ本籍人ノ犯罪人名簿ヲ整備シ及轉籍者ニ關スル通知ヲ爲サシムル件ナリ

●禁治産及破産者名簿整備方（昭和二年一月二十九日内務省訓令第四號北海道廳、府縣宛）

市町村長（市制第六條及第八十二條第三項ノ市ニ在リテハ區長、市制町村制ヲ施行セサル地ニ在リテハ市町村長ニ準スヘキ者以下同シ）ヲシテ裁判所ノ公告又ハ他ノ市町村長ノ通知ニ依リ本籍人及入寄留者ニ付各別ニ禁治産者、準禁治産者名簿及破産者名簿ヲ整備セシムヘシ

轉籍者又ハ出寄留者アルトキハ原籍地又ハ本籍地ノ市町村長ヲシテ新本籍地又ハ入寄留地ノ市町村長ニ當該者ノ禁治産又ハ準禁治産若ハ破産ニ關スル事項ヲ遲滯ナク通知セシムヘシ

第二　選擧ニ關スル通牒

衆議院議員選擧法ニ關スル通牒

法第二條

◎投票區ニ關スル件（明治三十五年三月十八日地乙第二一號ノ内地方局長通牒）

改正衆議院議員選擧法ニ關スル件ニ付左ノ通決定相成候條爲御心得此段及通牒候也

一　市町村ニ於ケル競爭ノ趨勢如何ニ依リ選擧ノ公平ヲ期シ難キ場合ニ於テハ施行令第一條、第三條（改正法ハ第二條）ニ依リ適宜二箇以上ノ投票區ヲ設ケ又ハ數町村ノ區域ニ依リ一投票區ヲ設ケ選擧ノ公平ヲ期スルコトヲ得ルモノトス

◎市町村ノ區域ニ關スル件（明治三十五年四月十二日地發第六七號ノ内地方局長ヨリ各地方長官宛）

衆議院議員選擧法ニ關シテハ追テ御會同ノ際御參考ニ入ルヘキ事項モ有之候ヘ共左件ハ名簿調製上參考ニ可相成義ト被存候間此段及通牒候也

記

法第二條ノ市町村ノ區域トハ市町村制未施行ノ地ニ於テハ町村役場區域ニ該當ス

◎法第二條ニ依ル投票區告示ニ關スル件通牒

（大正十五年九月十四日内務省岡地第一二六號
地方局長ヨリ各廳府縣知事宛通牒ノ内ノ一）

標記ノ件岡山縣知事照會ニ對シ左ノ通回答候條爲御參考

岡山縣知事照會

一　改正衆議院議員選擧法附則ニ依ルトキハ次ノ總選擧ヨリ之ヲ施行スト有之候處同法第二條ニ依リ市町村ノ區域ヲ分チテ一投票區ヲ設ケ又ハ數町村ノ區域ヲ合セテ一投票區ヲ設ケ之ヲ告示スルハ總選擧ノ準備事務ニ屬スル事項ト認メ名簿調製期日タル九月十五日（大正十六年九月十五日）以前ニ於テ適宜處理シ可然哉

地方局長回答

御見込ノ通ト存ス

◎同上ノ件

（明治三十五年四月十二日地發第六七號ノ内）

施行令第一條（改正法ハ第二條）ノ告示ハ選擧人名簿調製以前ニ之ヲ爲スヲ要ス

法第六條

◎白痴瘋癲者ニ關スル件（明治三十五年四月十二日地發第六七號省議決定ノ内）

一 白痴、瘋癲者ト雖禁治産者又ハ準禁治産者ニアラサル以上ハ選擧權及被選擧權ヲ有ス

◎宣告ヲ取消サレタル禁治産者ニ關スル件（明治三十五年四月十八日地發第六七號省議決定ノ内地方局長ヨリ廳府縣長官宛通牒）

衆議院議員選擧法ノ件ニ關シ左ノ通決定相成候條爲御參考此段及通牒候也

記

選擧人名簿調製後禁治産者又ハ準禁治産者タルノ宣告ヲ受ケタルモノ選擧當日迄ニ其ノ宣告ヲ取消サレタルトキハ選擧ヲ行フコトヲ得ルモノトス

◎失權者通報ニ關スル件

內務大臣照會（明治三十五年十月十三日地甲第一〇一號）

衆議院議員ニシテ選擧法第十一條（改正法ハ第六條）ニ該當スル者並同當選人ニシテ第百一條（改正法ハ第百三十六條）ニ該當スル者アルトキハ第十一條（改正法ハ第六條）ノ場合ニ於テハ當省ヘ第百一條（改正法ハ第百三十六條）ノ場合ニ於テハ其ノ選出地ノ地方長官ヘ速ニ御通知相成樣御配慮相成度

司法大臣回答（明治三十六年十月十六日）

衆議院議員ニシテ選擧法第十一條（改正法ハ第六條）ニ該當スル者竝同當選人ニシテ第百一條（改正法ハ第百三十六條）ニ該當スル者ノ通報方ノ件ニ關シ御照會ノ趣了承右ニ關シ別紙寫ノ通本日裁判所ヘ及訓令候條右樣御了知相成度

（別紙寫）

民刑甲第二三四號　　裁判所

衆議院議員ニシテ左記第一乃至第四ノ各號ニ該當シ同當選人ニシテ第五號ニ該當スルモノアルトキハ其ノ裁判ヲ爲シタル裁判所ノ長（區裁判所ノ一人ノ判事若ハ監督判事ヲ包含ス）ヨリ其ノ都度速ニ衆議院議員ニ在リテハ直ニ内務大臣ニ同當選人ニ在リテハ其ノ選出地ノ地方長　ニ報告スヘシ

一　禁治産若ハ準禁治産ノ宣告ヲ受ケ其ノ裁判效力ヲ生シタルトキ

二　家資分産若ハ破産ノ宣告ヲ受ケ其ノ裁判確定シタルトキ

三　禁錮以上ノ刑ノ言渡ヲ受ケタルトキ

四　主刑ヲ免レ止タ監視ニ付セラレ其ノ裁判確定シタルトキ

五　自己ノ選擧ニ關シ選擧ニ關スル犯罪ニ依リ刑ノ言渡ヲ受ケ其ノ裁判確定シタルトキ

右訓令ス

明治三十六年十月十六日　　司法大臣

◎同上ノ件（明治四十三年十二月九日民刑局長通牒）

從來衆議院議員ニシテ禁錮以上ノ刑ノ言渡ヲ受ケタルトキハ其ノ旨直ニ裁判所ノ長ヨリ貴省大臣ヘ報告致來リ候處今般法律第六十五號ヲ以テ衆議院議員選擧法第十一條第四號削除相成候ニ付テハ向後右裁判確定ノ際報告可致樣本日當省大臣ヨリ裁判所ヘ訓令相成候條爲念此段及通牒候也

◎同上ノ件（大正元年十一月十六日司法省訓令）

内務次官照會（大正元年十一月三十一日）

衆議院議員ニシテ選擧法第十一條（改正法ハ第六條）ニ該當スル者竝ニ同當選人ニシテ同第百一條（改正法ハ第百三十六條）ニ該當スル者アル場合ニ於テハ明治三十五年十月十三日地甲第一〇一號明治三十六年十月七日地甲第一〇一號當省照會ニ基キ明治三十六年十月十六日貴省民刑甲第二三四號訓令ニ依リ當該裁判所ヨリ當省又ハ選出地方長官ヘ報告スヘキ義ニ有之候處選擧法第十一條（改正法ハ第六條）ニ該當スル場合ニ限リ當該裁判所ヨリ當省ヘ報告スルコトニ改正相成候樣致度

司法次官回答（大正元年十一月十六日）

衆議院議員竝同當選人ニ關スル犯罪等報告ノ件ニ關シ御照會ノ趣了承右ニ付別紙ノ通訓令相成候條御了知有之度

刑事甲第九四號　　裁判所

（別紙）

衆議院議員選擧當選人ニシテ其ノ選擧ニ關シ選擧ニ關スル犯罪ニ依リ刑ノ言渡ヲ受ケ裁判確定シタルトキハ其ノ裁判ヲ爲シタル裁判所ノ長（區裁判所ノ一人ノ判事又ハ監督判事ヲ包含ス）ヨリ其ノ都度直ニ内務大臣ニ報告スヘシ

明治三十六年十月民刑甲第二三四號訓令ハ之ヲ廢止シ

明治四十三年民刑丙第四四六一號訓令第項ハ之ヲ削ル

右訓令ス

◎法第六條第三號ノ解釋ニ關スル件

陸軍次官照會（大正十四年五月十九日保第三〇號）

大正十四年法律第四十七號衆議院議員選擧法第六條第三號ノ解釋ニ關シ左記事例ノ如キ場合ハ之ヲ缺格者ト認ムヘキヤ否ヤニ關シ一應貴省御意見承知致度此段得貴意候也

左　記

一　軍事救護法又ハ癈兵院法ニ依リ救護ヲ受クル者

二　恩給法ニ依ル恩給又ハ遺族扶助料ヲ受クル者工場法傭人扶助令ニ依ル扶助ヲ受クル者　共濟組合規則等ニ依リ救濟金ヲ受クル者

三　軍人癈兵又ハ軍人遺族ニシテ公益團體（財團法人偕行社、財團法人義濟會及財團法人報效會ノ類）又ハ私設救護團體等ヨリ慰藉又ハ保護ノ意味ニ於テ金圓ノ贈與ヲ受クル者

四　貧困ノ爲其ノ子弟ノ學校入校中授業料免除ノ特典ヲ受クル癈兵

内務次官回答（大正十四年六月十七日 陸地第九號）

大正十四年法律第四十七號衆議院議員選擧法第六條第三號ノ解釋ニ關シ御照會ノ件左ノ通ト存候條御了知相成度

記

一　左記一、二、四ハ何レモ貧困ニ因リ生活ノ爲救助又ハ扶助ヲ受クル者ニ非サルヲ以テ缺格者ト爲ラス

二　左記三ハ慰藉又ハ保護ノ意味ニ於テ金圓ヲ受クルモ軍人、癈兵、軍人遺族ノ慰藉優遇ヲ爲スモノニシテ貧困者ニ對シ一般生活ノ救助又ハ扶助ヲ爲スモノニ非サルコトヲ認メ得ル場合及單ニ一時的ノ贈與ニシテ一般生活費ノ救助又ハ扶助ト認メラレサル場合ハ缺格者ト爲ラス

◎法第六條、第十二條住居ノ意義ニ關スル件

和歌山縣知事照會（大正十四年六月三十日 地第一三三八號ノ二）

衆議院議員選擧法第六條、第十二條住居ノ意義ニ關シ左記及照會候也

記

這般送付セラレタル衆議院議員選擧法改正理由書ニ依レハ法第六條第十二條ノ住居ノ意義トハ各個人ノ生活ノ中心タル具體的住所ヲ謂ヒ同一人ニ關シ同時ニ二以上ノ住居ノ存在ヲ認メサル旨說明アリ而シテ本月十九日發地第三七號貴族院多額納税者議員互選規則改正ノ件ニ付依命通牒ニ依レハ同規則第一條ニ於テ住居スル者トハ其ノ住所タルト居所タルトヲ問ハス同時ニ二個所以上ノ住居ヲ認メラレアリテ同時ニ改正セラレタル兩院ノ選擧ニ關スル規定ニ於テ其ノ接續文字ニ些少ノ相違アリト雖同一ノ字句ナルニ拘ラス之カ解釋ヲ異ニ致候就テハ來ルヘキ衆議院議員選擧人名簿調製ニ當リテハ同法起草精神ト認ムヘキ同法改正理由書ニ記載ノ解釋ニ據ルヘキヤ將タ又其ノ取扱ヲ同一トスヘク今回御通牒ノ多額納税者議員互選人名簿調製ノ例ニ準スヘキヤ其ノ改　經過ニ於テ幾分相違スル點ナキニ非スト雖取扱上疑義ナキ能ハサルニ付何分ノ義御回示相成度爲念及照會候也

地方局長回答（大正十四年七月十日和地局第四五號）

六月三十日地第一三三八號ヲ以テ標記ノ件御照會相成候處住居ノ意義ハ衆議院議員選擧法ニ關シテハ衆議院議員選擧法改正理由書ノ如ク貴族院多額納税者議員互選規則ニ關シテハ六月十九日發地第三七號通牒ノ通ニ有之候條御了知相成度

◎法第六條第三號ニ關スル件通牒（大正十五年三月三十日發地第一八號地方局長ヨリ廳府縣長官宛）

衆議院議員選擧法第六條第三號ニ謂フ貧困ニ因リ生活ノ爲メ公私ノ救助ヲ受ケ又ハ扶助ヲ受クル者トハ貧困ノ狀態ニ在ル者カ貧困ヲ原因トシテ國道府縣市町村其ノ他公共團體又ハ私法人私人等ヨリ生活上全部又ハ一部ノ經濟的補助ヲ受クル者ノ義ニシテ左記第一號乃至第六號ニ掲クル如キモノヲ指稱シ第七號乃至第十九號ニ掲クルモノノ如キハ該當セサルモノトス

記

一 乞食ヲ爲ス者
二 恤救規則ニ依リ救助ヲ受クル者
三 養老院ニ收容セラルル者及養老院ヨリ院外救助ヲ受クル者
四 貧困ニ陷リテ舊子弟ヨリ生活上ノ扶助ヲ受クル者
五 養子トナリテ他ノ家ニ入リタル者カ貧困ニ陷リタル爲メ實家ヨリ生活ノ補助ヲ受クル者
六 生活ノ爲メ他ヨリ補助ヲ受クル者ノ世帶ニ屬スル者
七 軍事救護法ニ依リ救護ヲ受クル者
八 癈兵院法ニ依リ救護ヲ受クル者
九 罹災救助ヲ受クル者
一〇 恩給法等ニ依リ恩給又ハ遺族扶助料等ヲ受クル者
一一 工場法鑛業法傭人扶助令ニ依リ扶助ヲ受クル者
一二 各種共濟組合ヨリ給與等ヲ受クル者

一三　施藥施療ヲ受クル者
一四　學資ノ補助ヲ受クル者
一五　年末年始等ニ於テ何等カノ名義ノ下ニ施與ヲ受クル者
一六　傳染病豫防法ニ依リ生活費ヲ受クル者
一七　親戚故舊ヨリ體面維持ノ爲メ補助ヲ受クル者
一八　父兄ヨリ扶養ヲ受クル子弟、或ハ子弟ヨリ扶養ヲ受クル父兄其ノ他民法上ノ家族タルト否トヲ問ハス同一世帶內ニ在ル者ヨリ扶助ヲ受クル者
一九　托鉢僧雲水巡禮等

理由

一　乞食ヲ爲ス者ハ他ヨリ施與ヲ受ケテ生活ヲ爲ス者ナルカ故ニ本號ニ該當ス
二　恤救規則ニ依ル救助ハ貧困ニ困リ生活ノ爲メノ救助ナルコト明白ナルヲ以テ本號ニ該當ス
三　各種養老院ニ收容セラレ又ハ養老院外ニ在リテ院外救助ヲ受クル者ハ貧困ニシテ自己ノ資產又ハ勞務ヲ以テ生活ヲ爲シ能ハサルカ爲救助ヲ受クルモノナレハ本號ニ該當ス
四　過去ニ於テ受ケタル師恩ニ報ユルノ動機ニ出ツルモノナリト雖其ノ扶助ハ舊師カ貧困ニ陷リ生活ニ窮スルカ爲ニ爲スモノナレハ本號ニ該當ス
五　養子トナリテ他ノ家ニ入リタル者貧困ニ陷リ生活ニ窮スルカ故實家ヨリ扶助ヲ受クル場合ハ縱令民法上ノ扶養關係ニアル場合ト雖モ貧困ナルカ故ノ救濟ト見ルコト一般社會通念ナルヲ以

テ本號ニ該當ス

六　家族制度ノ我國ニ於テハ家ヲ以テ一個ノ消費團體ト見ルヘク而シテ其ノ家內ニアル者ハ相互ニ扶養スヘキ道德上ノ義務アリ若シ家ニ在ル者ノ力ヲ以テ扶養シ得サルカ爲他ヨリ扶助ヲ受クル者アリトセハ其ノ家卽チ消費團體カ扶助ヲ受クルコトトナリ從テ其ノ團體ニ屬スル者ハ總テ貧困ナルカ爲生活扶助ヲ受クルモノニシテ本號ニ該當スルモノトス（此處ニ世帶ト謂ヒタルハ消費團體ト認メラルル者ヲ指スモノニシテ民法上ノ家ト混同スルヲ虞レ世帶ト云ヘリ）

七　軍事救護法ニ依ル救護ハ貧困ノ爲ニスル救助ニ非スシテ特別ノ勤務ニ對シ國家カ軍人ヲ優遇スルノ精神ニ出ツルモノナリ殊ニ法第十七條ハ明文ヲ以テ本法ニ依ル救護ハ他ノ法令ノ適用ニ付テハ貧困ノ爲ニスル救助ト看做ササル旨ヲ規定セルヲ以テ本號ニ該當セサルコト明瞭ナリ

八　癈兵院法ニ依ル救護ハ軍事救護法ニ依ル救護ト其ノ性質ヲ同シクス唯癈兵院法ニハ軍事救護法第十七條ノ如キ規定ナキモ法律制定ノ時期ヲ異ニスル關係上立法ノ精神ヲ明ニスル規定ヲ缺クニ止ル

九　罹災救助ハ貧富ノ別ナク非常災害ニ罹リタル者ニ對スル救助ニシテ貧困ナルカ爲メノ救助ニアラサルヲ以テ本號ニ該當セス

一〇　恩給法等ニ依ル恩給又ハ遺族扶助料等ハ之ヲ受クル者ノ貧困ナルト否トニ關セス故ニ本號ニ該當セス

一一　工場法鑛業法傭人扶助令ニ依ル扶助ハ之ヲ受タル者ノ貧困ナルト否トニ關係セス故ニ本號

ニ該當セス

二　各種共濟組合ヨリノ給與ハ相互共濟ヲ性質トシ其ノ之ヲ受クル者ノ貧困ナルト否トニ關係セス故ニ本號ニ該當セス

三　施藥施療ハ一般生活ノタメニ非スシテ特種ノ目的ニ出ツルモノナルカ故ニ本號ニ該當セス

四　學資ノ補助ハ一般生活ノ爲ニ非スシテ特種ノ目的ニ出ツルモノナルカ故ニ本號ニ該當セス

五　設例ノ如キ施物ハ一般生活ノ爲ニ非スシテ特種ノ目的ニ出ツルモノナルカ故ニ本號ニ該當セス

六　傳染病豫防法ニ依リ交通遮斷隔離ノ爲一時營業ヲ失ヒ自活シ能ハサル者ノ生活費ノ給與ハ一種ノ補償ニシテ貧困ナルカ爲ニ受クル救助ニ非ス故ニ本號ニ該當セス

七　親戚故舊等ヨリ經濟的補助ヲ受クル場合ニ於テモ其ノ補助ニシテ生活ノ爲メニアラスシテ單ニ體面ヲ維持センカ爲ト認メラルル場合ハ本號ニ該當セス蓋シ一般生活ノ爲メノ救助扶助ニ非サルカ故ナリ

八　家族制度ヲ基本トスル我國ニ於テハ家ヲ以テ社會上消費團體ト見ルヘク而シテ其ノ消費團體タル家ノ中ニアル者ハ相互ニ扶助スル道德上ノ義務アリ故ニ同一家ノ中ニ在ル者ヨリ扶養ヲ受クル場合ヲ以テ貧困ノ爲メノ救助ト見サルコト社會通念ナリサレハ消費團體タル家ニ在ル親又ハ兄ヨリ扶養ヲ受クル子又ハ弟或ハ子又ハ弟ヨリ扶養ヲ受クル親又ハ兄ハ貧困ナルカ爲ニ扶養ヲ受クルモノニ非ス故ニ本號ニ該當セス又縱令親子兄弟各々建物ヲ異ニシテ生活スル場合ト

雖唯單ニ建物ヲ異ニスルニ止リ之ヲ包括シタルモノヲ社會上一個ノ消費團體ト見ルヲ妥當トスル場合ニ於テハ其ノ者相互間ノ扶養モ亦本號ニ謂フ貧困ナルカ為メ生活上ノ救助扶助ニ非ス更ニ又民法上ノ扶養權利關係及親族關係ナキ者ト雖同一消費團體内ニアリト認メラルル者ニ關シテモ同様ナリ（此處ニ謂フ世帯トハ前述ノ消費團體タル家ヲ指スモノニシテ民法上ノ家ト混同セラルルヲ虞リ世帯ト云フナリ）

一九　托鉢僧雲水巡禮等ハ宗教上ノ修養ノ為メノモノニシテ貧困ノ為メノ救助ニ非サレハ本號ニ該當セス

◎軍人援護資金ニ關スル件

三重縣知事照會（大正十五年五月八日 社會第五〇五號）

標記ノ資金ニ依ル救助ニ關シテハ大正七年一月十一日附内務省發地第三號ヲ以テ御通牒ノ次第モ有之基礎確實成績優良ナル私設ノ團體（本縣ハ愛國婦人會三重支部）ニ資金ヲ交付シテ軍人ノ遺族癈兵及其ノ家族等ヲ救助セシメ居候處今回各種選擧法令改正ノ結果右團體ノ救助ハ縣ニ於テ為ス救助ト同一ニ取扱ハルルコトニ相成候ニ付テハ將來縣ニ於テ直接救助ノ途ヲ講スルト從來ノ如ク私設團體ヲシテ救助セシムルトハ任意ノ義ト心得可然哉差掛リタル事件モ有之候ニ付至急何分ノ御回示相成度此段及照會候也

社會局社會部長回答（大正十五年六月二十八日 發社第二〇五號）

標記ノ件ニ關シ五月八日社會第五〇五號ヲ以テ御照會ノ趣了承該資金ヲ以テ救護ヲ受クル者ハ改正衆議院議員選擧法第六條第三號ニ該當セサルモノト存候（別紙地方局長回答寫參看）ヘトモ該資金ヲ私設團體ニ補助シテ救助セシムルカ如キ場合ニハ他ノ資金等ト混淆シ爲ニ其ノ救護カ該資金ニ依ルモノナリヤ否ヤ不明トナリ從テ受救護者カ公權ヲ停止セラルルカ如キコトモ可有之ニ付此ノ點ハ特ニ御留意相成樣致度

◎軍人援護資金ヲ以テ救護ヲ受クル者ノ公權ニ關スル件

（大正十五年六月十五日内務省發地第四九號地方局長ヨリ社會局社會部長宛回答）

標記ノ件五月二十二日發社第二〇五號ヲ以テ御照會ノ處右ハ御見込ノ通改正衆議院議員選擧法第六條第三號ニ該當セサルモノト存候

◎法第六條第三號ノ解釋ニ關スル件

京都府知事照會（大正十五年七月三十一日社會第一二二〇號）

標記ノ件ニ關シ六月二十八日發社第二〇五號ノ二ヲ以テ直接ノ次第モ有之候處本府ニ就テハ該資金ノ一部ヲ帝國軍人後援會京都支部ニ補助シ來リ候處同會ハ別紙定數ノ定ムル所ニ依リ會員ノ醵金有志者ノ寄附金補助金等ヲ以テ主トシテ軍事上ノ救助ニ支出スルモノニ有之候ニ付テハ其ノ受救助者ハ改正衆議院議員選擧法第六條第三號ニ該當セサルモノト存セラレ候處聊カ疑義有之候條

何分ノ御回示相煩度右照會候也（大正十五年九月二十八日發社第二〇五號社會局社會部長ヨリ三重縣知事宛軍人援護資金ノ費途ニ關スル件回答參照）

地方局長回答（大正十五年十月二日內務省發地第五五號）

七月三十一日社會第一二二〇號ヲ以テ社會局社會部長宛御照會相成候貴府軍人援護資金ヨリ補助ヲ受クル帝國軍人後援會京都支部ノ爲ス同會定款第五條ニ定ムル救護及慰藉ヲ目的トスルモノト認メラレ其ノ被救助者ハ改正衆議院議員選擧法第六條第三號ニ該當セサルモノト存ス

◎議員選擧資格ノ件

大阪府知事照會（大正十五年八月二十六日地第三七七八號）

標記ノ件ニ付市町村會議員選擧人名簿調製上疑義相生シ候ニ付至急何分ノ義御回示相成度

記

一 船內ニ家族ト共ニ住込ミ生計ヲ爲ス者ハ其ノ船ヲ以テ其ノ者ノ住居ト見做シ差支ナキヤ

二 右船ヲ住居ト解スルトキハ此ノ船ニシテ市町村內ノ河川中ニ一定ノ繋船場ヲ設ケ日々各所（繋船場ヲ中心トシテ淀川ヲ經テ京都伏見ニ航行シ或ハ神戸和歌山方面ニ航行シ又ハ市內ノ各川ヲ航行スル等）ニ航行ヲ爲スモ主トシテ此ノ繋船場ニ碇泊スルトキハ之ヲ以テ市町村內ニ住居ヲ有シ又ハ住所ヲ有スルモノト解シ得ルヤ

三 前號ノ場合其ノ繋船場カ海面ナルトキハ地先市町村ノ住居者ト解シ得ル哉

四 前二號ニ依リ之ヲ市町村ノ住民又ハ住居ヲ有スル者トセハ此ノ年限ニシテ規定ノ制限ニ達ス

ルトキハ選擧資格ヲ得ルモノナリヤ（以上）

◎選擧權ニ關スル件

地方局長回答（大正十五年九月十三日長地局第七一號）

標記ノ件八月二十六日地第三、七八七號ヲ以テ御照會ノ處左記ノ通御承知相成度

記

船ニ生活ノ本據ヲ有スル者ノ住所ハ其ノ船ニ在ルモノト認メラルヽモ其ノ船カ日々碇繫場所在市町村ノ内外ニ渉リ航行スルトキハ市制第九條町村制第七條ニ所謂二年以來市町村住民タルノ要件ヲ具備セサル者ニシテ市町村ノ公民ニアラス從テ選擧權ヲ有スルモノニアラスト存ス

◎選擧權ニ關スル件

長野縣知事照會（大正十五年九月三日庶甲發第號外）

市町村會議員及縣會議員ノ選擧資格ニ關シ左記ノ廉疑義相生シ候條至急何分ノ御回示相成度此段及照會候也

記

一　生活ノ爲公私ヨリ食料其ノ他物品ノ給與ヲ受ケタル左記該當ノ者アリ右ハ貧困ニ因リ生活ノ爲公私ノ救助ヲ受ケタル者ト認ムヘキヤ

イ　選擧人名簿調製期日ノ前日迄繼續シテ一ケ月間生活ノ爲公私ノ救助ヲ受ケタル者

ロ　選擧人名簿調製期日マテ繼續シテ一ケ月間生活ノ爲公私ノ救助ヲ受ケタル者

ハ　選擧人名簿調製期日前日ヨリ繼續シテ一ケ月間生活ノ爲公私ノ救助ヲ受クヘキ見込ノ者

ニ　選擧人名簿調製期日ニ於テ一時的ニ生活ノ爲公私ノ救助ヲ受ケタル者

前項イ、ロ、及ハニ於ケル救助期間ハ一ケ月ナルモ該期間カ六ケ月、一ケ年等期間ヲ異ニスルニ依リ認定上差異ヲ生スベキヤ若シ生スルモノトセハ其ノ理由承知致度

地方局長回答（大正十五年九月十三日長地局第六〇號）

標記ノ件九月三日庶甲發第號外ヲ以テ御照會ノ處左記ノ通御承知相成度

記

一　第一項ハ貧困ニ因リ生活ノ爲公私ノ救助ヲ受ケ又ハ扶助ヲ受クル者ナリヤ否ヤハ專ラ事實ニ就キ認定スルノ外ナキヲ以テ必要アルニ於テハ更ニ具體的事實ヲ擧ケ照會相成度

◎市制町村制中刑期ニ關スル件通牒（大正十五年十月二十日内務省發地第七一號地方局長ヨリ廳府縣長官宛）

標記ノ件ニ對スル右記甲號長崎縣知事ノ照會ニ對シ乙號ノ通回答候條爲念

甲號　長崎縣知事照會（大正十五年九月六日五地第一、二〇六號）

市制第九條第一項第六號及町村制第七條第一項第六號ニ所謂「刑期」トハ刑ノ言渡シニ依ル刑期ヲ指スルモノナリヤ又ハ刑ノ執行ヲ受ケタル期間ヲ指スモノナリヤ解釋上疑義ニ亘リ候條至急何

分ノ御指示相煩度候

乙號 地方局長回答（大正十五年十月廿日内務省崎地第七一號）

標記ノ件九月六日一五地第一、二〇六號ヲ以テ御照會相成候處右ハ前段御見込ノ通ト存候但シ右ノ場合ニ於テハ變更セラレタル刑期ニ依ル義ト御了知相成度

記

一 勅令ニ依ル減刑ニシテ刑ヲ變更セラレタル場合（恩赦令第七條第一項）

二 特定ノ者ニ對スル減刑ニシテ刑ヲ變更セラレタル場合（恩赦令第七條第二項但書）

理由

刑期ニ關シ起ルヘキ各種ノ問題大凡左ノ如シ

(1) 刑ノ執行猶豫ノ言渡ヲ受ケ其ノ言渡ヲ取消サルルコトナクシテ猶豫期間ヲ經過シタル場合（刑法第二五條乃至第二七條）

(2) 大赦アリタル場合（恩赦令第三條）

(3) 特赦セラレ且將來ニ向ケ刑ノ言渡ノ效力ヲ失ハシメラレタル場合（恩赦令第五條但書）

(4) 復權（恩赦令第九條第十條）

(5) 勅令ニ依ル減刑（恩赦令第七條第一項）

(6) 特定ノ者ニ對スル減刑ニシテ刑ヲ變更セラレタル場合（恩赦令第七條第二項）

(7) 特赦セラルヽモ單ニ刑ノ執行ヲ免除セラレタルニ止マリ將來ニ向テ刑ノ言渡ノ效力ヲ失ハシメサル場合（恩赦令第四條第五條）

(8) 特定ノ者ニ對スル減刑ニシテ單ニ刑ノ執行ヲ輕減セラレタルニ止リ刑ヲ變更セラレサル場合（恩赦令第七條第二項）

(9) 時效ニ依リ刑ノ執行ヲ免除セラレタル場合（刑法第三一條）

(10) 假出獄（刑法第二條）

以上ノ各場合ニ付考究スルニ

(一) (1)乃至(3)ノ場合ニ於テハ何レモ刑ノ言渡ノ效力ハ消滅スルモノナルカ故ニ刑期ノ問題ヲ生セス

(二) (4)ノ場合ニ於テハ法令ノ定ムル所ニ依リ資格ヲ喪失シ又ハ停止セラレタル者モ將來ニ向テ其ノ資格ヲ回復スルモノナルカ故ニ此ノ場合ニ於テモ刑期ノ問題ヲ生セス

(三) (5)(6)ノ場合ニ於テハ將來ニ向テ刑ヲ變更セラルヽモノナルカ故ニ刑期ハ減刑ニ依リ變更セラルヽモノトス

(四) (7)(8)(9)ノ場合ニ於テハ單ニ刑ノ執行ヲ免除セラルルニ止マリ刑ノ言渡ノ效力ハ依然消滅セサルカ故ニ刑期ハ何等變更セラレス

(五) (10)ノ場合ニ於テハ單ニ假ニ出獄セシムルニ過キスシテ言渡サレタル刑期ヲ變更スルモノニアラス

◎犯罪人名簿整備方（昭和二年一月二十九日內務省訓令第三號道廳府縣宛）

市町村長（市制第六條及第八十二條第三項ノ市ニ在リテハ區長、市制町村制ヲ施行セサル地ニ在リテハ市町村長ニ準スヘキ者以下同シ）ヲシテ他ノ市町村長ノ通知ニ依リ大正六年四月內務省訓令第一號ニ準シ入寄留者犯罪人名簿ヲ整備セシムヘシ

出寄留者アルトキハ本籍地ノ市町村長ヲシテ入寄留地ノ市町村長ニ寄留者ノ犯罪事項ヲ遲滯ナク通知セシムヘシ

（參照）

大正六年四月十二日內務省訓令第一號ハ市町長ヲシテ本籍人ノ犯罪人名簿ヲ整備シ及轉籍者ニ關スル通知ヲ爲サシムル件リ

◎禁治產者破產者名簿整備方（昭和二年一月二十九日內務省訓令第四號道廳府縣宛）

市町村長（市制第六條及第八十二條第三項ノ市ニ在ツテハ區長、市制町村制ヲ施行セサル地ニ在リテハ市町村長ニ準スヘキ者以下同シ）ヲシテ裁判所ノ公告又ハ他ノ市町村長ノ通知ニ依リ本籍人及入寄留者ニ付各別ニ禁治産者、準禁治産者名簿及破産者名簿ヲ整備セシムヘシ轉籍者又ハ出寄留者アルトキハ原籍地又ハ本籍地ノ市町村長ヲシテ新本籍地又ハ入寄留地ノ市町村長ニ當該者ノ禁治産又ハ準禁治産若ハ破産ニ關スル事項ヲ遲滯ナク通知セシムヘシ

◎出寄留者ノ犯罪事項等通知方ノ件依命通牒（昭和二年四月七日内務省發地第二八號地方局長ヨリ廳府縣長官宛）

出寄留者ニ對スル犯罪事項並轉籍者及出寄留者ニ對スル禁治産、準禁治産、其ノ他破産ニ關スル事項ノ通知方ニ關シテハ本年一月内務省訓令第三號及第四號ヲ以テ訓令ノ次第モ有之候右訓令發布當時現ニ出寄留セル者ニ對シテモ同樣通知ヲ要スル義ニ有之候條御了知相成度

法第七條

◎休職軍人包含ノ件（明治三十五年五月十五日地甲第四九號地方局長ヨリ廳府縣長官宛通牒）

衆議院議員選擧法中選擧人ナキ町村ノ選擧事務取扱ノ件ニ付テハ御會同ノ際及御協議候處尚同件ニ關シ問合ノ向モ有之候ニ付其他決定事項トモ爲御心得及通牒候也

記

法第十二條（改正法ハ第七條）陸海軍軍人中ニハ休職者ヲ包含ス

◎同上ノ件（明治三十五年四月三日五ノ四）

一　本條陸海軍々人中ニハ休職者ヲ包含ス

◎召集中ノ意義ニ關スル件

青森縣照會（明治三十七年二月二十六日）

選擧法第十二條召集中ノ者トアルハ動員令ニ依リ召集令狀ヲ受取リタルトキヨリ當ルカ又ハ軍隊ニ入リタルトキヨリナルカ

地方局長回答（明治三十七年二月二十九日）

召集中トハ到著地ニ至リタル以後ト存ス

◎貴族院議員及華族ノ戸主ニ關スル件

和歌山縣照會（明治三十七年三月一日）

貴族院勅任議員ニシテ衆議院議員ニ當選シタルトキハ貴族院議員辭職御裁可前ト雖當選證書ヲ交付シテ差支ナキヤ（便宜本條ニ掲ク）

地方局長回答（明治三十七年三月一日）

辭職ヲ許サレサレハ承諾スルヲ得サル義ト存候

東京府照會（大正十三年三月八日）

明治四十三年八月皇室令第八十四號朝鮮貴族令ニ依ル朝鮮有爵者ハ衆議院議員選擧法第十二條（改正法ハ第七條）第一項ノ華族ノ戸主ニ該當セスト思惟セラレ候モ疑義有之候條何分ノ義折返シ御指示相成度

地方局長回答（大正十三年三月十七日）

御見込ノ通ニ有之候

法第八條

◎選擧事務ニ關係アル官吏吏員ノ件（明治三十五年四月十八日地發第六七號省議決定ノ内地方局長ヨリ廳府縣長官宛通牒）

法第十四條（改正法ハ第八條）選擧事務ニ關係アル官吏吏員トアル中ニハ單ニ選擧準備事務タル名簿調製ノ事務ニ從事スルニ止マルト否トニ拘ラス苟モ府縣郡ノ官吏吏員市町村吏ニシテ法律命令又ハ處務規程等ノ定ムル所ニ依リ選擧事務ニ從事スヘキモノ又ハ府縣知事郡長市町村長ノ命ヲ承ケ實際選擧事務ニ從事スルモノハ一切包含スヘキヲ以テ注意ヲ要ス

◎同上ノ件

宮崎縣照會（大正九年三月）

内務部長ハ其ノ縣内ニ於テ衆議院議員ノ被選舉權ヲ有セサルヤ

地方局長囘答（大正九年三月八日）

内務部長ハ其ノ縣内ニ於テ被選舉權ヲ有セス

◎同上ノ件（大正九年三月二十九日省議決定）

一町村ノ全部カ市ニ編入セラレタル場合ニ於テ其ノ町村ノ町村長タリシ者ハ選舉事務ニ關係アル吏員トシテ編入後新ニ屬シタル市ニ於テ被選舉權ヲ有セス（以下略）

◎同上ノ件

大分縣照會（大正九年四月十日）

法第十四條（改正法ハ第八條）ノ選舉事務ニ關係アル官吏々員ハ其ノ關係郡市内ニ於テ被選舉權ヲ有セストハ例ヘハ數郡ヲ以テ一選舉區タル場合ニ於テハ選舉長タル郡長及之ニ屬スル郡書記ハ選舉區全體ニ亘リ他ノ郡長及郡書記ハ其ノ郡内ニ於テノミ被選舉權ヲ有セサルモノト相見込候モ爲念御意見承知致度

地方局長囘答（大正九年四月十六日）

郡長ニ付テハ御見込ノ通郡書記ニ付テハ法律命令又ハ處務規程等ニ依リ選舉事務ニ從事スヘキモノ又ハ郡長ノ命ヲ承ケ實際選舉事務ニ從事スルモノニ限リ御見込ノ通ト存候

法第九條

◎休職官吏ニ關スル件（明治三十五年四月十八日地發第六七號ノ内地方局長ヨリ廳府縣長官宛通牒）

法第十五條（改正法ハ第九條）ノ官吏ニハ休職官吏ハ包含セス

法第十一條

◎縣會議員現職者ニ關スル件（明治三十五年四月十八日地發第六七號ノ内地方局長ヨリ廳府縣長官宛通牒）

現ニ縣會議員タルモノ衆議院議員ニ當選シ其當選ヲ承諾セントスルトキハ遲クモ該承諾ト同時ニ前職ヲ辭スヘキモノトス

法第十二條

◎選擧人名簿修正ニ關スル件（明治三十五年四月十二日地發第六八號地方局長ヨリ地方長官宛）

選擧人名簿ハ縦覽期間内ニ入ルトキハ假令脱漏又ハ誤載アルコトヲ發見スルモ選擧人ノ申立アルニアラサレハ修正ヲ加フルコトヲ得サルノミナラス法第七十條ノ選擧人名簿總數トハ有權者ト否

トヲ問ハス名簿ニ登錄セラレタルモノヽ謂ニ付從テ總數ノ多寡ハ當選ニ重大ナル關係ヲ有スヘキニヨリ法第十八條(改正法ハ第十二條)ノ調査ニ付テハ最モ周到ナル注意ヲ要スル義ニ付此際特ニ諭示相成候此段及通牒候也

◎年齡計算ニ關スル件

(明治三十六年一月二十六日地甲第四號地方局長ヨリ廳府縣長官通牒)

客年法律第五十號ヲ以テ年齡計算ニ關スル法律發布相成候ニ付テハ貴族院多額納稅者互選規則衆議院議員選擧法府縣制郡制等ニ於テ年齡ヲ比較シ或ハ年齡ヲ計算スルニ付テハ該法律ニ準據シ總テ日ヲ以テ計算スヘキ義ニ有之候條爲御心得此段及通牒候也

追テ本文通ニ付今後選擧人名簿調製ニ際シテハ生年月日トアルハ適宜生年月日トセラルヘキ筈ニ有之此段申添候

◎住所ニ關スル件

東京府伺(明治三十五年三月三十一日)

法第八條第二號ニ住所(改正法ハ法第十二條住居)ヲ有シトアルハ民法第二十一條ニ依リ生活ノ本據地ヲ指スモノト思考セラルヽモ一人ニシテ一町村若クハ區內ニ本籍ヲ有シ寄留地ニ他ノ諸所ニ屆出テ且現ニ諸所ニ於テ營業稅ヲ納ムル者アリテ事實上何處ヲ住所ト認ムヘキカ判定シ難キ場合有之若シ其ノ判定標準ヲ一定セサレハ一人ニテ數投票區ノ選擧人名簿ニ登載セラルヽコトナシト

セス以上ノ如キ場合ニ於テハ如何ナル標準及如何ナル方法ニ依リテ住所ヲ決定シ重複ノ登載ヲ避クヘキヤ

地方局長回答（明治三十五年四月二日）

右住所ハ各其ノ事實ニ付決定スルノ外無之又一人ニシテ數區町村ニ住居ヲ有スルモノハ適宜ノ方法ニ依リ重複登載ヲ避クルノ外無之ト存候別ニ指令ニ及ハス

◎同上ノ件

三重縣照會（大正六年六月二十日）

一　法第八條第二號ノ住所（改正法ハ法第十二條住居）民法ニ所謂住所ニシテ生活ノ本據ヲ指スモノニシテ市町村長ニ於テ專ラ事實ニ依リ之ヲ決定スヘキ義ト存候得共其ノ決定區々ニ渉ル爲同一人ニシテ數市町村ノ名簿ニ登錄セラレ或ハ全然何レノ市町村ノ名簿ニモ登錄セラレサルカ如キ不都合ヲ見ルコト尠カラサルヲ以テ寄留簿ニ住所寄留ノ記載ヲ爲シタルモノハ其ノ寄留地ヲ其ノ他ハ總テ其ノ本籍地ヲ住所ト認定シ名簿ニ登載セシムルコト取扱上最モ便宜ト思考スルモ右ハ差支無之哉

地方局長回答（大正六年十月十二日）

一　法第八條第二號ニ所謂住所（改正法第十二條住居）ハ民法上ノ住所ト意義ヲ同フシ專ラ事實ニ依リ之ヲ決定スル外無之尤モ住所寄留ノ屆出アルモノハ一應屆出地ニ住所アルモノト推定シ得ヘキモノト存ス

◎復權者ヲ名簿登載ニ關スル件

京都府照會（大正九年三月廿三日）

舊衆議院議員選擧法第百二條（改正法ハ百三十七條）ニ依リ選擧權禁止中ノ者本月十五日附ヲ以テ裁判所ヨリ復權ヲ命セラレ目下調製中ノ名簿ニ登載方ヲ要求セリ右ハ本月十一日以後ニ於テ復權ヲ命セラレタル者ト雖トモ今回ノ選擧ニ際シ當然選擧權アリトノ司法當局ノ見解ニ基キ恩典ニ浴シタルモノナリト申出ツルモ右ハ無論本月十日現在ニ於テ資格ナキ者ナルヲ以テ名簿ニ登載スヘキ筋合ニアラスト存候得共今回選擧期日ニ先チ特ニ復權言渡シアリタル事例ニ鑑ミ聊カ疑義相生シ候加フルニ本府ニ於テハ前回ノ選擧違犯ニ依リ多數ノ禁止者アリテ影響極メテ大ナルニ依リ爲念一應御意見承知致度

內務次官囘答（大正九年三月廿七日）

御見込ノ通リニ存候

◎他區町村ニ避難中ノ者ニ關スル件

東京府伺（大正十三年一月十四日）

震災前某區內ニ住居ヲ有シ震災ニ因リ他區町村ニ避難中ノ者ノ住所ニ關スル左記事例ニ該當スル場合

一　一時他區町村ニ避難シタル者ノ住所ハ名簿調製ノ現在日ニ於テハ原區內ニ復歸シ現ニ居住スル事實ヲ必要トスルヤ

二 他區町村ニ避難中ノ者原區内ニ自己ノ住居ニ充ツル爲假建築ヲ爲シツヽアルカ如キ住所意志ノ外部ニ明瞭ニ表示セラレタル場合ニ在テハ原區内ニ繼續シテ住所ヲ有スト裁定シ差支ナキヤ

三 他區町村ニ避難中ノ者原區内ニ住所ヲ設定スル意志ヲ有シ一定ノ地點ニ自己ノ建築準備ヲ爲シ（建築材料ヲ購入シ建築地ニ集積シ又ハ建築請負契約ヲ爲セルカ如キ）又ハ建築中ノ家屋ノ借家敷ヲ獲得シ若ハ一定ノ土地ノ借地權ヲ設定セルカ如ク何等カノ形式ニ於テ住所意志ノ外部ニ表示セラレ客觀的ニ住所意志ヲ認識シ得ラルヽ場合ハ前項ニ準シ原區内ニ繼續シテ住所ヲ有スト認定シ差支ナキヤ

四 他區町村ニ避難中ノ者原區内ニ住所ヲ設定セントスル意志ヲ有スルモ種々ノ支障ニ因リ未タ住所意思ヲ外形上ニ表示スルニ至ラサル者ノ住所ハ之ヲ如何ニ取扱フヘキカ

地方局長囘答（大正十三年一月二十一日）

第一次 一時他區町村ニ避難シタル者ハ必スシモ名簿調製ノ現在日ニ於テ原區内ニ復歸シ現ニ住居スル事實ナシトスルモ

第二、三次ノ場合ノ如キハ御見込ノ通原區内ニ繼續シテ住所ヲ有スル者ト認定シ可然ト存候

第四號ハ外形上原區内ニ復歸セムトスル事實ノ何等認ムヘキモノ無之ニ於テハ原區内ニ住所ヲ有スルモノトシ取扱フコトヲ得サル義ト存候

◎選擧人名簿記入方ニ關スル件

東京府照會ノ内（大正十三年三月二十三日）

一 選擧人名簿ノ每葉ニ割印ヲ爲セルモ右ハ廢止シ差支ナキヤ

一 人名簿ノ住所ハ「字」マテ記入スル例ノ如シ番地ヲ記入スルモ差支ナキヤ

一 人名簿ハ「インキ」ニテ記載スルモ差支ナキヤ

地方局長回答ノ内（大正十三年二月二十三日）

一 内務省令ニハ別ニ割印押捺ノ規定ナキヲ以テ割印セサレハトテ違法ト云フヲ得サルヘキモ此ノ種ノ事項ハ可成從來ノ例ヲ踏襲スル方可ナリト存ス

一 住所ト云ヘハ通常番地マテヲ記入スル方可然ト存スルモ番地ヲ記入セサルモ違法ニアラストノ判例アレハ從來ノ例ヲ踏襲シ字名ハ之ヲ記入スル方可然ト存ス

一 違法ニハアラサルヘキモ用紙ノ關係上從來ノ通取扱フ方可然ト存ス

◎衆議院議員選擧法施行令改正ノ件（大正十五年二月十九日地發第七號地方局長ヨリ廳府縣長官宛依命通牒）

今般勅令第三號ヲ以テ衆議院議員選擧法施行令改正セラレ内務省令第四號ヲ以テ同施行規則公布相成候處右ハ何レモ改正選擧法ト同樣次ノ總選擧ヨリ施行セラルヘキ義ニ付豫メ之レカ周知方ニ付御注意相成實施ニ當リ遺漏ナキヲ期セラレ度尙左記事項ニ付テハ特ニ御留意相成度

追テ明治三十四年十月内務省訓令第十四號、大正元年十一月内務省訓令第十八號ハ本文勅令及省令ノ施行ト同時ニ自然消滅スル義ニ付爲念申添候

左　記

一　選擧資格被選擧資格ノ調査上法第六條第五號乃至第七號該當事項ノ有無ヲ問合セ又ハ囘答スル場合ニ於テハ必要事項ニ止メ資格ニ關係ナキ前科ヲ記載スルカ如キコトナキ樣注意スルコト
（法第六條參照）

◎選擧資格調査ニ關スル件

滋賀縣照會（大正十五年九月十四日地第四〇〇三號）

市町村ニ於テハ目下各種選擧人名簿調製準備中ニ有之候ニ付テハ之カ資格調査ニ關スル縣外市町村トノ照會應答ハ最モ正確且ツ迅速ヲ要スルモノナルニ往々遲延甚敷名簿作成上差支フルモノ尠カラス候條如斯事無之樣各府縣ヘ御通達方御配慮相成度

地方局長通牒（大正十五年九月二十日地發乙第一八七號地方局長ヨリ各府縣長官宛）

標記ノ件ニ關シ滋賀縣知事ヨリ別紙ノ通申出有之候條可然御配意相成度

◎選擧人名簿調製上疑義ノ件

大阪府照會（大正十五年十月六日地第四一三八號）

府會議員選擧人名簿調製上左ノ點疑義相生シ候ニ付御囘示相煩度

追テ本件ハ差掛リタル事情有之候ニ付取急キ御囘示相成度申添候

記

一　戸籍上既ニ死亡者トナレルモ本人ハ事實生存シ全ク戸籍ノ錯誤ナル事明瞭ナル者ニシテ他ノ選擧資格要件ヲ具備スルトキハ戸籍簿ノ訂正如何ニ不拘選擧人名簿ニ登載シ可然哉

二　總テノ選擧資格ヲ具備スルモ本籍地ニ身元調査ヲ行ヒタル結果失踪者ナル事判明シタル者アリ如斯者ハ失踪宣言ヲ取消ニ非ラサレハ選擧資格ナキモノトシテ取扱可然哉

三　現行府縣制第四十條ニ依リ罰金刑ニ處セラレタル者ト雖モ市町村會議員選擧資格ニハ何等影響ナキヲ以テ本年法律第七十四號及同第七十五號改正市町村制ニ基キ調製スル市町村會議員選擧人名簿ニハ選擧資格者トシテ登載セサルヘカラサルモ明年度執行ノ市會議員選擧ニ際シテハ府縣制第十八條ノ二第二項ノ所謂選擧ノ當日選擧權ヲ有セサル者トシテ取扱可然哉

地方局長回答（大正十五年十月二十日内務省阪地第九四號）

標記ノ件地第四一三八號ヲ以テ御照會相成候處右ハ左記ノ通リト存ス

記

一　第一項及第三項ハ御見込ノ通

二　第二項ハ失踪宣告ヲ取消サレサルモ選擧人名簿ニ登錄スヘキモノトス

◎市町村會議員選擧人名簿ニ關スル件（大正十五年十一月十六日内務省静地第六六號地方局長ヨリ靜岡縣長官宛通牒）

標記ノ件ニ關スル別紙甲號照會ニ對シ乙號ノ通回答候條爲御參考

甲號　靜岡縣知事照會（大正十五年十月二十三日號外）

本籍無キ者又ハ本籍不分明ノ者ハ市制第九條町村制第七條ノ資格要件中年齡ハ勿論其ノ他ノ消極要件タル同條第一號第二號第五號乃至第七號ニ該當ノ有無判明セサルモ本人ノ自供又ハ近隣ノ者ノ證明等ニ依リ調査推定シ選擧人名簿ニ登載シ得ヘキ義トハ被存候得共聊カ疑義有之候條至急何分ノ御回示相煩度此段及照會候

乙號　地方局長回答（大正十五年十一月十六日靜地第六六號）

十月二十三日號外ヲ以テ御照會相成候標記ノ件御見込ノ通ト存ス

◎選擧人名簿縱覽ニ關スル件（明治三十五年四月十二日地發第六七號省議決定ノ内）

一　選擧人名簿ハ選擧人ノ便利ノ爲長時間縱覽セシムルヲ可トスルモ取締上ノ關係アルヲ以テ日出ヨリ日沒迄ノ間ニ於テ適宜ノ時間ヲ定メ縱覽セシムルヲ要ス

一　選擧人名簿ハ休日ト雖仍之ヲ縱覽セシムルヲ要ス

法第十三條

◎選擧人名簿ノ縱覽ニ關スル件通牒（大正十五年十月十一日石地第四〇號各地方長官宛地方局長通牒）

標記ノ件甲號石川縣知事照會ニ對シ乙號ノ通回答候條爲御參考

（甲號）町村會議員選擧人名簿ノ縱覽時間ヲ訓令ヲ以テ制限シ差支ナキヤ電信ニテ回示ヲ請フ

（乙號）九月二十一日電報御照會相成候標記ノ件右ハ明治三十五年四月十二日地發第六七號通牒ノ趣旨ニ依リ町村長ニ於テ適宜ノ時間ヲ定メ縱覽ニ供スヘキモノニ有之尤モ右時間ハ少クトモ通常ノ執務時間ヲ包含セシムヘキ義ト存ス

◎選擧人名簿縱覽場所ニ關スル件

大阪府照會（大正九年三月二十三日）

本年四月一日ヨリ部内泉北郡湊町及向井町ヲ堺市ニ合併豫定ノ處同月三日ヨリ衆議院議員選擧人名簿ヲ縱覽セシムヘキ場所ハ選擧法施行令第七條（改正法ハ第十三條）ニ依リ湊、向井町長ニ於テ三月三十一日迄ニ其ノ告示ヲ爲スニ方リ便宜上許可ヲ得テ合併スヘキ堺市役所ニ縱覽場所ヲ設ケ翌四月一日ニ於テ該名簿ヲ堺市長ニ引繼クノ外途ナキモノト被存候得共聊カ疑義ニ渉リ候ニ付御意見承知致度

地方局長回答（大正九年三月二十九日）

右ハ御見込ノ通リ取扱相成差支無之ト存候

法第十四條

◎法第二十一條ノ選擧人ニ關スル件（明治三十五年四月十八日地發第六七號省議決定ノ内地方局長ヨリ廳府縣長官宛通牒）

法第二十一條（改正法ハ第十四條）ニ選擧人トアルハ郡町村ノ區域ニ限ラス選擧區内一般選擧人ヲ指シタルモノトス

◎法第二十一條ノ異議ノ申立ニ關スル件

福島縣照會（大正九年四月二十一日）

法第二十一條ニ依ル異議ノ申立ハ郵便遞送ノ爲縱覽期限ヲ經過シタルモノハ受理スルコトヲ得サルヤ（又申立ニ町村長ニ於テ縱覽期限内ニ受付ケタルモノニシテ其ノ進達ノ爲メ期限ヲ經過シタルモノニ付テモ受理スルコトヲ得サルヤ）

地方局長囘答（大正九年四月二十四日）

御見込ノ通リ受理スルコトヲ得サル義ト存ス

法第十六條

◎法第二十五條ノ異議ノ申立ニ關スル件（明治三十五年四月十二日地發第六七號ノ内地方局長ヨリ各地方長官宛通牒）

法第二十五條（改正法ハ第十六條）ニ依リ郡市長（改正法ハ市町村長）ノ決定ニ不服ヲ唱ヘ出訴スルヲ得ヘキモノハ決定ノ通知ヲ受ケタル申立人及關係人ニ限ルモノトス

◎同上ノ件

廣島縣照會ノ内（明治三十五年六月一日）

一 選擧人名簿登錄ノ申立ニ對シ法第二十四條（改正法ハ第十五條）ニ依リ登錄スヘキモノニアラスト決定ヲ與ヘタル後同一申立人ニ於テ新ナル理由ヲ提供シ縱覽期間內再ヒ名簿登錄ノ申立ヲ爲スモ一事再審ニ係ルヲ以テ受理決定スヘキモノニアラスシテ斯ル場合關係者ハ法第二十五條（改正法ハ第十六條）ニ依リ出訴スルノ外他ニ途ナキモノト認ム如何ニ候ヤ

地方局長回答（明治三十五年六月十二日）

一 異議ノ申立ニ對シ法第二十四條ニ依リ決定ヲ與ヘタルトキハ假令新ナル理由ヲ以テスルモ同一人ヨリ再ヒ郡長（改正法ハ市町村長）ニ申立ツルコトヲ得ス此ノ場合ハ法第二十五條（改正法ハ第十六條）ニ依リ地方裁判所ニ出訴スヘキモノトス

法第十七條

◎選擧人名簿中失格者取扱ニ關スル件（明治三十五年四月十二日地發第六七號ノ內地方局長ヨリ各地方長官宛通牒）

一　名簿ハ縱覽ニ供シタル後ハ法定ノ手續ニ依ルノ外之ヲ修正スルヲ得サルヲ以テ其ノ登錄者ニシテ資格ヲ失ヒタルコト明瞭ナル者又ハ死亡シタル者アルトキハ從來ノ取扱振ニ依リ適宜符箋ヲ貼シ其ノ旨記載シ置クコトヲ要ス

◎選擧人名簿修正ニ關スル件（明治三十五年四月十二日地發第六七號ノ內）

法第二十六條第二項（改正法ハ第十七條）ニ依リ郡長（改正法ハ市町村長）ニ於テ名簿ヲ修正スルハ同第二十四條（改正法ハ第十五條）ニ依リ決定シタル場合ニ限ル

◎同　上　ノ　件（明治三十五年四月十二日地發第六七號ノ內）

法第二十六條第二項（改正法ハ第十七條）ニ依リ修正スヘキモノハ法第二十一條（改正法ハ第十四條）ノ申立ニ基キ決定ヲ與ヘタルモノナルヲ要ス故ニ郡長（改正法ハ市町村長）ニ於テ脫漏又ハ誤載ヲ發見スルモ同條ニ依リ修正スルヲ得サルモノトス

◎同　上　ノ　件（明治三十五年四月十二日地發第六七號ノ內地方局長ヨリ各地方長官宛通牒）

一　名簿ハ四月一日（改正法ハ九月十五日）ノ現在ニ依リ調製スヘキモノナルヲ以テ該日以後生シ

タル異動（死亡住所地移轉失格氏名變更等）ニ付テハ名簿ヲ修正スルノ限ニ在ラス

◎選擧人名簿燒失再調製ニ關スル件

地方局長ヨリ石川縣ヘ照會（明治三十九年一月九日）

客年十二月二十八日ヲ以テ貴縣令第五十五號御報告相成候處天災事變其ノ他ノ事故ニ因リ選擧人名簿ノ正副孰レカ一本ヲ失ヒタル場合ハ其ノ存スル一本ニ依リテ他ノ一本ヲ調製スルコトヲ妨ケサルハ明治三十五年四月十二日地方局長通牒ノ通ニ有之從テ本件ノ如キハ正副本共ニ燒失セルモノト被存候得共事實果シテ如何ヤ詳細承知致度

尙正本副本共ニ燒失セルモノトスレハ選擧法第十條第一項（改正法ハ第十二條第一項）ノ資格調査期日ノ規定ナキハ如何ナル事由ニ候哉爲念承知致度

石川縣回答（明治三十九年一月十五日）

縣下鹿島郡役所ハ三十八年十一月二十五日類燒ノ爲メ同年調製ニ係ル選擧人名簿悉皆燒失シタルモ七尾町外二十三ケ村ノ分ハ正本ノミ燒失シ副本ハ各町村長ニ返付濟ナルヲ以テ三十五年四月十二日貴官御通牒ニ依リ他ノ一本ヲ調製セシメ候得共金丸村外七ケ村分ハ修正ノ爲正副共郡役所ニ留置中燒失シタルヲ以テ客年縣令第五十五號ヲ發布シタル次第ニ有之候

追而該縣令中選擧法第十八條第一項（改正法ハ第十二條第一項）ノ資格調査期日ヲ規定セルハ調査期日ハ同條ノ明文ノ通リ三十八年十月一日ノ現在ニ依リタルモノニ有之候畢竟選擧法第三十

七條（改正法ハ第十七條）末項ノ選擧人名簿ノ調製及其ノ期日トアルハ資格調査ノ期日ヲ包含セサルモノト解釋致候也

◎同上ノ件（明治三十九年二月六日地方局長通牒）

貴縣令第五十五號選擧人名簿調製方指定ノ件御報告相成候處衆議院議員選擧法第二十七條（改正法ハ第十七條）末項及明治三十四年內務省令第二十八號ニ所謂名簿調製ノ期日ニハ選擧資格調査ノ期日ヲモ包含スヘキ義ニ候條御注意迄此段依命通牒候也

◎同上ノ件

山形縣知事照會（大正二年十月十一日）

管下南置賜郡三澤村役場客月二十三日火災ニ罹リ衆議院議員選擧人名簿調製ノ材料全部燒失ノ爲メ選擧法第十八條（改正法ハ第十二條）ノ期限迄ニハ右名簿調製ノ運ニ至リ兼候處此ノ場合ニ於テハ同法第二十七條第四項（改正法ハ第十七條第三項）ヲ適用シ三十四年十月御省令第三十八號（改正選擧法施行規則第二條）ニ依リ該名簿ノ調製及其ノ期日縱覽確定ニ關スル期日期間等相定ムヘキモノトハ存候得共選擧法第二十七條第四項（改正法ハ第十七條第三項）ニハ「天災事變其ノ他ノ事故ニ因リ必要アルトキハ更ニ選擧人名簿ヲ調製スヘシ」ト有之一旦調製ノ名簿滅失ニ際シ再ヒ名簿ヲ調製スル場合ノ規定ニシテ今回ノ如ク材料亡失ノ爲ヨリ法定ノ期日迄ニ調製シ能ハサル場合ニ適用スヘキモノニアラサル樣ニモ被認聊カ疑義相生シ候條折返シ電報ヲ以テ何分ノ御回報

相煩度

地方局長回答

右ハ今日ニ於テハ前段御見込ノ通取扱フノ外無之ト存候

◎名簿確定日ニ投票ノ件

東京府知事照會（大正十三年二月二十三日）

選擧人名簿確定日ニ投票ヲ行フモ差支ナキヤ

地方局長回答（大正十三年二月二十三日）

五月七日ニ入レハ名簿ハ確定スルヲ以テ同日投票ヲ行フ（島嶼其ノ他交通不便ノ地）コトヽ爲スモ差支ナシ

法第十九條

◎選擧權行使ニ關スル件

（大正四年三月十四日內務省訓令訓第百七十九號）

衆議院議員選擧ノ取締ヲ勵行スルハ選擧ニ伴フ諸種ノ弊害ヲ防遏シ選擧有權者ヲシテ其ノ自由意思ノ下ニ選擧權ヲ行使セシメ選擧ノ公正ヲ期セムトスルニ外ナラス言フ迄モナク選擧權ハ國民參政ノ權利ナルト同時ニ一面ニ於テハ其ノ公義務タリ然ルニ選擧有權者ニシテ故ナク其ノ義務ヲ懈リ漫リニ選擧權ヲ拋棄スルカ如キ傾向ヲ生スルコトアラムカ獨リ取締勵行ノ趣旨ニ反スルノミナ

ラス憲政ノ爲甚タ憂慮スヘキ事ニ屬ス各位ハ豫テ此ノ點ニ就テモ留意セラルヽ所アルヘシト雖此ノ際一般ニ右趣旨ノ存スル所ヲ周知セシメ選擧ニ關シ遺憾ナカラシメムコトヲ要ス之カ周知方法ニ付テハ誤解又ハ疑惑ヲ惹起スルカ如キコトナキ樣特ニ愼重ノ注意ヲ竭サレムコトヲ望ム

法第二十條

◎選擧權行使ニ關スル件（明治三十五年四月十八日地發第六七號ノ内地方局長ヨリ廳府縣長官宛通牒）

選擧罰則其ノ他一般選擧人ノ心得トナルヘキ法規ノ規定ハ投票所開票所選擧會場ニ之ヲ貼示スヘシ（法第四十條、第四十四條、第五十七條、第五十八條、第六十六條參照）

◎同上ノ件（明治三十五年四月十八日地發第六七號ノ内地方局長ヨリ廳府縣長官宛通牒）

投票所開票所ヲ問ハス選擧事務ノ執行中規定ニ違背セル事實ヲ發見スルモ之カ中止ヲ爲スヲ得ス（法第四十四條參照）

◎所定外ノ吏員ノ投票事務ニ關スル件

廣島縣問合（明治三十五年七月十二日）

衆議院議員ノ選擧投票事務ニハ可成普通一般ノ行政事務ニ當ルヘキ吏員ヲシテ從事セシムヘキハ

勿論ナルモ人少其ノ他ノ事故ニ依リ差支アル場合ハ從來ノ例ニ依リ收入役區長及委員（常設委員及臨時委員共）ヲシテ該投票事務ニ從事セシムルモ別ニ差支無之哉

地方局長囘答（明治三十五年七月二十一日）

御申越ノ如キ場合ハ不得已ト存候

◎同上ノ件（大正九年四月六日內務省議決定）

東京市、京都市及大阪市ノ一選擧區內ニ於テ二ケ以上ノ投票區ヲ設ケタル場合地方長官ハ其ノ選擧區ニ屬スル區吏員以外ノ市吏員ニ投票管理者ヲ命スルヲ得ルヤ否ヤニ付當該區所屬ノ吏員ニ限ラス適宜市役所ノ吏員ニ投票管理者ヲ命スルモ妨ケナシ

法第二十一條

◎投票所ノ標札ニ關スル件（明治三十五年四月十八日地發第六七號ノ內）

投票所ノ標札ハ其ノ門戶ニ揭クルコトヲ要スト雖投票所ハ第四條ニ定メタル樣式ノ範圍ニ止マルモノトス

◎投票所ニ關スル件

東京府照會（大正十三年二月二十三日）

區役所燒失ノ爲附近ニ於テ假建築ヲ爲シ執務セル場合ハ選擧法上之ヲ區役所ト認メ差支ナキヤ

地方局長回答（大正十三年二月二十三日）

現ニ區役所トシテ事務ヲ取扱ヒ居ル場所ハ法第三十條ノ市役所ニ該當ス

◎衆議院議員選擧法施行令改正ノ件依命通牒（大正十五年二月十九日地發第七號ノ内地方局長ヨリ廳府縣長官宛）

二　市役所町村役場以外ニ投票所ヲ設クル場合ニ於テハ成ル可ク門戶アル場所ヲ指定スルコト

三　投票所ハ別記樣式ニ準シ選擧人ノ多寡ニ應シ適宜ニ之ヲ斟酌シ受付所、選擧人控所、選擧人名簿對照及投票用紙交付所、投票記載所竝投票ノ場所等ヲ設備スルコト

四　投票所ノ門戶及投票所出入口等ニハ警察官吏又ハ特ニ吏員ヲ配置シ取締ニ遺漏ナカラシムルコト

七　投票函ハ一投票所一箇ヲ使用スルコト

十六　投票所、開票所及選擧會場ニハ各其ノ門戶ニ標札ヲ揭クルコト

別記

投票所樣式

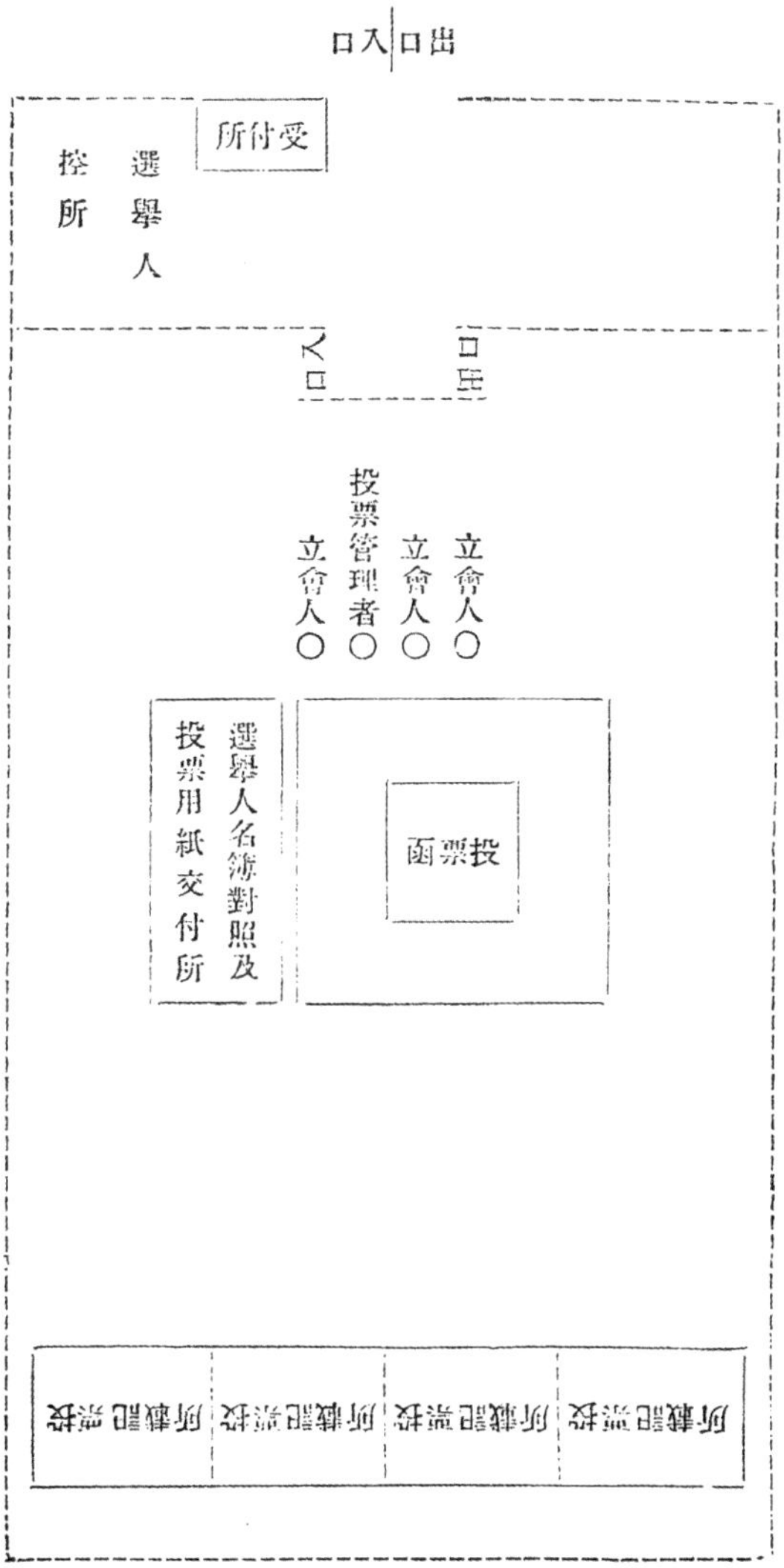

法第二十二條

◎投票所周知ニ關スル件（明治三十五年四月十八日地發第六七號ノ内地方局長ヨリ廳府縣長官宛通牒）

二町村以上ノ組合ヲ設ケタル場合ニ於テ投票所告示ノ方法ハ各町村ノ公布式ニシテ掲示シ又ハ新聞紙ニ掲載スルモノナルニ於テハ其ノ方法ニ依リ然ラサルニ於テハ管理者ニ於テ適宜ノ個所ニ掲

示スルノ外便宜各町村ノ公布式ニ依リ一般選擧人ニ周知セシムルノ方法ニ依ルコトヲ要ス

法第二十三條

◎投票所閉鎖時ニ關スル件（明治三十五年四月十八日地發第六七號ノ內地方局長ヨリ廳府縣長官宛通牒）

選擧人名簿ニ登錄セラレタルモノ悉ク投票ヲ終リタル場合ト雖法定ノ時間內ハ投票所ヲ閉ツルコトヲ得サルモノトス

◎選擧人ナキ選擧事務ニ關スル件（明治三十五年五月十五日地甲第四九號ノ內地方局長ヨリ廳府縣長官宛）

衆議院議員選擧法中選擧人ナキ町村ノ選擧事務取扱ノ件ニ付テハ御會同ノ際及御協議候處尙同件ニ關シ問合ノ向モ有之候ニ付其他決定事項トモ爲御心得及通牒候也

記

選擧有權者アル町村及異議ノ申立アリタル町村ニ在テハ事實選擧ヲ行フ者ノ有無ニ拘ハラス投票所ヲ開票所ニ送致スル等總テ一般町村ト同一ノ手續ヲ爲スヘシト雖異議申立期間ヲ過キ選擧有權者ナキコト確定シタル町村ニ在テハ投票所ヲ開クヲ要セス從テ投票函ヲ開票所ニ送致スルノ必要ナシ

法第二十四條

◎投票事務行使ニ關スル件（明治三十五年四月省議決定）

選擧長ハ投票所開票所ノ組織成立ニ背規ノ廉アリ若ハ其ノ管理者ニ於テ違法ノ處置アリシコトヲ發見スルモ選擧ノ執行ヲ中止スルコトヲ得ス

◎同上ノ件（明治三十五年四月十八日地發第六七號ノ内地方局長ヨリ廳府縣長官宛）

衆議院議員選擧法ノ件ニ關シ左ノ通決定相成候條爲御參考此段及通牒候也

投票執行中投票立會人ニ闕員ヲ生シ事實之ヲ補充スルニ由ナキ場合ニ於テハ其立會人カ假令法定ノ最少數ヲ下リタルトキト雖（改正法ハ第二十四條第二項）投票ハ其ノ儘之ヲ遂行スルノ外ナク決シテ之ヲ中止スルヲ得サルモノトス

◎同上ノ件（明治三十五年四月十八日地發第六七號ノ内）

一 投票執行中投票立會人ニ闕員ヲ生シ事實之ヲ補充スルニ由ナキ場合ニ於テハ其ノ立會人カ假令法定ノ最少數ヲ下リタルトキト雖投票ハ其ノ儘之ヲ中止スルヲ得サルモノトス

◎同上ノ件

靜岡縣知事照會（明治三十五年七月九日）

衆議院議員選擧投票執行中投票立會人ニ闕員ヲ生シ事實之ヲ補充スルニ由ナキ場合ニ於テハ其ノ立會人カ假令法定ノ最少數ヲ下リタルトキト雖投票ハ其儘遂行スルノ外ナク決シテ之カ中止ヲ爲スヲ得サル旨地發第六七號ノ內ヲ以テ御通牒有之候處元來法律ニ於テ立會人ノ最少數ヲ限定シ尙闕員ノ場合ニ臨時之ヲ補充スルノ途ヲモ規定セラレ投票ハ總テ立會人及管理者列席ノ上之ヲ執行スヘキモノナル以上ハ法定ノ最少數ヲ下リタルモ尙一名以上ノ立會人アル場合ハ前記御通牒ノ通トスルモ全ク一名ノ立會人ヲモナキニ至リ事實之ヲ補充スルニ由ナキトキハ投票ハ之ヲ遂行スルヲ得ス更ニ日ヲ期シテ投票ヲ行ハシムルヨリ外無之被存候得共御意見承知致度

地方局長回答（明治三十五年七月二十二日）

右例示ノ如キ事實ヲ生シタル場合ニ於テモ前通牒ノ通投票ハ其ノ儘遂行スルノ外ナキ義ト存候

◎立會人ニ依ル選擧ノ效力ニ關スル件（大正十三年七月二十三日）

一　大分縣第三區（南北海部郡）選擧ノ紛議ニ關スル件

大分縣第三區選擧會ニ於テハ投票ノ點檢ヲ終リ選擧長ハ選擧立會人ノ意見ヲ聽キ有效及無效ノ投票ヲ決定シタル後群衆ノ强要ニ依リ更ニ其ノ投票ノ再調ヲ爲シ且選擧會場ニ選擧人ニ非サル

者ノ殺到ヲ見ルニ至リタルハ違法ナリト雖再調査ノ結果最初ノ決定ヲ飜シタルモノニアラス仍テ本件ハ選擧會及其ノ取締ノ任ニ當レル當該官吏ノ責任ハ免ルヽコト能ハストスルモ之ヲ以テ選擧ノ效力ニ影響ヲ及ホスコトナシト認ム（法第五十條、第五十一條、第五十七條參照）

尙選擧立會人カ選擧錄ニ署名セサルモ違法ナリト雖モ亦以テ直ニ選擧ノ效力ニ影響ヲ及ホスモノニ非スト存ス（法第五十四條、第六十四條參照）

二　和歌山縣第三區有田郡宮原村投票所立會人ニ關スル件

宮原村投票立會人ノ定員ハ三名ナリシニ一名ハ病氣ノ故ヲ以テ（投票開始前）辭任申立テタル處投票管理者ハ之カ補充トシテ臨時ニ立會人ヲ選任シ投票所ヲ開キ約二時間後ニ至リテ右立會人ハ無資格者ナルコト發覺シ更ニ選擧人中ヨリ選任シタルハ全ク投票管理者ノ不注意ニ起因スルモノニシテ違法タルコト明ナリ然レトモ同區ノ當選者（第二位）松山常次郎ト次點者前川虎造トノ得票ノ差九百十九票ニ上リ假リニ宮原村ノ投票全部（二百六十五票）ヲ無效トスルモ選擧ノ結果ニ異動ヲ生スル處ナシ

三　同縣第二區海草郡紀三井寺村投票所立會人ニ關スル件

紀三井寺村投票所開始中投票立會人定員四名ノ內二名ノ辭職者ヲ出シ之カ補充ニ三十分ヲ要シ而カモ投票立會人ノ定員ヲ缺キタル儘投票ヲ繼續シタリト雖右ハ適當ナル投票立會人ヲ得サリシニ起因スルモノナルヲ以テ已ムヲ得サルモノト認ム仍テ之ヲ以テ該選擧ヲ直ニ無效ナリト謂フヲ得ス

法第二十五條

◎投票調査簿ヲ設クルノ件

三重縣知事照會ノ內（大正九年三月十日）

五　投票簿廢止ノ結果投票所ニ於テハ單ニ選擧人投票ノ際選擧人名簿ト對照スルノミニシテ二重投票ヲ防遏シ又ハ後日何人カ投票ヲ爲シタルカヲ知ルノ資料ヲ缺クヲ以テ投票所ニ於テハ投票ヲ爲シタル選擧人ヲ知ルニ足ルヘキ適當ノ方法ヲ採ルノ必要アリ本縣ニ於テハ從來縣會議員選擧ニ當リ投票管理者ヲシテ投票調査簿ヲ設ケシメ適宜投票ノ濟否ヲ記入セシメ居レリ衆議院議員選擧ニ付テモ之ニ倣ハシメタキ見込ニ有之候處右ニ關シ他ニ適當ノ方法有之候ハヽ御指示アリタシ

地方局長回答ノ內（大正九年三月十日）

五　御見込ノ通御取扱相成可然

法第二十七條

◎投票記載ノ監督ニ關スル件（明治三十五年四月十八日地發第六七號ノ內地方局長ヨリ廳府縣長官宛通牒）

投票記載ノ場合ニ於テ不正行爲アリト認ムルトキハ之ヲ防止スル爲メ選擧事務ニ關係アル官吏吏

員等ニ於テ監督スルコトヲ妨ケスト雖モ容易ニ之ヲ覗フトキハ却テ祕密投票ノ趣旨ニ背キ且選擧人ノ意思ヲ曲ケシムルノ嫌アルニ依リ其ノ邊ハ最愼重ノ注意ヲ加フルコトヲ要ス

法第三十條

◎宣告ヲ取消サレタル禁治產者ニ關スル件（明治三十五年四月内務省議決定）

選擧人名簿調製後禁治產者又ハ準禁治產者タルノ宣告ヲ受ケタルモノ選擧當日迄ニ其ノ宣告ヲ取消サレタルトキハ選擧ヲ行フコトヲ得ルモノトス

◎名刺ヲ傍ニ置キ記載スル投票ニ關スル件（明治三十五年四月十八日地發第六七號ノ内地方局長ヨリ廳府縣長官宛通牒）

被選擧人ノ氏名ヲ投票用紙ノ下ニ入レ透キ寫シテ爲シ又ハ型ナトニ依リ被選擧人ノ氏名ヲ寫シ出ス者ノ如キハ自ラ被選擧人ノ氏名ヲ書スル能ハサルモノト認メ投票ヲ爲サシムルコトヲ得ス尤モ單ニ記憶ヲ惹起ス爲メ被選擧人ノ名刺ヲ傍ニ置キ投票ヲ記載スル者ノ如キハ自ラ被選擧人ノ氏名ヲ書スル能ハサル者ト認ムルコトヲ得ス

法第三十一條

◎假投票ニ關スル件（明治三十五年四月十八日地發第六七號ノ内地方局長ヨリ廳府縣長官宛通牒）

新選擧法ニ於テハ選擧權ノ行使ヲ完カラシメンコトヲ期シ新ニ假投票ノ法ヲ設ケラレタルニ付法第三十九條ニ依リ投票拒否ノ場合ニ於テハ當該關係者ニ關シ異議ノ有無ヲ確メ異議者ニ關シテハ假ニ投票ヲ爲スノ途アル旨豫メ周知セシメ且拒否ノ際ニ於テモ此旨申シ聞カシムル樣注意ヲ要ス

◎選擧權ナキ者拒否ニ關スル件

（明治三十五年四月十八日地發第六七號ノ內地方局長ヨリ廳府縣長官宛通牒）

選擧人名簿ニ記載セラレタル者又ハ確定裁決書ヲ所持セル者ニシテ選擧權ナシト認ムルモノニ關シ投票ヲ拒否セントスル場合ニ於テハ法第三十九條（改正法ハ第三十一條）ニ依リ立會人ノ意見ヲ聽キ投票管理者之ヲ決定スルコトヲ要スト雖選擧人名簿ニ記載ナキ者又ハ確定裁決書ヲ所持セサル者ニ對シテハ同條ニ依ルヲ要セス投票管理者ニ於テ適宜之ヲ投票所外ニ退出セシムルヲ得ヘキハ勿論ノ義ニ付右ノ區分ニ付誤解ナキ樣豫メ注意ヲ加フルヲ要ス

◎氏名ヲ自書シ得サル者取扱ニ關スル件

（明治三十五年四月十八日地發第六七號ノ內地方局長ヨリ廳府縣長官宛通牒）

法第三十九條（改正法ハ第三十一條）ニ依リ假ニ投票ヲ爲サシムルニ當リ選擧人自ラ其氏名ヲ封筒ニ記載シ能ハサルトキハ投票事務ニ從事スル者ニ於テ適宜封筒ニ附箋ヲ貼附シ其ノ者ノ氏名竝其ノ旨ヲ記載シ置クコトヲ要ス

◎投票管理ノ拒否ノ決定ニ關スル件

（明治三十五年五月十五日地甲第四六號警保局長地方局長ヨリ廳府縣長官宛ノ內）

衆議院議員選擧法ニ關シ左ノ通決定相成候條爲御參考比段及通牒候也
法第三十九條末項（改正法ハ第三十一條）ハ投票立會人ニ於テ投票管理者ノ爲シタル拒否ノ決定ニ對シ異議アル場合ニ適用スヘキモノトス

◎假投票ノ自書セサル封筒ニ關スル件

廣島縣照會ノ内（明治三十五年六月一日）

一　假投票ヲ爲スニ當リ選擧人自ラ其ノ氏名ヲ封筒ニ記載スル能ハサルトキハ投票事務員ニ於テ適宜封筒ニ符箋ヲ貼附シ其ノ者ノ氏名竝其ノ旨ヲ記載シ置クヲ要スル旨曩ニ御通牒ノ次第モ有之該封筒ニ選擧人自ラ氏名ヲ記載スヘキコトハ法ノ命スル所ニシテ之ヲ爲シ能ハサルモノハ全ク法律ニ從フコトヲ得サルモノナレハ斯ル選擧人ハ法律上投票ヲ行フコトヲ得サル筋ノモノト被存候得共右ハ封筒ノ認メ方ニ止リ投票其ノモノノ實體ニ關係ナキヲ以テ法ノ命スル所ニ違フモ其投票ヲ受理スヘキモノナルヤ

三　假投票ノ封筒ニ投票所印ヲ押捺セサルモノモ封筒ハ投票ニアラサレハ法第五十八條（改正法ハ第五十二條）ノ第一號ニ該當セサルモノナルヤ

地方局長回答（明治三十五年六月十二日）

一　御見込ノ通

三　御見込ノ通但問ノ如キ事實ヲ生セサル樣注意相成度

◎封筒ノ投票所印ニ關スル件（明治三十五年四月十八日地發第六七號ノ内）

封筒ニ押捺スヘキ投票所印ハ特ニ調製スルコトヲ要ス

◎二ヶ所投票拒否ニ關スル件

高知縣知事照會（大正九年五月五日）

同一選擧區内甲乙二ヶ所ノ名簿ニ登錄ノモノ甲ニテ投票シ更ニ乙ニテ强テ投票セントスル場合ハ投票ヲ爲サシムヘキヤ又假ニ投票ヲ爲サシムヘキヤ又ハ投票ヲ拒絶シ得ルヤ

地方局長囘答

投票ハ名簿調製期日ニ住所ヲ有シタル町村ニテ行フヘキ義ト存ス尤モ住所地町村ニアラストスルモ名簿ニ登錄セラルヽニ於テハ投票ノ拒否ニ付異議アルトキハ假ニ投票ヲ行ハシムヘキ義ト存ス

法第三十二條

◎閉鎖時刻後投票ニ關スル件（明治三十五年四月十八日地發第六七號ノ内地方局長ヨリ廳府縣長官宛通牒）

投票所閉鎖ノ時刻ヲ過クルト雖法第四十條（改正法ハ第三十一條）ノ規定ニ依リ投票所内ニ在ル選擧人ハ投票ヲ行フコトヲ得ヘキモノナルニ依リ府縣制等ノ規定ニ從ヒ誤解ナキ樣注意ヲ加フルコトヲ要ス

◎同上ノ件（明治三十五年四月十八日地發第六七號ノ内地方局長ヨリ廳府縣長官宛通牒）

投票所開閉ノ時間ハ法第三十三條（改正法ハ第二十三條）ニ規定アリト雖投票ニ關シテハ時間ノ制限ナキヲ以テ投票所閉鎖前投票所ニ入リタルモノニ關シテハ閉鎖時間後ト雖總テ投票ヲ爲サシムヘキモノトス（法第二十三條參照）

法第三十四條

◎衆議院議員選擧法施行令改正ノ件依命通牒ノ内（大正十五年二月十九日地發第七號地方局長ヨリ廳府縣長官宛）

十五　投票錄、令第三十三條ノ顚末書、開票錄及選擧錄ハ各其ノ調製義務者ニ於テ其ノ謄本ヲ調製シ選擧人又ハ議員候補者ノ請求アリタルトキハ之ヲ閲覽セシムルコト（法第三十四條、令第三十三條、法第五十四條、法第六十四條參照）

法第三十五條

◎投票函ノ保管ニ關スル件（明治三十五年四月十八日地發第六七號ノ内地方局長ヨリ廳府縣長官宛通牒）

開票管理者カ投票函ノ送致ヲ受ケタルトキハ其ノ鎖鑰モ併セテ保管スルヲ要ス

◎同上ノ件（明治三十五年四月十八日地發第六七號ノ内地方局長ヨリ廳府縣長官宛通牒）

投票函ハ取締上ノ必要アル場合ト雖開票管理者ニ送致スル迄ノ間之ヲ投票所外ニ轉送スルコトヲ得ス

◎投票ニ關スル件（大正九年三月一日發地第四二號地方局長ヨリ廳府縣長官宛ノ内）

衆議院議員選擧ニ關シ差向要急ノ事項ニ付テハ不取敢電報ヲ以テ及通牒候處尚左記事項ニ付テモ十分其趣旨ノ徹底ニ努メ郡市役所町村長等ヲ指導薫督シテ豫メ之ニ處スルノ方法ヲ竭シ實際ニ臨ンテ遺策ナカラシムル樣特ニ御配慮相成度

記

一　投票函ハ選擧會場（改正法ハ開票管理者法第三十五條）ニ送致スヘキモノナルニ付其ノ送致先ヲ誤マラサル樣注意スルコト

二　投票函ハ投票ノ翌日迄ニ總テ到達セシムルヲ旨トシ交通不便ノ地ハ相當選擧期日ヲ繰上ケ選擧會（改正法ハ開票會）ノ前日迄ニ投票函ノ到著スル樣注意スルコト

法第三十六條

◎投票立會人ノ選任ニ關スル件

高知縣照會（大正九年三月八日）

衆議院議員選擧法第四十三條（改正法ハ第三十六條）ニ依リ投票期日ヲ繰上ケ施行スルニ當リ必要ニ應シ名簿確定前投票立會人ヲ選任シ差支ナキヤ

地方局長回答（大正九年三月十二日）

投票立會人選任方ノ件必要アルニ於テハ御見込ノ通リ取計ハレ差支ナキ義ト存ス

法第三十七條

◎一部投票ヲ行フコトヲ得サル場合

山梨縣照會（明治三十五年七月二十一日）

一　投票ヲ行フコトヲ得サルトキハ投票所ヲ開設シ能ハサル場合ニ限ル義ニシテ選擧人各自カ投票ヲ爲スコト能ハサル場合ヲ含マスト解シ可然哉

二　更ニ投票ヲ行フ必要アルトキハ出水ノ如キハ勿論防疫上ノ處分トシテ交通遮斷ヲ行ハレタル爲投票ヲ爲スコト能ハサル選擧人多數相生シタル場合等ニシテ投票管理者ニ於テ再投票ヲ行フ必要ヲ認メタルトキヲ云フ義ニ候哉

三　若シ前項ノ如キ解釋ヲ正當トスルトキハ其ノ投票ヲ爲シ能ハサル選擧人ノ一人タルトキト一部落又ハ一町村全部タルトキ等ノ程度ハ偏ニ投票管理者ノ認定ニ依ル義ニ候也

四　更ニ投票ヲ行フトキハ已ニ投票ヲ終リタル部分ノ選擧人ニモ改メテ新期日ニ投票ヲ爲サシメ先ニ爲シタル投票ハ管理者ニ於テ便宜棄却等ノ處分ヲ爲シテ差支無之義ニ候也

地方局長囘答

投票ヲ行フコトヲ得サルトキハ投票所ヲ開設シ能ハサル場合ノミナラス交通遮斷出水等ノ爲一部ノ選擧人投票ヲ行フ能ハサル場合モ包含ス適用ハ責任ヲ以テ熟考アレ

徳島縣參事官問合（明治三十五年八月五日）

川支ノ爲メ選擧人ノ一人又ハ一部投票ヲ行ヒ得サルトキハ選擧法第四十四條（改正法ハ第三十七條）ニ依リ遣リ直シテ可然ヤ

内務省書記官囘答（明治三十五年八月六日）

御見込ノ通リ

鹿兒島縣照會（明治三十五年八月十日）

衆議院議員選擧ノ投票ヲ一部行ヒタル後法第四十四條（改正法ハ第三十七條）ノ事實ノ爲投票ヲ行フコトヲ得サルニ依リ更ニ投票ヲ行ハシムル場合ハ選擧人全部ヲシテ投票セシムヘキモノト存ス如何

地方局長囘答（明治三十五年八月十二日）

御見込ノ通リ

岩手縣照會（大正九年五月九日）

法第四十四條（改正法ハ第三十七條）ニ依リ更ニ期日ヲ定メ投票ヲ行ハシメタル投票區アル場合ニ

於ケル其ノ選擧區ノ選擧會ハ法第六十二條(改正法ハ第五十六條、第六十五條)ニ依ル手續ヲ要スルヤ又其ノ手續ヲ要セストセハ此ノ場合更ニ法第五十二條(改正法ハ第四十六條、第六十條)ノ告示ヲ要スルヤ又投票開始後交通杜絶シ一部ノ有權者カ投票スルコト能ハサル爲法第四十四條(改正法ハ第三十七條)ニ依リ更ニ投票ヲ行フ必要アル旨投票管理者ヨリ屆出アリタルトキハ更ニ期日ヲ定メ該投票區全部ノ投票ヲ行ハシムヘキモノト解シ差支ナキヤ

地方局長回答(大正九年五月十日)

法第四十四條(改正法ハ第三十七條)ニ依リ更ニ投票ヲ行ハレタル投票區アル場合ハ該選擧區ノ選擧會ハ其ノ投票區ノ投票終了シ投票函ノ到達シタル翌日行フヘキ義ニシテ法第六十二條(改正法ハ第五十六條、第六十五條)ノ適用ナシ若シ法第五十二條(改正法ハ第四十六條、第六十條)ニ依リ既ニ選擧會ノ日時ヲ告示シタルモノナラハ日時變更ノ告示ヲ要スルモノト存ス後段ハ貴官ニ於テ其ノ事實ヲ認メラルヽニ於テハ御見込ノ通更ニ該投票區全部ノ投票ヲ行ハシムヘキ義ト存ス

◎投票函送付途中破損ニ關スル件

石川縣照會(大正五年十二月十九日)

縣下能美郡第四投票所投票管理者ヨリ投票函ヲ開票管理者ニ送付ノ途中投票管理者ハ投票函ヲ擁シ儘河中タニ墜落シ投票函破損ノ爲投票ノ一部脫出シタルニ付直ニ立會人ト之ヲ拾集シテ破損セル投票函ニ納メ封印ヲ施シ開票管理者ニ送致セリ

此ノ場合ニハ再投票ヲ行フノ要ナキモノト認ム右ニ對スル貴省御意見承リタシ

地方局長囘答（大正五年十二月十九日）

右ハ更ニ投票ヲ行フ必要アル義ト存ス

◎投票期日變更ニ關スル件

宮城縣照會（大正九年十月十日）

法第四十四條（改正法ハ第三十七條）ニ依リ投票期日ヲ變更シタル結果選擧會ノ日時變更ヲ要スル場合第六十二條（改正法ハ第五十六條、第六十五條）ニ依ルヘキモノナルヤ又ハ單ニ日時變更ノ告示ニ止メ更ニ立會人選任ノ手續等ヲ要セサルヤ

地方局長囘答（大正九年五月十一日）

後段御見込ノ通

法第四十條

◎投票管理者ノ職權ニ關スル件

（明治三十五年四月十八日地發第六七號ノ内地方局長ヨリ廳府縣長官宛通牒）

投票所秩序ノ保持ハ投票管理者ノ職權ニ屬スルヲ以テ假令投票所ノ秩序ヲ紊スモノアルモ投票管理者ノ請求アルニアラサレハ警察官吏ハ進テ其ノ處分ヲ爲スヲ得ス然レトモ投票所ノ秩序以外ニ渉ル一般ノ公安ヲ害スル場合ハ此ノ限ニアラス

法第四十一條

◎警察官吏ノ取締ニ關スル件（明治三十五年四月十八日地發第六七號ノ内地方局長ヨリ廳府縣長官宛通牒）

警察官吏ハ特ニ取締ヲ命セラレタルモノニアラスト雖投票所ニ入ルコトヲ得ルモノトス

徳島縣問合（明治三十五年二月）

警察官ニ衆議院議員選擧投票所ノ監視ヲ命スルモ差支ナキヤ

地方局長回答（明治三十五年二月二十一日）

差支ナシ

◎投票所事務ニ從事スル者ニ關スル件

廣島縣照會（明治三十五年六月十日）

投票所ノ事務ニ從事スルモノトアル中ニハ給仕小使ヲモ包含スルヤ若シ否ラストセハ給仕小使ノ類ハ投票所内ニ入ラシムルヲ得サルヤ

地方局長回答（明治三十五年六月十二日）

前段御見込ノ通但シ豫メ其ノ人ヲ限定シ且漫リニ出入セシメサル樣注意相成度

法第四十六條

◎同日同一會場ニ於テ開カルニノ選擧會ニ關スル件（高知縣宛）（明治三十五年八月七日）

貴縣告示第百三十八號衆議院議員選擧會ノ件ハ兩區共同一會場ニ於テ同日ニ被開候趣ニ候處右ハ甲選擧會ノ結了後乙選擧會ヲ被開候義ニ候得ハ後ニ開カルヘキ選擧會開會ノ時刻モ法第六十五條（改正法ハ第四十六條）ノ規定ニ依リ豫メ告示可相成筈ニ有之候

◎法第五十二條ノ告示ニ關スル件

福岡縣照會（大正九年三月六日）

衆議院選擧區甲乙二郡一選擧區ニテ甲郡長選擧長タル場合ニ乙郡ニ對スル法第五十二條（改正法ハ第四十六條、第六十條）ノ告示方法如何（法第六十條參照）

地方局長回答（大正九年三月九日）

法第五十二條（改正法ハ第四十六條、第六十條）ノ告示ノ件ハ法律中規定ナキヲ以テ適宜ノ方法ニ依リ一般選擧人ノ周知ヲ期スル樣取計ハレ可然乙郡公布式ニシテ郡報ニ登載スルモノトセハ選擧長ノ名ヲ以テ登載スルモ一方法ト存ス

三重縣照會ノ内（大正九年三月十日）

一　法第五十二條ニ依リ選擧長カ豫メ告示スヘキ日時トハ選擧會ヲ開クヘキ日時ヲ謂フ義ニ候哉尙若シ選擧人ノ數多キ爲選擧會其ノ翌日ニ亘ル場合アルモ差支ナキヤ

一　同選擧長ノ屬セサル郡ニ對スル選擧會ノ場所日時ノ告示方法ハ右告示ヲ直接其ノ町村役場ヘ配付シ可然哉又ハ其ノ郡ノ郡長ヲ經由シテ配付スヘキ義ナリヤ

地方局長回答（大正九年三月二十六日）

一　前段御見込ノ通リ後段選擧會ハ事實ニ於テ一日間ニ終了セサルカ如キコト可無之ト存候得共若シ事實一日間ニ終了セス引續キ翌日ニ亘ルモ已ムヲ得サル義ト存候

一　法律中規定ナキヲ以テ適宜ノ方法ニ依リ一般選擧人ノ周知ヲ期スル樣取リ計ハレ可然尚本件告示ハ選擧長ノ屬セサル郡役所ノ掲示場ニモ掲示セシムル方可然ト存ス

法第四十八條

◎到達遷延ノ場合開票日ニ關スル件（明治三十五年四月十八日地發第六七號ノ内）

一　法第六十二條ハ（改正法ハ第五十六條）直接開票ニ關シ故障アル場合ノ規定ナルヲ以テ天災事變等ニ依リ投票函ノ到達遷延數日ニ及フ場合ニ於テモ本條ニ依ルヲ要セス法第五十四條（改正法ハ第四十八條）ニ依リ郡ハ投票函ノ總テ到達シタル翌日ニ於テ開票スヘキモノトス

福井縣照會ノ内（大正九年四月十五日）

法第五十四條（改正法ハ第四十八條）ニ依レハ選擧會ハ投票函ノ總テ到著シタル日ノ翌日之ヲ開クヘキモノニ有之然ルニ法第四十三條（改正法ハ第三十六條）ノ場合ニ於テハ投票函ハ選擧會ノ期日

迄ニ送致スヘキモノトアリ彼是矛盾スルモノヽ如シ（法第三十六條參照）

地方局長囘答（大正九年五月三日）

投票函ハ法第四十二條（改正法ハ第三十五條）ニ依リ遲クモ投票ノ翌日迄ニ選擧長ニ送致スヘク選擧會ハ其ノ翌日之ヲ開クヲ通例トスルヲ以テ島嶼其ノ他交通不便ノ地ニシテ投票ノ翌日迄ニ投票函ヲ選擧長ニ送致スル能ハサル情況アルトキハ法第四十三條（改正法ハ第三十六條）ニ依リ可然其ノ投票期日ヲ定メ以テ選擧會ノ期日迄ニ投票函ヲ送致セシムル樣御措置相成可然ト存候尤モ斯クシテ尚選擧會ノ期日迄ニ投票函ノ到達セサル投票區アルニ於テハ選擧長ハ總テノ投票函ノ送致ヲ受ケタル日ノ翌日ニ非サレハ選擧會ヲ開クコトヲ得サルハ法第五十四條（改正法ハ第四十八條）ノ定ムル所ニ付此ノ如キ場合ニ於テハ選擧會開會ノ期日ハ之ヲ繰下クルノ外ナキハ勿論ノ義ト存候

◎選擧會ニ關スル件

大阪府照會ノ内（大正九年三月十日）

市ニ於ケル各選擧區ノ選擧會ハ投票ノ翌日之ヲ開クヘキヤ

地方局長囘答（大正九年三月十八日）

御見込ノ通リ

◎選擧法施行令改正ノ件依命通牒ノ内（大正十五年二月十九日地發第七號地方局長ヨリ廳府縣長官宛）

十一　開票管理者ニ於テ投票函ヲ受領スル場合ニ於テハ内蓋及外蓋ノ鑰ハ各其ノ之ヲ送致シタル者ヲシテ之ヲ封筒ニ入レ封緘シ封印ヲ施サシメ其ノ表面ニ投票區名、内蓋ノ鑰又ハ外蓋ノ鑰ノ別送致者名ヲ記載セシメタル上之ヲ受領シ開票管理者ハ其ノ儘確實ニ之ヲ保管シ開票所ニ於テ投票函ヲ開ク前開票立會人ト共ニ封印ヲ檢シタル上封筒ヲ開披シ鑰ヲ取リ出シ投票函ヲ開ク等保管ニ關シ嚴重注意スルコト（施行令第二十二條參照）

法第四十九條

◎假投票調査ニ關スル件（明治三十五年四月十八日地發第六七號ノ内地方局長ヨリ廳府縣長官宛通牒）

法第五十五條（改正法ハ第四十九條）ニ依リ假投票ヲ調査スル場合ニ於テ必要ト認ムルトキハ之カ開封ヲ爲スヲ妨ケス

法第五十條

◎開票參觀ニ關スル件（明治三十五年四月十八日地發第六七號ノ内地方局長ヨリ廳府縣長官宛通牒）

法第五十六條（改正法ハ第五十條、第六十三條）ノ參觀人ハ場所ノ廣狹ニ依リ豫メ人員ヲ定メ置キ定員內ヲ限リ入場セシムルモ差支ナシ（法第六十三條參照）

◎同上ノ件（明治三十五年五月十五日地甲第四六號警保局長地方局長ヨリ廳府縣長官宛通牒ノ內）

衆議院議員選擧法ニ關シ左ノ通決定相成候條爲御參考此段及通牒候也

記

選擧會場開票所ノ參觀ヲ許スハ其ノ區內ノ選擧人ニ限ル（法第六十三條參照）

◎同上ノ件（明治三十五年四月省議決定）

一　選擧會場ニハ名簿ノ設備ナキヲ以テ本條ニ依リ參觀ヲ求ムル者ノ選擧資格ヲ有スルヤ否ヤヲ確認スルニ付テハ府縣ニ於テ適宜取締ノ方法ヲ設クルモ妨ナシ

一　地方長官ニ於テ選擧人ヲ認識スル爲選擧會ニ參觀ヲ求ムル選擧人ニ對シ其ノ市町村長ノ證明ヲ要スル旨ノ手續ヲ定ムルコトヲ妨ケス

前項ノ規定ハ命令ヲ以テ之ヲ定ムルコトヲ要ス

◎同上ノ件（明治三十五年四月十八日地發第六七號ノ內地方局長ヨリ廳府縣長官宛）

選擧會場開票所參觀ヲ許スハ各其ノ區內ノ選擧人ニ限ル

〔法第五十一條〕

◎投票ノ效力ニ關スル件

和歌山縣知事照會（大正十四年二月十三日電報照會ノ内ノ一）

一 羅馬字投票ハ有效トアリ選擧長立會人共ニ羅馬字ヲ解セサルトキハ鑑定人ノ意見ヲ參考トシ確定可然哉

地方局長回答（大正十四年二月二十五日電報回答ノ内ノ一）

一 二月十三日電照羅馬字投票ノ件ニ關シテハ選擧長立會人共ニ羅馬字ヲ解セサルトキ他ノ者ニ就キ投票ニ記載セラレタル羅馬字ノ讀方ヲ聽取シ之ヲ參考トシテ投票ノ效力ヲ決定スルハ差支ナキモ之カ爲投票ヲ他人ニ示スカ如キ不可然義ト存ス

〔法第五十二條〕

◎投票記載ニ關スル件（明治三十五年四月十八日地發第六七號ノ内地方局長ヨリ廳府縣長官宛通牒）

法第五十八條（改正法ハ第五十二條）第五號但書ニ列記シタル以外ノ他事ヲ記入シタル投票ハ同條ニ依リ總テ無效ニ付豫メ注意ヲ加フルヲ要ス

島根縣問合（明治三十五年七月十九日）

假名ニテ被選擧人ノ氏名ヲ書シタル衆議院議員選擧投票ハ無論有效ト認ムレトモ反對ノ解釋アル

ヤニモ開ク御意見承リタシ

地方局長囘答（明治三十五年七月二十一日）

投票ノ件無論有效ト存ス

滋賀縣照會（大正四年三月二十日）

本月十六日附通牒ノ選擧欄ニハ「無效」ノ欄中ニ「其ノ他」ノ欄ナシ就テハ投票カ無效トナレハ法第五十八條（改正法第五十二條）ノ場合ニ限ルトノ御意見ナリヤ

地方局長囘答（大正四年三月二十三日）

御意見ノ通リ

滋賀縣照會（大正四年三月二十三日）

本日地方局長ヨリ投票カ無效トナルハ選擧法第五十八條（改正法第五十二條）ノ場合ニ限ル旨御回答アリタリ就テハ型ニ依リ寫シ又ハ活字ニテ押シタル投票ノ如キハ開票管理者ニ於テ無效ト決シ得サルカ

府縣課長囘答（大正四年三月二十四日）

右ハ投票タルノ效力ナキモノニ付立會人ノ意見ヲ聞クヲ要セサル義ト存ス

三重縣照會ノ内（大正九年三月十日）

法第五十八條第六號ノ「被選擧人ノ氏名ヲ自書セサルモノ」ノ内ニハ「被選擧人ノ氏名ヲ型又ハ版ニ依リ寫出セルモノ」ノミナラス「單ニ丸若ハ線等ヲ記セルモノ名刺紙片ノ類ヲ貼付又ハ挿入

セルモノ白紙ノ儘投函セルモノ」ノ如キヲモ包含スル義ニ候哉若シ然ラスシテ是等ハ投票ト認ムヘカラサルモノナリトスルモ選擧錄樣式第九號中ノ無效投票中ニハ種別每ニ之カ記載スルニアラサレハ投票總數ト有效決定總數ト符合セサル結果ヲ生スヘシ右ノ如ク取扱差支ナキヤ

地方局長回答（大正九年三月二十六日）

被選擧人ノ氏名ヲ型又ハ版ニ依リ寫出シタルモノハ法第五十八條第六號ニ該當スルモノナルモ白紙其ノ他文字ノ記入ナキモノハ法第五十八條ノ無效投票ト認ムヘキモノニ無之從テ選擧錄樣式第九號ノ無效投票中ニハ算入スヘキモノニアラサルニ付其ノ爲投票總數ト有效又ハ無效ト決定シタル投票數ト符合セサルモノアルトキハ其ノ理由ヲ適宜選擧錄中ニ記入セシメラレ可然ト存候

◎成規ノ投票用紙ニ關スル件

熊本縣照會（大正九年五月十日）

或投票所ニ於テ誤テ投票用紙全部ニ何投票所印ヲ押捺シテ交付シタルモノアリ有效ト存スルモ如何若シ無效トセハ他事記入トスヘキヤ又ハ成規ノ用紙ヲ用ヒサルモノトスヘキヤ

地方局長回答（大正九年五月十一日）

右ハ法第五十八條（改正法ハ第五十二條）第一項第一號ニ該當スルモノト存ス尙該投票ヲ無效ト爲スノ結果當選人ニ影響ヲ及ホス虞アルトキハ選擧訴訟ノ因トナルヘキニ付右選擧區及投票數竝本件行違ヲ生シタル事由等詳細承知シタシ

◎投票ノ豫約ニ關スル件

長崎縣照會（大正十三年四月六日）

管下北松浦郡第五區政友本黨公認候補者森肇ハ既報ノ通其ノ投票依賴狀ニ自己ノ本籍地タル御厨村ヲ氏名ノ前ニ附記投票ヲ依賴セリ其ノ理由ハ同區ヨリ同姓同名異人ノ立候補ヲ慮リ爲シタルモノナルカ右ハ選擧ニ關スル投票ノ豫約ト認メラルヽヤ又同候補選擧權ハ前記御厨村ニ在ルヲ以テ住所ト謂ヒ得ヘク之ヲ附記投票スルハ差支ナキモノナルヤ司法當局ト御打合ノ上何分ノ御回示ヲ乞フ

警保局長回答（大正十三年四月十一日）

右前段ハ投票ノ豫約ナリトハ斷シ難ク後段ハ差支ナシト認ム

◎法第五十八條第五號ノ住所ニ關スル件

長崎縣再照會（大正十三年四月十八日）

本月六日附電報ヲ以テ指示相伺候管下第五區（北松浦郡）政友本黨公認候補森肇ノ運動方法ニ關シ尚疑義有之候條左記事項ニ對シ更ニ何分ノ指示相煩度

記

當初電照ノ際森肇ノ選擧權ハ本籍地タル區內御厨村ニアル旨申報セシモ其ノ後調査セシ處ニ依レハ右ハ事實相違シ現住所長崎市ニ於テ之ヲ有スルモノナリ此ノ場合單ニ本籍地タル關係ノミナラス御厨村ヲ既報ノ理由ニ依リ氏名ノ前ニ附記投票ヲ依賴ストセハ其ノ投票ハ果シテ有效ナリヤ卽チ法第五十八條（改正法第五十二條）第五號ニ依リ同條ニ謂フ住所ハ法第八條（改正法ハ第六條第

四號、第十二條）ノ住所（改正法ハ住居）ノ意味ト合致スルモノナリヤ或ハ法第五十八條（改正法ハ第五十二條）第五號ノ住所ノ意味ハ積極的ニ本籍地ノ如キ住所ニ類スル態様ノモノモ包含スト解釋セラルヘキモノナリヤ

地方局長回答（大正十三年四月二十三日）

右本籍地ハ住所ニ類スルモノト認メラルルニ付有效ト存ス

◎羅馬文字ヲ以テ記載シタル投票ニ關スル件（大正十三年四月二十五日和地第四〇號地方局長ヨリ各地方長官宛通牒）

今般從來ノ省議ヲ改メ羅馬文字ヲ以テ記載シタル投票ハ之ヲ有效トスル旨決定相成候條御諒知相成度

追而從來ノ通牒回答等ニシテ本文ニ抵觸スルモノハ自然消滅ノ義ト御了知相成度

◎氏又ハ名ノミヲ記載シタル投票ノ效力ニ關スル件通牒（大正十三年五月五日地發乙第八九號地方局長ヨリ各地方長官宛）

氏又ハ名ノミヲ以テ記載シタル投票ノ效力ニ關シ往々伺出ノ向モ有之候處當省ニ於テ被選舉人ノ何人タルヲ確認シ得ル限リ有效ノ例ニ相成居候條爲御參考及通牒候也

和歌山縣照會（大正十三年四月十日）

一　外國文字ヲ以テ記載シタル投票ノ效力

從來外國文字ヲ以テ記載シタル投票ノ效力ニ就テハ全部之ヲ無效ト爲シ來リタルモ大正九年一六六一號(大審院民事部)ノ判例ニ依ルトキハ羅馬字ヲ以テ記載セル投票ヲ有效トナセリ選擧法ニハ何等用字ニ付テ制限ヲ爲シアラスト雖殊更ニ外國文字ヲ以テ記載スルカ如キハ選擧ノ秘密ヲ害スルノ虞モアリ之ヲ有效ト爲スハ適當ナラサルカ如シト雖現時ノ情勢ニ鑑ミ且ツハ既ニ大審院ニ於テ斯ル判例アル以上選擧人ノ意思ヲ尊重スル意味ニ於テ羅馬文字ヲ以テ記載セルモノニ限リ有效トシテ取扱可然哉

二　氏又ハ名ノミヲ記載シタル投票ノ效力

氏又ハ名ノミヲ記載シタル投票ト雖其ノ選擧區ニ於テ候補ニ立チタル者ノ氏又ハ名ニ該當スルトキ(但同氏同名ノ候補者ナキ)ハ其ノ候補者ヲ指シタルモノト認メ之ヲ有效ト爲シ來リタリ然ルニ大正十年一一八一號(大審院民事部)ノ判例ニ依ルトキハ法第三十六條ハ氏名ヲ記載スヘキ旨規定セルヲ以テ氏又ハ名ノミヲ記載セル投票ハ被選擧人ノ何人タルカヲ確認シ得サルモノトシテ無效トナセリ然レトモ同氏又ハ同名ノ者ノ同一選擧區ニ於テ候補ニ立タサル限リ氏又ハ名ノミヲ記載セル投票ト雖被選擧人ノ何人タルヲ確認シ得ヘキニ依リ之ヲ有效トシテ取扱可然哉

地方局長回答(大正十三年四月二十五日)

羅馬文字ヲ以テ記載シタル投票ハ有效ト存ス而シテ氏又ハ名ノミヲ記載シタル投票ハ被選擧人ノ何人タルカヲ確認シ得ル限リ有效トスルノ例ニ有之候

追而從來ノ通牒回答等ニシテ本文ニ牴觸スルモノハ自然消滅ノ義ト御承知相成度

◎外國文字ヲ以テ記載シタル投票ニ關スル件

大阪府照會ノ內（大正十三年五月八日）

朝鮮文字ヲ以テ記載シタル投票アルトキハ之ヲ無效トスヘキヤ

地方局長囘答（大正十三年五月九日）

御見込ノ通ト存ス

岩手縣照會（大正十三年五月九日）

衆議院議員選擧投票中（高橋達磨）（達磨總裁へ）ト記シタル場合ノ投票ハ無效ト認メラルヽモ一應御意見承リ度

地方局長囘答（大正十三年五月十日）

御見込ノ通リ

法第五十七條

◎投票所管理ノ開票所入所ニ關スル件

島根縣照會（明治三十五年七月二十二日）

衆議院議員選擧法第四十七條及第六十三條（改正法ハ第五十七條、第六十六條）ノ規定ヲ按スルニ投票所管理者ハ開票所ニ入ルヲ許サヽル法意ト解釋セラレ候處舊法ニ在リテハ明治二十三年二月神奈川縣伺ニ對シ投票所管理ノ町村長ハ選擧會ニ入ルコトヲ得ル旨ノ御指令モ有之改正法ニ於テモ仍ホ從前ノ通入所セシメ差支ナキ御意見ニ候哉（法第六十六條參照）

地方局長回答（明治三十五年七月三十日）

投票所管理者ハ開票所ニ入ルコトヲ得ス

法第五十八條

◎選擧ノ執行ニ關スル件（明治三十五年四月十八日地發第六七號ノ内地方局長ヨリ廳府縣長官宛通牒）

選擧長ハ投票所開票所ノ組織成立ニ背規ノ廉アリ若ハ其ノ管理者ニ於テ違法ノ處置アリシコトヲ發見スルモ選擧ノ執行ヲ中止スルコトヲ得ス

◎選擧ノ職務ニ關スル件

三重縣照會ノ内（大正九年三月十日）

一　選擧長選任ノ場合ハ何郡長某ト其ノ氏名ヲモ記載シ指定スヘキ議ナリヤ果シテ然ランニハ選

擧長故障アルトキハ更ニ他ノ郡長ヲ選任スヘキ義ニシテ（當然選擧會場變更ス）上席郡書記ヲシテ直ニ代理セシムルコトハ不可然義ナリヤ

三 選擧會ノ事務ヲ執行スルニ當リ選擧長ノ屬スル郡官吏ノミニテハ事務執行上差支ヲ生スル虞アルヲ以テ其選擧區內他ノ郡ノ官吏ヲシテ選擧事務ヲ補助セシメムトス此ノ場合選擧長ハ其ノ郡長ニ協議シ選擧長ノ名ヲ以テ事務員ヲ任命スルハ差支ナキヤ果シテ然ランニハ其ノ郡書記ノ旅費ハ選擧長ノ屬スル行政廳ノ經費ヲ以テ支辨スヘキ義ナリヤ

地方局長回答ノ內（大正九年三月二十六日）

一 法第六條第二項ニ依リ選擧長ヲ定ムルニ當リ郡長ノ氏名ヲ記載スルト否トニ拘ラス當該郡長ニ故障アルトキハ上席郡書記其ノ職務ヲ代理スヘキ義ニ有之候

二 選擧長タル郡長ハ他ノ郡ノ郡書記ニ對シ事務員ヲ命スルコトヲ得サル義ト被存候

兵庫縣照會（大正九年三月十六日）

一 選擧區數郡市ニ涉ル場合ニ於テ選擧長（改正法ハ開票管理者ヲ含ム以下之ニ同シ）ノ屬スル郡市外ノ郡市ノ開票ニ際シテハ關係郡市ノ官吏々員ヲシテ選擧會（改正法ハ開票會ヲ含ム以下之ニ同シ）ノ事務ニ從事セシムルヲ以テ被選擧資格ノ調査其ノ他選擧ノ正確ヲ期シ取扱ノ迅速ヲ計ル上ニ於テ頗ル便宜ト存候得共選擧長ノ屬セル郡市ノ官吏々員ヲシテ之ニ從事セシメンニハ選擧長ノ屬スル郡市ノ官吏々員ヲ兼任セシムルノ外ナキ樣被存候得共斯クテハ繁ニ堪ヘサルヲ以テ兼任ノ

手續ニ依ラス當該郡市長ノ協議ニ依ルカ又ハ知事ニ於テ該選擧會ノ事務ニ從事セシムルモ差支ナキ義ニ候哉（法第四十四條參照）

地方局長回答（大正九年三月二十二日）

右選擧長（改正法ハ開票管理者ヲ含ム）ハ他郡市ノ官吏々員ヲシテ選擧會（改正法ハ開票會ヲ含ム）ノ事務ニ從事セシムルヲ得サル義ト御了知相成度

◎選擧長ノ選定ニ關スル件（大正九年三月二十四日）

一　選擧長ノ選定ニ關シテハ府縣公報ヲ以テ之ヲ定ムルト將タ一々辭令ヲ交付シ公報ヲ以テ之ヲ告示スルトハ適宜ニテ可然

二　府縣公報ヲ以テ選擧長ヲ定ムル場合郡市長ノ氏名ヲ記載セス單ニ官職名ノミヲ記載シ選擧長トスル旨之ヲ定ムルト將タ其ノ氏名ヲモ記載シ某郡市長某ヲ選擧長トスル旨之ヲ定ムルトハ是亦適宜ニテ可然

三　前項前段ノ如ク單ニ官職ノミヲ記載シ公報ヲ以テ選擧長ヲ定メタル場合ニ於テハ當該郡市長ニ交迭アルモ別ニ變更セサル限リハ後任者ハ當然選擧長タルモノトシ取扱可然

四　選擧長ハ議員ノ一任期每ニ新ニ之ヲ定ムルコトヽ爲スト將タ氏名ヲ記載シテ選擧長ヲ指定シタル場合ニ於テ一旦之ヲ定メタル以上ハ當該郡市長ノ交迭セサル限リ引續キ依然在職セシムル

コトヽ爲スト將タ又第三項ノ如ク當該郡市長ノ交迭アルモ後任者當然選擧長タルモノトシ取扱フモ適宜ニテ可然

五　選擧長ハ一旦定メタル以上ハ濫リニ變更スヘキモノニアラサルハ勿論ニ候得共必要アルニ於テハ適宜之ヲ變更スルモ別ニ妨ケ無之ト存候

法第六十條

◎選擧開會日時及告示ニ關スル件

三重縣知事照會ノ内（大正九年三月十日）

三　法第五十二條ニ依リ選擧長カ豫メ告示スヘキ日時トハ選擧會ヲ開クヘキ日時ヲ謂フ義ニ候哉尙若シ選擧人ノ數多キ爲メ選擧會其翌日ニ亘ル場合アルモ差支ナキヤ

四　同選擧長ノ屬セサル郡ニ對スル選擧會ノ場所日時ノ告示方法ハ右告示ヲ直接其ノ町村役場ヘ配付シ可然哉又ハ其ノ郡ノ郡長ヲ經由シテ配付スヘキ義ナリヤ

地方局長回答ノ内（大正九年三月二十六日）

三　前段御見込ノ通後段選擧會ハ事實ニ於テ一日間ニ終了セス引續キ翌日ニ亘ルモ已ムヲ得サル義ト存候

四　法律中規定ナキヲ以テ適宜ノ方法ニ依リ一般選擧人ノ周知ヲ期スル様取計ハレ可然尙本件告

示ハ選擧長ノ屬セサル郡役所ノ掲示場ニモ掲示セシムル方可然ト存候

法第六十九條

◎當選資格得票計算ニ關スル件

（明治三十五年四月十八日地發第六七號ノ内地方局長ヨリ廳府縣長官宛通牒）

法第七十條（改正法ハ第六十九條）ニ依リ議員定數ヲ以テ選擧人名簿ニ記載セラレタル者ノ總數（改正法ハ有效投票ノ總數）ヲ除シテ得タル數及之ヲ五分（改正法ハ四分）シテ得タル數ハ四捨五入スルノ限ニアラス（法第六十八條參照）

福岡縣照會（明治三十五年八月十一日）

門司市衆議院議員選擧有權者總數百九十六ニシテ開票ノ結果最高點者ハ九ナリ右ハ法第七十條但書五分ノ一數ニ端數ヲ生シタルトキ其ノ端數ハ一票ト看做シ難キニ付總テ切捨テ當選トシ取扱フヘキヤ

地方局長回答（明治三十五年八月十二日）

端數ハ切捨ツルヲ得ス當選者ハ少クモ四十ノ得票ヲ要ス

◎繼續的選擧會ノ立會人ニ關スル件

宮城縣照會（大正九年四月二十四日）

法第七十條第三項第四項（改正法ハ第六十九條第三項乃至第五項）ノ所謂選擧會トハ其ノ選擧ニ關シ當初組織シタル選擧會ヲ再ヒ開會スルモノナルヤ又ハ同法第五十三條（改正法ハ第六十一條）ニ依リ更ニ立會人等ヲ選任シ新ニ選擧會ヲ組織スルモノニヤ疑義ニ渉リ候條至急何分ノ御垂示相煩度

地方局長回答（大正九年五月一日）

當初ノ選擧立會人ヲシテ參會セシムヘキ義ト存候

長崎縣照會（大正九年五月九日）

五月一日宮城縣照會ニ對シ「當初ノ選擧立會人ヲシテ參會セシムヘキ義ト存候」ト御回答相成居候處右ニ關シ聊カ疑義相生シ候條左ノ事項ニ付何分ノ義御垂示相煩度

一 法第二十八條第六十一條第七十四條第一項第七十八條第四項（改正法ハ第十八條第六十二條第二項第七十五條第一項、第七十九條第五項）ニ定メタル各選擧ニ於テ開設スル選擧會ハ第五十一條及第五十三條（改正法ハ第四十五條乃至第四十七條）ノ手續ヲ爲スヘキハ勿論第五十三條（改正法ハ第四十七條）ニ依リ選擧立會人ヲ選任セサルヘカラス而シテ其等ノ選擧立會人ハ何レモ選擧會終了ト共ニ其ノ資格ヲ失フモノト認ム然ルニ法第七十條第三項第四項（改正法ハ第六十九條第三項乃至第五項）ノ場合ニ於ケル當初ノ選擧會ト雖一旦當選者決定シタル以上ハ其ノ選擧會ハ終了シ併セテ選擧立會人ハ其ノ資格ヲ失フモノト見ルヘク次ノ選擧會ニ當然當初ノ選擧立會人ヲシテ參會セシムルニハ法律ノ規定ニ俟タサルヘカラサルモノト認メラル宮城縣ニ對シ與ヘラレタル御解釋ノ基ク所御示相煩度

地方局長回答（大正九年五月十二日）

補闕選擧又ハ再選擧ヲ行フ場合ハ前ノ選擧トハ關係ナキニ付更ニ選擧立會人ヲ選任スヘキハ勿論ノ義ナルモ第七十條第三項第四項（改正法ハ第六十九條第三項乃至第五項）ノ場合ハ之ト異ナリ前選擧會ノ繼續ト見ルヘキモノニ付此ノ如キ場合ハ施行令第二十八條ノ如ク前段ノ規定無之以上當初ノ立會人ヲシテ參會セシムヘキ義ト存候

法第七十條

◎當選人失格ニ關スル件（明治三十五年四月十八日地發第六七號ノ内地方局長ヨリ廳府縣長官宛通牒）

選擧長ニ於テ法第六十四條（改正法ハ第六十二條）ニ依リ開票管理者ノ報告書ヲ調査シタル結果有效投票ノ最多數ヲ得タルモノニシテ被選擧權ヲ有セスト認ムルトキハ其ノ當選ヲ無效トスヘキハ法第七十條第二項（改正法ハ第七十條）ニ認ムル所ナルヲ以テ當選人ヲ定ムルニ當リテハ特ニ其ノ被選擧權ノ有無ニ注意ヲ加フルコトヲ要ス

法第七十二條

◎當選告知ニ關スル件（明治三十五年四月十八日地發第六七號ノ内地方局長ヨリ廳府縣長官宛通牒）

議員當選ノ告知ニ關スル當選承諾屆出ニ付テハ法定ノ期間アリ隨テ其ノ當選告知ノ受領月日ハ當選ノ諾否ヲ定ムル上ニ於テ重大ノ關係ヲ有スルモノナルニ依リ特ニ注意ヲ要ス則チ其ノ告知ハ當選者ニ直接交付スルノ外ハ其ノ居所ニ居所判明セサルトキハ住所ニ送達シ又其ノ告知ニ關シテハ必ス受領ノ月日ヲ記載シタル受領證ヲ徵シ其ノ當選者ノ遠隔ノ地ニ在ルモノニハ書留郵便電信等ニ依リ其ノ送達ヲ確メ認ムルニ支障ナキ方法ヲ採ラシムルヲ要ス

法第七十四條

◎衆議院議員選擧ニ關スル件通牒（明治三十五年五月十五日地甲第四六號弊保局長地方局長ヨリ廳府縣長官宛通牒ノ內）

衆議院議員選擧法ニ關シ左ノ通決定相成候條爲御參考此段及通牒候也

記

當選ノ告知ハ當選人旅行中ニ屬シ留守居ノ者ニ交付シタル場合ト雖法第七十三條（改正法ハ第七十四條）ノ期限ハ其交付シタル日ヨリ起算スヘキモノトス

法第七十五條

◎選擧ノ全部無效ノ場合ノ手續ニ關スル件（明治三十五年四月十八日地發第六七號ノ內地方局長ヨリ廳府縣長官宛通牒）

選擧ノ全部無效トナリタルトキハ法第七十四條（改正法第七十五條）ノ當選人ナキトキトアルニ該當スルニ付同條ノ手續ヲ爲スヘキモノトス

◎再選擧ニ關スル件（大正五年十一月二十九日地方局長ヨリ石川縣宛通牒）

十一月二十七日大審院ニ於テ貴官並從參加人櫻井兵五郎外一人對被上告人堀俊明外四人間衆議院議員選擧無效訴訟事件上告棄却ノ判決アリタルニ付テハ選擧法第七十四條（改正法ハ第七十五條）ニ依リ更ニ選擧ヲ行フヘキ義ニ有之候處右ニ付投票用紙ノ選定ハ勿論其ノ他選擧執行上ニ關シテハ十分御留意ノ上遺算ナキヲ期セラレ度且申迄モ無之候得共帝國議會ノ開會モ追々切迫致候次第ニ付當選證書ノ付與當選ノ報告等諸事敏速ニ取運ハレ尙選擧期日選擧會ノ期日等ヲ定メラレ候ハヽ直ニ御報告相成候樣致度

◎再選擧執行ニ關スル件

福島縣照會（大正七年十月一日）

豫テ及御報告置候若松市衆議院議員選擧訴訟ハ客月三十日上告ヲ棄却セラレ該選擧ハ宮城控訴院判決ノ通リ無效ト確定致候ニ付衆議院議員選擧法第七十四條（改正法ハ第七十五條）ニ依リ更ニ選擧ヲ行ハサルヘカラサルコトト相成候處右選擧ノ執行ニ付テハ別ニ主務大臣ノ命令ナク本官ニ於テ相當期日ヲ定メ之ヲ執行スヘキ義ト存候得共爲念御意見承知致度

地方局長回答（大正七年十月三日）
選擧法ノ解釋ニ付テハ御見込ノ通リト存シ候

◎同上ノ件

福島縣報告（大正七年十月十日）
豫テ及御報告置候若松市衆議院議員選擧訴訟ノ件ニ付テハ客月三十日同選擧無效ノ判決言渡相成確定致候ニ付當選人柴四朗ニ對シ附與シタル當選證書ヲ取消シ尙更ニ選擧執行ノ義別紙ノ通告示致候

（別紙）

告示第四百二十二號
若松市衆議院議員選擧訴訟ノ判決ニ依リ同選擧ハ無效トナリタルヲ以テ衆議院議員選擧法第七十四條第一項（改正法ハ第七十五條第一項）ニ依リ更ニ選擧ヲ行フ其ノ選擧期日ヲ左ノ通定ム

大正七年十月廿三日

告示第四百二十三號
衆議院議員選擧法第七十四條第一項（改正法ハ第七十五條第一項）ニ依リ行フ若松市衆議院議員選擧會ハ左ノ場所及日時ニ於テ之ヲ開ク

一、選擧會場　北會津郡役所

一、選擧會ノ開始日時　大正七年十月廿五日午前九時

地方局長通牒（大正七年十一月十二日）

十月十日付ヲ以テ御報告ニ係ル告示第四百二十二號及第四百二十三號中衆議院議員選擧第七十四條第一項（改正法ハ第七十五條第一項）ニ依リ云々ト有之候得共右ハ同條第三項（改正法ハ第七十五條第四項）ニ依ルヘキ義ニ候條相當御措置相成度

◎同上ノ件

岡山縣照會（大正十一年三月十八日）

過般大審院ニ於テ本縣第八區衆議院議員選擧ニ對スル選擧訴訟苫田郡及英田郡ノ選擧無效ト判決相成候樣聞知候右ハ不日選擧法第七十八條ニ依リ内務大臣ヨリ補闕手續ヲ命セラルヽ義ト存候得共（改正法ハ第七十九條ニ依リ内務大臣ハ議員法第八十四條ノ規定ニ依ル衆議院議長ノ通牒ヲ受ケタル日ヨリ五日以内ニ地方長官ニ對シ其ノ旨ヲ通知ス）該選擧手續ニ於テ左記ノ通疑義有之豫メ承知致度

記

一　苫田郡英田郡ノ選擧全部無效ノ判決ナリトセハ勝田郡ハ有效ト認ムルニ依リ更ニ選擧ヲ要セサルヤ

一　選擧法第七十六條（改正法第七十七條）ニ依ル當選證書ノ取消ハ法第七十八條ノ命（改正法ハ

第七十九條）ノ通知ヲ受ケタル後告示スヘキモノト心得可然哉

一 選擧長及選擧立會人ハ總選擧當時ノ者當然之ニ當ルヘキモノニシテ更ニ選任ヲ要セサル義ニ有之哉

一 前項若シ選任ヲ要セストスルモ法第六十一條（改正法ハ第五十五條）ニ依ル投票ノ效力ハ苫田郡英田郡ノ分ノミ效力ヲ決定シ可然ト認メ候處如何哉

地方局長囘答（大正十一年三月二十二日）

今回ノ選擧ハ法第七十四條（改正法ハ第七十五條）ニ依ル更ニ行フ選擧ニシテ法第七十八條（改正法ハ第七十九條）ニ依ル補闕選擧ニ無之之カ命令ハ不日訓令可相成尚御質疑ノ件左記ノ通ト御了知相成度

記

一 法第八十一條（改正法ハ第八十二條）ニ依ル一部無效ニ付勝田郡ハ更ニ選擧ヲ要セサルモノト存ス

二 法第七十六條（改正法ハ第七十七條）ニ依ル當選證書ノ取消ハ判決ノ結果ヲ確知シタルトキニ於テ告示ヲ爲スモノト存ス

三 選擧長ハ現任者アルヘキ筈（大正九年三月二十七日發乙第一四號ヲ以テ地方局長通牒參照）ニ付其ノ現任者當然之ニ當ルヘキ義ニ有之候

選擧立會人ハ更ニ選任ヲ爲スヘキモノト存ス

四　法第六十一條（改正法ハ第五十五條）ノ選擧會ニ於ケル投票ノ效力決定ハ選擧ノ一部無效トナリ更ニ選擧ヲ行ヒタルモノノミ卽チ苫田英田ノ兩郡ニ對スル效力ヲ決定スルハ御見込ノ通ト存ス

（參照）

議院法第八十四條　何等ノ事由ニ拘ラス衆議院議員ニ闕員ヲ生シタルトキハ議長ヨリ内務大臣ニ通牒シ補闕選擧ヲ求ムヘシ

◎選擧立會人及投票立會人ノ選任ニ關スル件通牒

（大正十四年五月十二日地發乙第九十號地方局長ヨリ各地方長官宛）

標記ノ件ニ關シ愛媛縣知事ヘ別紙之通回答置候條爲御參考

愛媛縣知事（大正十四年四月二十一日電報照會）

衆議院議員選擧法第七十四條（改正法ハ第七十五條）ニ依ル再選擧ニハ更ニ法第三十二條及第五十三條（改正法ハ第二十四條、第四十七條、第六十一條）ノ手續ヲ爲スヘキ義ト存スルモ念ノ爲御意見承知シ度

地方局長回答（大正十四年四月二十五日電報回答）

衆議院議員選擧立會人ニ付テハ選擧ノ一部無效トナリタル場合ハ更ニ選任ヲ要セサルモ其ノ他ノ場合及投票立會人ニ付テハ御見込ノ通ト存ス

法第七十六條

◎當選承諾者氏名告示ニ關スル件（明治三十五年五月十五日地甲第四六號警保局長地方局長ヨリ廳府縣長官宛ノ内）

衆議院議員選擧法ニ關シ左ノ通決定相成候條爲御參考此段及通牒候也

記

法第七十五條（改正法ハ第七十六條）ノ告示ハ當選承諾書ヲ差出シタル者アル都度之ヲ爲スト當選人ヲ纏メテ之ヲ爲ストハ便宜ニ依リ然ルヘシ

◎當選證書交付ニ關スル件（明治三十七年三月三日地方局長ヨリ衆議院書記官長宛）

本月十八日臨時議會召集相成候ニ付テハ地方長官ニ於テ議員當選證書付與ノ暇ナキ向有之哉モ難計其ノ際ハ或ハ地方長官ヨリ當選證書交付方貴局ヘ御依頼可及義モ可有之ト存候尤モ當選者ハ當選告知書携帶ノ上貴局ヘ出頭候事ト被存候ニ付御含ノ上可然御取扱相煩度御依頼旁々此段豫メ申進候也

◎同上ノ件

福島縣照會（明治四十一年十月二十六日）

衆議院議員當選者ニシテ法第七十五條（改正法ハ第七十六條）當選證書ヲ紛失シタル場合ニ於テハ更ニ下付スヘキ義ニ有之候哉又ハ其ノ當時ニ溯リ謄本ヲ下付シ可然哉

地方局長回答（明治四十一年十月三十日）

右ハ曩ニ交付シタル證書ノ無效ヲ告示シ更ニ當選證書ヲ交付スル等適宜御措置相成可然ト存候
追而更ニ交付スヘキ當選證書ニハ紛失ニ付再ヒ交付スル等相當裏書ヲ爲シ交付相成可然ト存候間爲念申添候

◎同上ノ件（大正九年三月一日發地第四二號地方局長ヨリ東京府知事宛）

當選承諾ハ至急督促ヲ加ヘ出來得ル限リ迅速ニ當選證書ヲ交付スルコト

◎當選人調表報告ニ關スル件（大正九年五月七日發乙第一九九號地方局長ヨリ地方各廳府縣長官宛）

本月十日擧行スヘキ衆議院議員選擧ニ於ケル當選人定マリタルトキハ迅速當選證書ヲ交付スル樣豫テ及通牒置候處內務報告例ニ依ル當選人調表ニ付テモ速ニ御報告相成度尙右當選人調表中「選擧區」ノ欄何市又ハ何郡トアルハ選擧法改正ノ結果第何區ト記載スヘキ義ト御承知相成度此段爲念又選擧後遲滯ナク別紙樣式ニ依リ選擧調御報告相成度

（別紙樣式略）

◎同上ノ件（大正九年五月七日發乙第二〇〇號地方局長ヨリ廳府縣長官宛）

大正二年七月當省訓令第十六號內務報告例ニ依リ「衆議院議員當選人調表」御報告ノ際ハ併セテ

選擧法第七十條第二項ノ規定ニ依リ當選人ト爲ラサリシ者ヲ別紙樣式ニ依リ御報告相成度

追テ大正八年一月三十日發乙第三九七號通牒ハ自然消滅シタル義ト御承知相成度

（參照）

大正二年七月内務省訓令第十六號内務報告例略

◎衆議院議員竝府縣會議員再選擧及補闕選擧期ニ關スル報告方ノ件通牒（大正九年八月二十一日地局第三六五號地方局長ヨリ廳府縣長官宛）

標記ノ告示報告ハ從來往々之ヲ爲サル向有之差支ヘ候條今後ハ無洩直ニ報告相成候樣致度

追テ府縣會議員ニ付自今本文告示ヲ發シ選擧未施行ノモノハ其期日竝選擧區名電報ニテ御報告相成度

法第七十九條

◎補闕選擧會開會告示ニ關スル件（明治三十六年六月九日地方局長ヨリ福井縣宛）

本月一日貴縣告示第百四號衆議院議員補充ノ爲メ選擧會開會ノ件報告相成候處右ハ本省ヨリ通牒前ニ於テ告示セラレタルハ適當ナラスト被存候得共今度限リ差置カレ候條將來御注意相成度依命及通牒候也

法第八十一條

◎法第八十條ノ選擧日ノ件（明治三十五年四月十八日地發第六七號ノ内地方局長ヨリ廳府縣長官宛通牒）

第八十條（改正法ハ第八十一條）ニ於ケル選擧ノ日トハ一般投票ノ日ヲ指シタルモノトス

法第八十二條

◎選擧ノ規定ニ違反スル選擧ノ效力ニ關スル件

靜岡縣照會（大正六年四月二十日）

本日衆議院議員選擧田方郡韮山村投票所ニ於テ縣ヨリ配付シタル投票函アルニ拘ラス不注意ニ依リ村ニ備ヘ付ケアル他ノ選擧ニ用ユル投票函ヲ使用シタリ其ノ投票函ハ二重蓋ニシテ內外格別ノ鎖鑰ヲ有シ大體省令ノ形式ヲ備フルモ外蓋ニハ何等ノ文字記載ナシ右ハ選擧效力ニ影響ナク法第四十四條（改正法ハ第三十七條）ニ依リ更ニ投票ヲ行フノ必要ナシト認メラルヽモ爲念折返シ御意見承知致度

地方局長回答（大正六年四月二十一日）

韮山村投票ノ件御見込ノ通リト存ス

法第八十八條

◎衆議院議員選擧法竝附屬ノ勅令及省令施行ニ關スル件ノ內

（大正十五年八月二十五日內務省發警第五九號內務次官ヨリ廳府縣長官宛依命通牒）

八　選擧事務長、選擧委員、選擧事務員及選擧事務所ニ關スル屆出（選擧法第八十八條第五項乃至第七項第八十九條第四項）アリタル場合又ハ選擧事務長、選擧委員若ハ選擧事務員ノ解任、退任又ハ選擧事務所ノ閉鎖ヲ命シタル場合（選擧法第九十四條）ニ於ケル取締ノ統一及連絡ヲ圖ル爲報告又ハ命令傳達ノ方法竝ニ關係各警察官署相互間ノ通報等ニ關シ豫メ適當ノ方法ヲ定メテ之ヲ指示シ置クコト（法第八十九條、法第九十四條參照）

九　選擧法第三十七條ノ規定ニ依リ行フ投票ノ場合選擧事務長、選擧委員、選擧事務員及選擧事務所ハ從前ノモノヲ其ノ儘存續セシメ更ニ屆出等ヲ爲サシムル必要ナキモ其ノ數ニ付テハ告示アリタル數（選擧法第九十條第三項第九十三條第二項）ヲ超過スル數ノ選擧委員、選擧事務員及選擧事務所ニ付直ニ解任又ハ閉鎖シテ其ノ屆出ヲ爲ス樣豫メ當該選擧事務長ニ注意ヲ與フルコ（法第三十七條法第九十條及法第九十三條參照）

法第九十條

◎衆議院議員選擧法竝ニ附屬ノ勅令及省令等施行ニ關スル件

（大正十五年八月二十五日内省省發警第五九號内務次官ヨリ廳府縣長官宛依命通牒）

改正衆議院議員選擧法並同法附屬ノ勅令及省令中選擧運動及其ノ費用ノ取締竝ニ公立學校等ノ設備ノ使用ニ關スル事項ニ關シテハ概ネ左記ニ依リ御取扱相成度右依命

記

一　選擧ノ一部無效トナリ更ニ選擧ヲ行フ場合又ハ衆議院議員選擧法（以下選擧法トス）第三十七條ノ規定ニ依リ投票ヲ行フ場合ニ於テ選擧ノ期日ノ告示アリタル後直ニ爲スヘキ選擧事務所又ハ選擧委員及選擧事務員ノ數ノ告示（選擧法第九十條第三項第九十三條第二項）ハ左記ニ依ルコト（法第九十三條參照）

（一）選擧ノ一部無效トナリ更ニ選擧ヲ行フ場合ハ選擧ノ期日ノ告示（選擧法第七十五條第一項）ノ日ト同日ニ告示ヲ爲スコト

（二）選擧法第三十七條ノ規定ニ依リ行フ投票ノ場合ハ投票管理者カ其ノ投票ノ期日ヲ告示シタル日ト同日若ハ少クトモ其ノ翌日ニ告示ヲ爲スコト

二　選擧運動ノ費用ノ額ノ告示（選擧法第百二條第二項）ハ左記ニ依ルコト

（一）總選擧ノ場合ハ總選擧ノ期日ノ公布（選擧法第十八條第四項）アリタル旨官報ノ到達ニ依リ之ヲ知リ又ハ其ノ以前ト雖內務省ヨリノ通知ノ到達シタル當日又ハ遲クトモ其ノ翌日各選擧區ノ分ヲ同時ニ告示ヲ爲スコト

（二）補闕選擧、再選擧又ハ選擧ノ一部無效ト爲リ更ニ行フ選擧ノ場合ハ各其ノ選擧ノ期日ノ告示（選擧法第七十九條第六項、第七十五條第一項）ト同日ニ告示ヲ爲スコト

（三）選擧法第三十七條ノ規定ニ依リ行フ投票ノ場合ハ投票管理者カ其ノ投票ノ期日ヲ告示シタル日ト同日若ハ少クトモ其ノ翌日ニ告示ヲ爲スコト

法第九十三條及第九十七條

◎選擧運動者ノ數ヲ限定シ屆出シムルノ件

（大正十四年五月二十八日内務省發警第二四號警保局長ヨリ各廳府縣長官宛通牒）

改正衆議院議員選擧法實施以前ニ於テ行ハルル選擧ノ取締方ニ關シテ過般地方長官會同ノ席上内務大臣ヨリ指示セラレタル次第モ有之既ニ充分御配慮中ノコト丶存候モ改正法ニ於テハ選擧運動ヲ爲シ得ル事務員ニ報酬ヲ與フル行爲ヲ處罰セサルヲ以テ差當リ同法實施以前ニ於テ行ハルル衆議院議員補闕選擧ニ關スル事犯ノ處理上今回司法省ト打合セ致候ニ付改正法ニ依リ選擧ノ行ハルル迄ノ間左記ノ趣旨ニ依リ御取扱相成樣致度右依命

記

一　改正法ノ精神ニ從ヒ選擧運動者ノ數ヲ限定シ警察官署ニ屆出シメ此ノ者ニ對シテハ豫メ定ムル報酬ヲ給與スル行爲ハ之ヲ不問ニ付スルコト

法第九十九條

◎衆議院議員選擧法第九十九條第二項ノ疑義ニ關スル件

（大正一五年十二月十五日内務省視警第一三一號警保局長ヨリ廳府縣長官宛）

本件ニ關シテハ本年十月十九日附當局保發甲第九七號ヲ以テ愛媛縣知事照會竝其ノ回答要旨及送付置候處今回更ニ別紙ノ通照復致候條爲御參考

◎町會議員選擧ニ關シ法令ノ疑義ノ件稟申

警視總監照會（大正十五年十二月十三日高秘第一八八九號）

來ル十九日施行セラルヘキ管下北豐島郡西巣鴨町町會議員選擧ニ際シ前ニ同町ニテハ町村制第六十八條ノ規定ニ基キ町内ヲ十五區ニ分チ區長及其代理者ヲ設置シ之等區長及其代理者ハ本年十月町長ノ命ニ依リ「町勢調査竝町會議員選擧施行ニ就テ」ト題スル印刷物外三通（別紙添附）ヲ區内各戶ニ配付シ更ニ町直屬吏員カ選擧有資格者ノ調査ヲ爲スニ當リ之カ道案内或ハ申告書ノ取集メ等ノ補助行爲ニ從事シタル者ナルカ這回ノ選擧ニ於テ之等區長及ヒ其代理者ニシテ自ラ立候補ヲ宣シ其區内ニ於テ選擧運動ヲ爲シタルモノ多數有之然ルニ町村會議員選擧ニ關シテハ衆議院議員選擧法第九十九條第二項ノ準用アルヲ以テ若シ該區長及ヒ其代理者カ上記ノ行爲ヲ爲シタル場合ヲモ尚之ヲ選擧事務ニ關係アル吏員ナリト解スルニ於テハ之等ノ者カ其ノ關係區域内ニ於テ爲シタル選擧運動ハ違反行爲タルヲ免レス之ニ關シ本年九月愛媛縣知事ノ伺ニ對シ同十月十九日附警保局保發甲第九七號通牒ニ依レハ市制第八十二條第一項ノ區長カ市長ノ指揮ニ依リ有權者ノ下調ヲ爲シタル場合ハ選擧法第九十九條第二項所定ノ吏員ニ該當スルモノナリトノ御決定ニ基キ前記町村ノ區長モ其ノ性質ニ於テ異リナキモノト解スルモ印刷物ノ配付或ハ道案内等ノ行爲ヲモ尙

有權者ノ下調タル行爲ト看做スヘキモノナルヤ否
次ニ選擧事務ニ關係アル吏員ト解スルカ爲ニハ市長又ハ町村長ノ命ニ依リ既ニ選擧ニ關スル事務ヲ取扱ヒタル場合ニ限ルヤ或ハ其職能上將來之カ取扱ヲ命セラルヽコトアリ得ル地位ニアル者ヲモ之ヲ指スノ意ナルヤ
更ニ玆ニ其根本ニ於テ疑問トスルトコロハ大正十四年一月二十八日大審院第三民事部ニ於テ選擧事務ニ關係アル吏員ノ意義ニ關シ爲シタル判決ノ要旨ニシテ同判旨ニ依レハ現行「衆議院議員選擧法第十四條ニ所謂選擧ニ關係アル官吏、吏員トハ各般ノ選擧事務ニ付其ノ當局者トシテ同法ニ規定セラレアルモノヲ指シ市ノ名譽區長ノ如キ市長ノ指揮命令ノ下ニ當該事務ヲ執ル者ハ之ヲ含有セサルモノトス」トアルコト之ニシテ同判決ハ其ノ後貴通牒ノ如ク解釋一致シタルモノナリヤ否
以上ノ諸點ニ付差シ當リ之カ適用ニ關シ疑義ヲ生シ候ニ付何分ノ御指示相仰度此段及禀申候也

警保局長囘答（大正十五年十二月十五日　內務省視警第一三一號）

十二月十三日高祕第一八八九號御照會區長及其ノ代理者ニ關スル件ハ本年十月十九日當局保發甲第九七號通牒ノ愛媛縣知事照會ノ件竝明治三十二年六月二十九日祕甲第二三三號地方局長通牒（別添）ノ趣旨ニ依リ御取扱相成度
右經伺ノ上

（參照）

◎地方局長通牒（明治三十二年六月二十九日秘甲第二三三號各府縣知事宛）

府縣制第六條郡制第六條ノ選擧事務ニ關係アル官吏々員ノ意義ニ關シテハ往々伺出ノ向モ有之候處右ハ單ニ選擧ノ準備事務タル名簿調製ノ事務ニ從事スルニ止マルト否トニ拘ラス苟モ郡ノ官吏々員市町村ノ吏員ニシテ法律命令又ハ處務規程等ノ定ムル所ニ依リ選擧ノ事務ニ從事スヘキモノ又ハ郡長市町村長ノ命ヲ承ケ實際選擧事務ニ從事スルモノハ一切包含スル義ニ有之候依命此段爲御心得及通牒候也

法第百二條

◎衆議院議員選擧法竝ニ附屬ノ勅令及省令等施行ニ關スル件ノ内（大正十五年八月二十五日内務省發警第五九號内務次官ヨリ廳府縣長官宛依命通牒）

二　選擧運動ノ費用ノ額ノ告示（選擧法第百二條第二項）ハ左記ニ依ルコト

（一）總選擧ノ場合ハ總選擧ノ期日ノ公布（選擧法第十八條第四項）アリタル旨官報ノ到達ニ依リ之ヲ知リ又ハ其ノ以前ト雖内務省ヨリノ通知ノ到達シタル當日又ハ遲クトモ其ノ翌日各選擧區ノ分ヲ同時ニ告示ヲ爲スコト

（二）補闕選擧、再選擧又ハ選擧ノ一部無效ト爲リ更ニ行フ選擧ノ場合ハ各其ノ選擧ノ期日ノ告示（選擧法第七十九條第六項、第七十五條第一項）ト同日ニ告示ヲ爲スコト

（三）選擧法第三十七條ノ規定ニ依リ行フ投票ノ場合ハ投票管理者カ其ノ投票ノ期日ヲ告示シタ

ル日ト同日若クハ少クトモ其ノ翌日ニ告示ヲ爲スコト

法第百六條

◎衆議院議員選擧法竝ニ附屬ノ勅令及省令等施行ニ關スル件ノ内

（大正十五年八月二十五日内務省發警第五九號内務次官ヨリ廳府縣長官宛依命通牒）

三　選擧運動ノ費用ノ精算ノ告示（選擧法第百六條第二項）ハ左記ニ依ルコト

（一）選擧ノ期日ヨリ二十日以内ニ告示スルコト

（二）選擧法第三十七條ノ規定ニ依リ行フ投票ノ場合ハ其ノ投票ニ付要シタルモノニ限リ投票ノ期日ヨリ二十日以内ニ告示スルコト

（三）衆議院議員選擧法施行令（以下施行令トス）第百六條第百八條第六項又ハ第百九條第二項ノ規定ニ依リ分別シテ精算ノ届出ヲ爲サシムル場合ハ右各條ニ依リ告示シタル精算届出ノ期日ヨリ六日以内ニ告示スルコト

（四）告示ハ各議員候補者ノ分ヲ取纒メ且選擧區別ニ排列スルコト

（五）告示ノ樣式ハ別記ニ準シ精算届書記載ノ通之ヲ訂正スルコトナク其ノ費目及金額等ヲ掲載スルコト

別記

一　選擧ノ期日

一　議員候補者ノ氏名

一　精算屆出ヲ爲シタル選擧事務長ノ氏名

一　支出總額　金何圓何錢

(一)　選擧事務長ノ支出シタル額　金何圓何錢

(二)　選擧事務長ノ承諾ヲ得テ支出シタル額　金何圓何錢

(三)　議員候補者選擧事務長、選擧委員又ハ選擧事務員ニ非サル者ノ支出シタル額　金何圓何錢

(四)　立候補準備ノ爲ニ支出シタル額　金何圓何錢

一　支出明細

(一)　報酬　金何圓何錢

選擧事務員　金何圓何錢

傭人　金何圓何錢

(二)　家屋費　金何圓何錢

選擧事務所　金何圓何錢

集會會場　金何圓何錢

(三)　通信費　金何圓何錢

(四)船車馬費　金何圓何錢
(五)印刷費　金何圓何錢
(六)廣告費　金何圓何錢
(七)筆墨紙費　金何圓何錢
(八)休泊費　金何圓何錢
(九)飲食物費　金何圓何錢
(十)雜費　金何圓何錢

計　金何圓何錢

備考

施行令第百六條ノ規定ニ依リ分別シテ精算ノ屆出ヲ爲サシムルモノアル場合ハ其ノ旨ヲ附記スルコト

◎衆議院議員選擧法竝ニ附屬ノ勅令及省令等施行ニ關スル件ノ内

（大正十五年八月二十五日内務省發警第五九號内務次官ヨリ廳府縣長官宛依命通牒）

七　選擧運動ノ費用ノ精算屆書（選擧法第百六條第一項施行令第六十六條）ハ選擧區別ニ取纏メ之ヲ保存シ其ノ選擧區ノ選擧人又ハ議員候補者ニ於テ之カ閲覽ヲ求ムル者アルトキハ選擧法第八十四條第一項施行令第百六條第三項ノ出訴期間内（閲覽ヲ求ムル者訴訟關係者ナルトキハ其ノ訴訟繫續中）ニ限リ閲覽セシムルコト

法第百十二條

◎選擧法罰則中疑義ノ件（年月日不詳 内務省決定）

一　選擧法罰則中選擧人トハ確定以前ニ在リテハ事實選擧權ヲ有スル者ヲ指シ確定後ニ在リテハ名簿ニ登載セラレタルモノヲ指稱ス

一　選擧事務所ニ於テ車馬ノ類ヲ雇上ケ之ヲ運動者ニ供給スルカ如キハ法第八十七條（改正法ハ第百十二條）第一項第一號ノ利益ニ包含セス

一　饗應ノ實ヲ避クルカ爲會員ヨリ會費トシテ少額ノ金圓ヲ醵出セシメ而シテ殘額ハ之ヲ候補者若ハ運動者ニ於テ支出スルカ如キハ之ヲ饗應ヲ爲シタルモノトシテ檢擧スヘシ

法第百十六條

◎改正衆議院議員選擧法第百十六條第二項ノ規定ニ關スル件（大正十四年七月二十七日内務省發警第五四號警保局長ヨリ各廳府縣長官宛（東京府知事ヲ除ク）通牒）

本件ニ關シ曩ニ警察部長事務打合會ノ席上質問ノ次第モ有之今回司法省ト左記ノ通リ照復致候ニ付御參考迄

内務省警保局長照會（大正十四年六月五日警保局保發乙第一八六號）

裁判所又ハ檢察事務ニ從事スル官吏カ犯罪審問其ノ他必要アル場合ニ於テ選擧人ニ對シ其ノ投票セムトシ又ハ投票シタル被選擧人ノ氏名ノ表示ヲ求ムルコトハ刑法第三十五條トノ關係ニ於テ本項ノ適用ヨリ除外セラルヽモノナリヤ貴省ノ御意見承知致度右及照會候

司法省刑事局長囘答（大正十四年七月四日司法省刑事局刑事第三二八二號）

衆議院議員選擧法第百十六條第二項ノ規定ハ刑法第三十五條ノ規定ヲ除外スルモノニ非スト雖檢察事務ニ從事スル官吏カ刑法第三十五條ノ規定ノ關係ニ於テ選擧人ニ對シ其ノ投票セムトシ又ハ投票シタル被選擧人ノ氏名ノ表示ヲ求メ得ル場合卽チ正當行爲ト認メ得ル場合ハ極メテ稀ナル場合ノ外無之モノト思料致候

法第百二十一條

◎選擧ノ犯罪ニ關スル件（明治三十五年四月内務省決定）

一　法第九十三條（改正法ハ第百二十一條）ハ非現行犯ト雖檢擧スルヲ妨ケス

◎同上ノ件（明治三十五年四月内務省決定）

一 法第九十三條（改正法ハ第百二十一條）第二項ノ處分ハ選擧ニ關シ必要ナル場合ニ限ル而シテ之カ領置ノ手續ハ行政執行法ヲ準用スルノ限ニアラス

法第百二十六條

◎選擧ノ罰則ニ關スル件（明治三十五年四月内務省決定）

一 議員候補者ノ私行上ニ係ル惡事醜行ヲ公ニスルモノハ其ノ事虚僞ニシテ而シテ其ノ目的當選ヲ妨クルニ出ルモノハ法第九十七條（改正法ハ第百二十六條第二號）ノ犯罪トス

法第百三十七條

◎衆議院議員選擧法中疑義ノ件

茨城縣知事照會（大正十五年九月廿二日）

大正十六年九月ニ於テ執行スヘキ縣會議員選擧ニ用フル選擧人名簿調製上左記ノ廉疑義相生シ候ニ付至急何分ノ御指示相成度及照會候

記

一　法第百三十七條ノ規定ヲ地方議會ニ準用シタル場合ニ於テ同條中所謂「本章ノ規定ヲ準用スル議會ノ議員」中ニハ衆議院議員ヲモ包含シ從テ衆議院議員ノ選擧權及被選擧權ヲ喪失スルモノト解スヘキヤ

一　法第百三十七條ニ所謂「本章ニ揭クル罪ヲ犯シタル者ニシテ罰金ノ刑ニ處セラレタル者云々」ハ同法罰則ニ揭クル罪刑ノ專實カ改正法施行期前ニアリタルモノヲ包含スト解シ可然哉

地方局長囘答（大正十五年十月二十日内務省茨地第五一號）

標記ノ件九月二十二日御照會ノ處左記ノ通御承知相成度

記

一　第一項ハ衆議院議員選擧法第百三十七條ノ規定ヲ地方議會ニ準用シタル場合ハ衆議院議員ノ選擧權及被選擧權ヲモ喪失スル義ニ有之

二　第二項ハ大正十四年法律第四十七號衆議院議員選擧法ノ罰則ノ規定ハ次ノ總選擧ヨリ地方議會ノ議員選擧ニ準用セラルルヽヲ以テ同法第百三十七條ニ所謂「本章ニ揭クル罪ヲ犯シタル者ニシテ罰金ノ刑ニ處セラレタル者」トハ次ノ總選擧ニ關スル選擧犯罪ニ依リ處罰セラレタル者ヲ謂フ義ニ有之

衆議院議員選擧法施行令ニ關スル通牒

施行令第二條

◎選擧權ニ關スル件（明治三十五年三月十三日內務省決定）

舊選擧法ニ於テハ選擧人ハ選擧期日迄ニ法定ノ年齡ニ達スルハ可ナリト雖新選擧法ニ於テ選擧人ハ名簿調製ノ期日ニ資格要件ヲ具フルヲ必要トシ從テ其ノ年齡ノ如キモ施行令第四條（改正施行令第二條）ニ定ムルカ如ク名簿調製ノ期日迄ニ滿二十五歲ニ達スルニアラサレハ名簿ニ登錄スルヲ得サル義ニ付舊法ノ規定ニ泥ミ心得違無之樣注意ヲ要ス

施行令第七條

◎投票管理ノ官吏吏員ニ關スル件（明治三十五年四月十八日地發第六七號ノ內地方局長ヨリ廳府縣長官宛通牒）

施行令第二條改正施行令ハ第七條）及同第三十六條（改正施行令ハ第九條）ノ官吏吏員ニ就テハ何等制限ナシト雖收入役ニ命スルカ如キハ適當ナラサルヲ以テ吏員ハ平常選擧關係ノ事務ニ從事スルモノヽ中ニ就キ之ヲ命スルコトヲ要ス（令第九條參照）

施行令第八條

◎投票管理者選定ニ關スル件（明治三十五年四月十八日地發第六七號ノ内地方局長ヨリ廳府縣長官宛通牒）

選擧法施行令第三條第一號（改正施行令ハ第八條第一號）ノ投票管理者ニ於テ故障ヲ生シ更ニ投票管理者ヲ指名スルコト能ハサル場合ニ於テハ同令第三十六條（改正施行令ハ第九條）ニ依リ臨時ニ官吏又ハ吏員ヲシテ其事務ヲ管掌セシムルコトヲ得

◎同上ノ件（明治三十五年四月十八日地發第六七號ノ内）

令第三條（改正施行令ハ第八條）ニ依リ管理者（甲町村長）故障アルトキハ更ニ他ノ町村長ヲ指名スヘキモノトス

廣島縣照會ノ内（明治三十五年六月一日）

投票管理者ノ指名ハ何町村長某ト氏名ヲモ指定スルモノニテ單ニ何町村長トノミ指定スヘキモノニアラサルハ勿論ノ義ト存スルモ其ノ氏名ハ本人在職中ハ依然效力ヲ有スル義ナルヤ將タ選擧ノ都度更ニ其ノ氏名ヲ有スルヤ

地方局長回答（明治三十五年六月十二日）

前段御見込ノ通リ

◎投票事務從事者ニ關スル件（明治三十五年五月十五日地甲第四六號警保局長地方局長ヨリ廳府縣長官宛）

衆議院議員選擧法ニ關シ左ノ通決定相成候條爲御參考此段及通牒候也

施行令第三條（改正施行令ハ第八條）ニ依リ町村吏員ノ投票管理者ニ指名セラレタル場合ハ他ノ町村吏員ヲシテ投票事務ニ從事セシムルヲ得サルモノトス

◎同上ノ件（明治三十五年五月三十一日地梨第三號ノ内地方局長ヨリ廳府縣長官宛）

衆議院議員選擧法施行令第三條（改正施行令ハ第八條）ニ依リ町村吏員ノ投票管理者ニ指名セラレタルトキハ通例ノ場合ニ於テハ其ノ所屬町村外ノ町村吏員ヲシテ投票事務ニ從事セシメサルヲ原則トスルハ最前通牒ノ通リニ有之候ヘ共所屬町村吏員少ク事務執行上支障ヲ生スルカ如キ已ムヲ得サル場合ニ於テハ投票管理者ニ於テ其ノ投票區域内他ノ町村長ト協議ノ上他町村所屬ノ町村吏員ヲシテ投票事務ニ從事セシムルハ已ムヲ得サル義ニ有之候條爲御參考此段及通牒候也

施行令第九條

◎投票管理事務管掌ニ關スル件（明治三十五年四月十八日地發第六七號ノ内地方局長ヨリ廳府縣長官宛通牒）

施行令第三十六條（改正施行令ハ第九條）ニ依リ官吏ヲシテ投票管理者ノ事務ヲ管掌セシメタル場合ニ於テハ其ノ官吏ノ出張旅費ハ關係市町村ノ負擔トス

◎同上ノ件（明治三十五年四月十八日地發第六七號ノ内地方局長ヨリ廳府縣長官宛通牒）

選擧監督ノ爲派遣スル官吏ニ關シ開票管理者投票管理者故障アル場合ニ於テ事務管掌者ヲ命スルノ權ヲ委任スルハ然ルヘカラスト雖派遣官吏ニ事務管掌者ノ辭令ヲ交付スル等機ニ臨ミ差支ヘサル樣豫メ措置スルハ妨ケナシ

◎同上ノ件

秋田縣照會（大正四年三月十七日）

令第三十六條（改正施行令ハ第九條第三十八條）ニ依レハ開票管理者投票管理者及其ノ代理者故障アルトキハ上級官廳（改正施行令ハ監督官廳）ハ臨時ニ官吏々員ヲシテ其ノ事務ヲ管掌セシムヘキ規定ナルヨリ從來ハ市町村長及之カ代理者タル助役故障アルトキハ直ニ本條ヲ適用シテ臨時事務

管理ヲ爲サシメタルモ市制町村制改正ノ結果市町村長ハ其ノ吏員ヲシテ事務ノ一部ヲ代理セシムルヲ得ル故ニ同條ノ適用ハ此等臨時代理者ノ無之場合ニ限ル義ト被存候聊カ疑義ニ相渉リ候條御意見承知致度（施行令第三十八條參照）

地方局長囘答（大正四年三月十七日）

一部事務ノ代理者ヲシテ開票管理者投票管理者ノ事務ヲ掌ラシムルハ然ルヘカラスト存ス

（參　照）

市制第九十四條第三項　市長ハ市吏員ヲシテ其ノ事務ノ一部ヲ臨時代理セシムルコトヲ得

町村制第七十八條第二項　町村長ハ町村吏員ヲシテ其ノ事務ノ一部ヲ臨時代理セシムルコトヲ得

施行令第十一條

◎轉任者ノ投票區ニ關スル件（明治三十五年四月十八日地發第六七號ノ内地方局長ヨリ廳府縣長官宛通牒）

選擧人名簿調製期日以後投票區外ニ轉住シタル選擧人ハ前住地ノ投票所ニ於テ投票ヲ爲スヘキモノトス

◎轉任者ノ選擧資格調査方ノ件（明治三十五年四月十二日地發第六七號ノ内地方局長ヨリ各地方長官宛通牒）

一　名簿ニ登録セラレタル者同選擧區内他ノ郡町村ニ住所ヲ轉シタルトキ原住所地ニ於テ投票ヲ

爲スヘキハ勿論ナルモ其ノ資格ニ欠缺ヲ生スルコトアルモ原住所地ノ町村長ニ於テ之ヲ知ルヲ困難ナリトスルトキハ便宜現住所地ノ町村長ヲシテ通知ヲ爲サシムルノ手續ヲ設クルモ妨ケナシ

施行令第十三條

◎投票記載場所設備注意方（明治三十五年四月十八日地發第六七號ノ内地方局長ヨリ廳府縣長官宛通牒）

投票所ハ施行令第十一條（改正施行令ハ第十三條）ノ規定ニ則リ選擧人ヲシテ他ノ選擧人ノ投票ヲ覗フ能ハサル樣設備セシムルヲ要スルハ勿論選擧關係ノ官吏吏員ト雖濫リニ投票ニ關與シ又ハ選擧人ノ投票ヲ覗ヒ其ノ何人ヲ選擧スルヤヲ認知スルノ方法ヲ行フトキハ法第九十條（改正法ハ第百十八條）ニ依リ處罰セラルヘキニ付心得違ナキ樣篤ク注意ヲ要ス（法第百十八條參照）

◎衆議院議員選擧法施行令改正ノ件依命通牒ノ内（大正十五年二月十九日地發第七號地方局長ヨリ廳府縣長官宛）

八　投票ハ投票記載ノ爲設ケタル卓上ニ於テ之ヲ記載セシメ其ノ記載終リタルトキハ直ニ投函セシムルコト投票記載ノ爲設ケタル卓上ニハ筆硯點字器ヲ備ヘ置キ投票記載ニ支障ナカラシムルコト

施行令第十六條

◎投票用紙交付ニ關スル件（大正十三年七月二十三日內務省決定）

東京府第十二區（八王子市）投票所設備等ニ關スル件

八王子市投票所ニ於テハ選擧人名簿ノ對照及投票用紙ノ交付ヲ投票管理者及投票立會人ノ面前ニ於テ交付セスト謂フト雖投票管理者及投票立會人ニ於テハ之ヲ十分ニ監視シ得ラレタルモノナルヲ以テ面前ニ非スト謂フヲ得ス又選擧人中其ノ住所氏名ヲ自稱セシメサル者アルハ違法タルヲ免レスト雖（改正施行令ハ投票立會人ノ面前ニ於テ選擧人名簿ニ對照シ後投票用紙ヲ交付ス）投票所ニ於テ其ノ選擧人ヲ熟知シ人違ナキヲ確認セル以上單ニ其ノ氏名ヲ問フニ止ムルモ之ヲ以テ直ニ選擧ノ公正ヲ害シ選擧ノ效力ニ影響ヲ及ホスモノニ非スト存ス（法第二十五條參照）

施行令第十九條

◎本人ナル旨ノ宣言ニ關スル件

熊本縣照會ノ內（明治三十五年五月十七日）

法第三十四條（改正法ハ第二十五條）第二項本人ナル旨ノ宣言ハ施行令第十七條（改正施行令ハ第

十九條）ニ依リ投票所ノ事務ニ從事スル者ヲシテ筆記セシメ選擧人ヲシテ之ニ署名捺印（改正施行令ハ署名）セシムルモノナルモ選擧人ニ於テ自ラ其ノ署名ヲ爲シ能ハサルトキハ投票所事務ニ從事スル者ニ於テ選擧人ノ氏名モ代書スルモ差支無之候哉若シ代書シ得サルモノトスレハ如何ニ處理可然哉（法第二十五條參照）

地方局長囘答（明治三十五年五月三十一日）

投票所ノ事務ニ從事スル者ニ於テ適宜宣言書ニ付箋ヲ貼附シテ其ノ者ノ氏名竝其ノ旨ヲ記載シ宣言書ニ捺印セシムルカ又ハ單ニ宣言書ニ捺印セシムルハ適宜ナルモ宣言書ヲ代書スルハ不可然ト存ス

廣島縣照會（明治三十五年六月十日）

啞者ニシテ筆談ヲ以テ宣言ヲ爲シタルモノハ宣言書ヲ作ルモ自己ノ名刺ヲ出シ示シタルモノヽ如キハ宣言ヲ爲シタルモノト認メ得サルモノナルヤ

地方局長囘答（明治三十五年六月十二日）

御見込ノ通リ

◎同上ノ件

廣島縣照會ノ内（明治三十五年六月十日）

法第三十四條（改正法ハ第二十五條）施行令第十七條（改正施行令ハ第十九條）宣言書ニ對シ選擧人

ニ於テ署名スルコト能ハサルモ宣言其ノモノヽ實體ニ關係ナキヲ以テ其ノ宣言書ニハ單ニ捺印ノミヲ爲サシメ投票事務員ニ於テ適宜ニ附箋ヲ貼付シ其者ノ氏名竝其ノ旨ヲ記載シ置クトキハ命令ニハ違フモ其ノ宣言書ハ效力ヲ有スルモノナリヤ

地方局長囘答（明治三十五年六月十二日）

御見込ノ通リ

神奈川縣照會（大正九年四月二十日）

衆議院議員選擧法第三十四條（改正法ハ第二十五條）第二項ニ依リ本人ナル旨宣言ヲ爲サシムル場合ニ於テハ施行令第十七條（改正施行令ハ第十九條）ニ依リ宣言書ヲ作製シ之ニ署名セシムヘキ筈ニ有之候處該署名ヲ實際ニ爲シ得サル者ノ如キハ投票ヲ爲サシムルヲ得サルヤ將タ又其ノ宣言ヲ確實ト認メラルヽニ於テハ投票所ノ事務ニ從事セル者ヲシテ其ノ事由及氏名ヲ記載シ適宜符箋ヲ貼附シ置キ投票セシムルモ差支無之哉（法第二十五條參照）

地方局長囘答（大正九年四月二十六日）

右ハ後段御見込ノ如ク取扱可然存候

追テ氏名ハ適宜符箋ニ記載スルハ可ナルモ本人ノ署名ニ代ヘ宣言書ニ記載スルカ如キハ不可然義ニ付爲念申添候

施行令第二十一條

◎點字假投票ニ關スル件

福島縣知事照會（大正十五年十月二十三日十五地第六三八一號）

點字ニ依ル假投票ヲ爲ス場合ニ於テハ投票ヲ選擧人ヲシテ之ヲ封筒ニ入レ封緘シ表面ニ自ラ其氏名ヲ記載シ投函セシムヘキ規定ニ有之候ヘ共此場合ニ於テ投票ヲ封入シテ其表面ニ氏名ヲ記載スルニハ封筒ノ裏面ヨリ點字機ヲ以テ點出スルノ必要有之斯クテハ封入ノ投票ヲ更ニ點出スル爲被選擧人（候補者）ノ何人タルヤヲ確認シ難キ場合ヲ生スル虞有之候ニ付本件ノ如キ際ハ從來實例ノ通選擧人自ラ氏名ヲ封筒ニ記載スルコト能ハサルモノトシ投票事務ニ從事スル者ニ於テ適宜封筒ニ附箋ヲ貼付シ其氏名及其旨ヲ記載シ置クコトニ取扱可然哉御省ノ御意見承知致度（法第三十一條參照）

地方局長回答（同十五年十一月十六日內務省福地第五三號）

十月二十二日十五地第六三八一號御照會標記ノ件右ハ投票ノ封入前點字器ヲ用ヰテ封筒ノ表面ニ自ラ其ノ氏名ヲ記載セシメタル後投票ヲ封入セシメラルヘキ義ト存候條御了知相成度

施行令第二十二條

◎投票函ノ保管方ニ關スル件

（明治三十五年四月十八日地發第六七號ノ內地方局長ヨリ廳府縣　官宛通牒）

施行令第二十條（改正施行令ハ第二十二條）ノ鎖鑰ハ投票函閉鎖後之ヲ封緘シ投票管理者及投票立

會人ニ於テ封印ヲ施ス等地方長官ニ於テ適宜ノ方法ヲ定ムルハ別ニ妨ケナキ事ニ屬ス

施行令第二十四條

◎法第四十二條ニ依ル投票期日告示ノ件（明治三十五年四月十八日地發第六七號ノ内地方局長ヨリ廳府縣長官宛通牒）

島嶼其他交通不便ノ地ニシテ法第四十二條（改正法ハ第三十五條）ノ期日ニ投票函ヲ送致スルコト能ハサル情況アル爲メ法第四十三條（改正法ハ第三十六條）ニヨリ特ニ其ノ投票ノ期日ヲ定メタルトキハ之ヲ管内ニ告知スルコトヲ要ス（法第三十六條參照）

施行令第二十八條

◎衆議院議員選擧法施行令改正ノ件依命通牒ノ内（大正十五年二月十九日地發第七號地方局長ヨリ廳府縣長官宛）

十　法第三十三條ノ投票ノ爲令第二十八條第一項但書ニ依リ召集令狀ヲ提示シタル選擧人ニ投票用紙及投票用封筒ヲ交付シタルトキハ投票管理者ニ於テ召集令狀ノ餘白ニ其ノ旨ヲ記載シ署名スルコト

施行令第二十九條

◎衆議院議員選擧法施行令改正ノ件依命通牒ノ内

（大正十五年二月十九日地發第七號地方局長ヨリ廳府縣長官宛）

九　投票管理者法第三十三條ノ投票ノ爲選擧人ニ投票用紙及投票用封筒ヲ交付シタルトキハ同時ニ適宜選擧人名簿ニ其ノ旨ノ附箋ヲ爲シ置キ選擧ノ期日前投票用紙及投票用封筒ヲ返還シタル者アルトキハ時々附箋ヲ整理シ選擧ノ當日選擧人名簿ノ對照ニ際シ過誤ナキヲ期スルコト

施行令第三十九條、第四十條

◎衆議院議員選擧法施行令改正ノ件依命通牒ノ内

（大正十五年二月十九日地發第七號地方局長ヨリ廳府縣長官宛）

十二　開票所ニ於テ投票ヲ點檢スル場合ニ於テ毎記載ノ氏名ノ朗讀及點數簿記入ニ關スル規定ヲ單ニ議員候補者ノ得票數ヲ計算スヘキ旨ニ改メラレタルハ有權者ノ增加ニ伴フ開票所要時間ヲ考慮シ開票ノ手續ヲ成ルヘク簡捷ナラシメムトスルノ趣旨ニ有之一議員候補者ニ付二人ノ事務員ヲシテ各別ニ其ノ得票數ヲ計算セシメ而シテ一投票區ノ計算終ル毎ニ各議員候補者ノ得票數

ヲ朗讀スルモ或ハ各投票區ノ計算全部終了シタル後投票區每ニ議員候補者ノ得票數ヲ朗讀スルモ適宜ノ方法ニ依リ妨ケナキコト（令第四十條參照）

施行令第五十條

◎衆議院議員選擧法施行令改正ノ件依命通牒ノ内（大正十五年二月十九日地發第七號地方局長ヨリ廳府縣長官宛）

十三　議員候補者ノ辭退又ハ死亡ハ其屆出タル立會人ノ失職ノ事由ト爲ルヲ以テ選擧ノ期日ニ接近シテ辭退又ハ死亡シタル場合ニ於テハ選擧長ハ法第六十七條末項ノ告示ヲ爲スト同時ニ投票管理者ニ對シ其ノ旨ヲ速報スルコト

十四　議員候補者其ノ屆出後其ノ住居ヲ他ノ市町村ニ移シタル場合ニ於テハ選擧長ハ其ノ都度直ニ議員候補者ヲシテ之ヲ屆出テシメ新住居地ノ市町村長ニ對シ令第五十條第一項ノ通知ヲ爲シ同條第二項ノ通知ヲ受クル樣注意スルコト

施行令第五十三條、五十四條

◎衆議院議員選擧法並ニ附屬ノ勅令及省令等施行ニ

關スル件ノ内（大正十五年八月二十五日内務省發警第五九號内務次官ヨリ廳府縣長官宛依命通牒）

十　選擧事務長、選擧委員又ハ選擧事務員選任ノ屆出ニ添附スヘキ選擧權ヲ有スルモノナルコトヲ證スヘキ書面（施行令第五十三條第一項、第五十四條）ニ關シテハ左記ニ依リ豫メ適當ノ方法ヲ講スルコト

（一）證明書ハ市町村長（之ニ準スヘキ者ヲ含ム以下之ニ同シ）支廳長、警察署長等ノ發給ニ係ルモノ若ハ證明請求ノ書面ニ當該市町村長、支廳長、警察署長等ノ奥書證印ヲ爲シタルモノ又ハ選擧人名簿ニ登錄セラルヘキ確定判決書ノ謄本若ハ抄本等公ノ證明力アルモノナレハ總テ之ヲ容認スヘシ然レトモ可成本人住居地ノ市町村長ノ發給又ハ奥書證印ニ係ルモノヲ以テセシムルコト

（二）市町村長ニ對シテハ其ノ市町村住居者ニ關スル證明ノ請求アリタル場合其ノ者カ選擧權ヲ有スル者ナルトキハ速ニ證明ヲ爲ス樣豫メ指示シ置クコト

（三）前號以外ノ場合ニ於テ市町村長、支廳長、警察署長等ニ對シテハ證明ノ請求アリタル場合其ノ者カ選擧權ヲ有スルコトヲ確認シ得ルトキハ速ニ本證明ヲ爲ス樣豫メ指示シ置クコト

（四）選擧權ヲ有スル者ナルコトヲ證スヘキ書面ハ豫メ地方長官ニ於テ一定ノ樣式ヲ定メ之ヲ指示スルコト

◎衆議院議員選擧法竝ニ附屬ノ勅令及省令等施行ニ關スル件ノ内（大正十五年八月二十五日内務省發警第五九號内務次官ヨリ廳府縣長官宛依命通牒）

十一　選擧運動ニ關スル諸屆出ハ各其様式及添附書類ノ形式ニ付所定ノ事項（施行令第五十三條乃至第五十七條）ヲ完備セシムヘキハ勿論ナリト雖止ムヲ得サル事情アリト認メラルルモノニ付テハ多少不備ノ點アルモ之カ爲受理ヲ拒否スルコトナク受理後ニ審査ヲ爲シ追完ヲ認ムルコトトシ一應之ヲ受理スル等適當ノ取扱ヲ爲サシムルコト（施行令第五十三條乃至第五十七條參照）

施行令第六十九條

◎施行令第二十九條ノ費用ニ關スル件（明治三十五年四月十二日地發第六十七號ノ内）

施行令第二十九條（改正施行令ハ第六十九條）ノ用紙封筒（區ハ除ク）投票函送致ニ要スル費用ハ當該行政廳ノ經費ヲ以テ支辨スヘキモノトス

◎衆議院議員選擧法施行令改正ノ件依命通牒ノ内（大正十五年二月十九日地發第七號地方局長ヨリ廳府縣長官宛）

五　投票ノ用紙及封筒ハ豫メ一回ノ選擧ニ必要ナル數量ヲ準備シ置クコト

六　投票ノ用紙及封筒ハ其ノ受拂ヲ明ナラシムル爲種類別ニ數量ヲ記載シタル送附書ヲ添附シテ之ヲ配付シ投票終了後直ニ其ノ種類別ニ使用數殘餘ヲ記載シタル報告書ト共ニ殘餘及汚損ノ分ヲ返付セシムルコト

施行令第七十條

◎投票所印調製費用ノ件（明治三十五年三月十八日地乙第二一號ノ内地方局長通牒）

改正衆議院議員選擧法ニ關スル件ニ付左ノ通決定相成候條爲御心得此段及通牒候也

記

封筒ニ押捺スヘキ投票所印ノ調製費用ハ關係市町村ノ負擔トス

◎選擧事務ノ爲要スル費用ノ件（明治三十五年四月十二日地發第六七號ノ内地方局長ヨリ各地方長官宛）

一　選擧人名簿調製ニ要スル筆耕料ハ選擧事務ノ爲要スル費用ニ付市町村ノ負擔トス

◎同　上　ノ　件（明治三十四年四月十八日地發第六七號ノ内）

施行令第三十六條（改正施行令ハ第九條）ニ依リ官吏ヲシテ投票管理者ノ事務ヲ管掌セシメタル場合ニ於テハ其ノ官吏ノ出張旅費ハ關係市町村ノ負擔トス

◎同上ノ件（明治三十五年五月十五日地甲第四六號警保局長地方局長ヨリ廳府縣長官宛ノ内）

衆議院議員選擧法ニ關シ左ノ通決定相成候條爲御參考此段及通牒候也

記

選擧會場ノ借上料竝其借上場ニ係ル工作費ハ當該行政廳ノ經費ヲ以テ支辨スヘキモノトス

◎同上ノ件（明治三十五年七月五日秘甲第一四九號地方局長通牒）

郡書記（府縣支辨屬）ノ出張ニ要スル旅費ハ其ノ事務ノ種類如何ニ拘ラス府縣費ヨリ支出スヘキハ申迄モ無之義ニ候處衆議院議員總選擧ニ關シ過般及配付候選擧取締旅費ハ選擧監督ノ爲國庫支辨ノ官吏ノ出張旅費ニ充ツルノ外郡書記ニ付テハ地方長官ニ於テ選擧監督ノ爲出張セシメタルモノニ限リ支給セラルヽ義ト御承知可有之依命此段及通牒候也

◎選擧訴訟ニ要スル費用ノ件

宮城縣照會（大正九年六月九日）

衆議院議員選擧訴訟ニ要スル費用ハ國庫支辨ニ屬スルヤ

地方局長回答（大正九年六月十四日）

選擧訴訟ニ要スル費用支辨方ノ件

旅費ハ其ノ身分ノ屬スル經費ヲ以テ支辨スヘク其ノ他ノ費用ハ選擧法施行令第三十條（改正施行令第七十條）ニ依リ支辨スヘキ義ト存候

施行令第七十一條

◎二以上ノ關係行政廳費用負擔方（明治三十五年四月十八日地發第六七號ノ內地方局長ヨリ廳府縣長官宛通牒）

數町村ノ區域ニ依リ投票所ヲ設ケタル場合ニ於テ事實一人タモ選擧人ナキ町村アルモ選擧事務ノ爲メ要スル費用ハ施行令第三十一條（改正施行令ハ第七十一條）ニ依リ各町村ニ平分スヘキモノトス

◎同上ノ件

三重縣照會（明治三十五年六月三日）

施行令第三條（改正施行令ハ第八條）ニ依リ投票管理者ヲ甲町村長ニ指名後故障アルヲ以テ更ニ乙村長ヲ指名セリ此ノ場合ニ於テ其ノ投票所ノ變更ヲ爲シ難キ（「法第三十一條（改正法ハ第二十二條）ニ依リ告示ノ余日ナキトキ」）トキハ管理者及書記ハ選擧ニ當リ甲町村ニ出張セサルヲ得ス從テ相當旅費ノ支辨ヲ要シ候右ハ同令第三十一條（改正施行令ハ第七十一條）ニ依リ均分スヘキモノト相考ヘ候得共一應及御問合候

地方局長回答（明治三十五年六月十七日）

御見込ノ通リト存候

施行令第七十二條

◎選擧投票立會人開票立會人及選擧立會人費用支給方法

（明治三十五年三月二十二日府令第十七號）（大正九年府令四八號八四號改正）

明治三十四年勅令第百八十六號（改正勅令ハ大正十五年勅令第三號）衆議院議員選擧法施行令第三十二條ニ依リ投票立會人開票立會人及選擧立會人費用支給ニ關スル件左ノ通定ム

第一條　衆議院議員投票立會人開票立會人及選擧立會人ノ職務ノ爲メ要スル費用支給額ハ別表定ムル所ニ依ル

第二條　他市町村ヘ旅行スル場合ニ於テハ汽車賃ハ哩數ニ應シ汽船賃ハ海里數ニ應シ車馬賃ハ里數ニ應シ順路ニ依リ之ヲ支給ス但シ一位未滿端數ノ路程ハ切捨トス

宿泊料ハ夜數ニ應シ日當ハ日數ニ應シ之ヲ支給ス但シ水路旅行ニハ宿泊料ヲ支給セス

別表

汽車賃 一哩ニ付	汽船賃 一海里ニ付	車馬賃 一里ニ付	日當 一日ニ付	宿泊料 一夜ニ付
六錢	六錢	五拾錢	二圓	三圓

施行令第七十六條

◎衆議院議員選擧法竝ニ附屬ノ勅令及省令等施行ニ關スル件ノ内

（大正十五年八月二十五日内務省發警第五九號内務次官ヨリ廳府縣長官宛依命通牒）

四　演說ニ依ル選擧運動ノ爲使用ヲ許可スヘキ營造物ノ設備ノ指定（施行令第七十六條第一項第三號）竝ニ議事堂ノ使用ノ制限又ハ禁止（施行令第七十六條第二項）ニ關シテハ概ネ左記ニ依リ可成速ニ指定シテ告示スルコト

（一）使用ヲ許可スヘキ營造物ノ設備ノ指定（施行令第七十六條第一項第三號）ハ公會堂又ハ議事堂等ニ類似スル營造物ノ設備ニシテ其ノ構造公衆ノ會同ニ堪ヘ得ヘキモノヲ選定スルコト但シ之カ指定ヲ爲スニハ豫メ可成當該設備ノ管理者ノ意見ヲ徵シ又ハ其ノ申請ニ俟ツ等適當ノ方法ヲ講シ指定後ニ於テ紛議ヲ生セサル樣注意スルコト

（二）議事堂ノ使用ノ制限又ハ禁止ノ指定（施行令第七十六條第二項）ハ之ヲ愼重ニシ眞ニ事實上著シキ支障アルモノニ局限シ尙其ノ制限ニ付テハ使用方法等ノ制限ヲ可成寛大ニシテ使用ニ

著シキ不便ナキ様ニスルコト

十三　左ノ場合ニ於テハ其ノ都度該當事項ヲ報告スルコト但シ第一號第三號又ハ第四號ノ場合ハ各其ノ告示又ハ規定等ノ寫ヲ添ヘ第二號ノ場合ハ其ノ狀況ヲ詳記スルコト

(一) 施行令第七十六條第三項、第八十二條第二項又ハ第百六條第二項ノ規定ニ依リ告示ヲ爲シタルトキ

(二) 施行令第八十六條ノ規定ニ依リ使用ノ許可ヲ取消シ又ハ使用ノ許可ヲ爲シタルトキ

(三) 施行令第八十七條ノ規定ニ依リ規定ヲ設ケ又ハ之ヲ改廢シタルトキ

(四) 本通牒ニ基キ別ニ内規等ヲ設ケ又ハ之ヲ改廢シタルトキ（施行令第八十二條、第八十六條、第八十七條及第百六條參照）

◎衆議院議員選擧法同施行令ニ關スル件通牒

（大正十五年九月十四日内務省岡地第一二六號地方局長ヨリ各廳府縣長官宛ノ内ノ二）

標記ノ件岡山縣知事照會ニ對シ左ノ通回答候條爲御參考

岡山縣知事照會

一　施行令第七十六條ニ所謂議事堂ハ市役所又ハ町村役場ト同一建物内若ハ接續シタルモノ其ノ大部分ニシテ之カ使用ニ依リ市町村ノ事務ニ著シキ支障アリト認ムルモノ不尠右市役所町村役場ハ同條第二項ノ營造物中ニ包含シ地方長官ニ於テ豫メ其ノ使用ヲ制限シ又ハ禁止スルコトヲ得ル義ト心得可然哉

地方局長回答

御見込ノ通ト存ス

◎衆議院議員選擧法施行令ニ關スル疑義ノ件通牒

（昭和二年三月十六日內務省發警三號警保局長ヨリ各廳府縣長官宛）

本件ニ關シ別紙寫ノ通照復致候爲得參考

山梨縣知事照會（昭和二年一月十七日地發第八號）

衆議院議員選擧法施行令第七十六條ニ關シ左ノ諸項ニ付聊カ疑義相生シ候間至急何分ノ御指示相煩度

一　同條第一項ニ所謂「町村ノ管理ニ屬スル議事堂」ニハ村役場內ノ一室タル會議室ノ如キハ之ヲ包含セサルモノト解シ差支ナキヤ

一　同條第一項ニ所謂「營造物ノ設備」ニハ舊郡廳舍（現在ニ於テハ全然公共ノ使用ニ供セス）ノ如キモ同條同項第三號ニ依リ指定シ得ト解シテ可然哉

警保局長回答（昭和二年三月十六日內務省發警第三號）

一月十七日附地發第八號御照會標記ノ件左ノ通及回答候也

右經伺ノ上

記

一　村役場内ノ一室タル會議室ト雖村會ノ會議ニ使用スルノ目的ヲ以テ設ケラレタルモノナルニ於テハ衆議院議員選擧法施行令第七十六條第一項第二號ノ議事堂ニ該當スルモノト存ス

一　舊郡廳ニ舍付テハ御見込ノ通ト存ス

施行令第七十八條

◎選擧運動ノ爲公立學校等ノ設備使用ニ關スル法令疑義ノ件

（大正十五年八月十九日内務省静警第一四號警保局長ヨリ廳府縣長官宛通牒）

本件ニ關シ今般別紙寫ノ通照復致候條爲御參考

別　紙

衆議院議員選擧運動ニ關スル公共營造物ノ使用ニ關スル件

静岡縣知事照會（大正十五年八月五日地第一四八八號ノ内ノ二）

標記ノ件ニ付左記事項聊カ疑義有之候條電報ヲ以テ御回示相煩度

記

二　營造物使用ノ許可ヲ得タル者其ノ後ニ至リ使用開始迄ノ間ニ於テ使用ノ取消ヲ申出ツル場合ハ第三者ノ使用權ヲ侵害スルノ虞アルヲ以テ之ヲ取消ト認メス使用權拋棄ト認メ施行令第七十

八條第二項ノ適用ニ付テハ取消申出ノ日ヲ「許可セラレタル使用ノ日」ト看做シ取扱可然ト存候モ或ハ許可後ハ管理者ニ於テ其ノ取消又ハ變更ヲ認メサルコトヲ得ル義ト解シ可然乎

警保局長囘答（大正十五年八月十四日通報囘答ノ内ノ二）

八月五日地第一四八八號御照會標記ノ件左ノ通及囘答候也

右經伺ノ上

記

二 公立學校等ノ設備ノ使用ノ許可ハ絶對ニシテ許可後ハ其ノ申請ノ取下又ハ變更等ヲ認ムヘキモノニ非ス又實際ニ其ノ設備ヲ使用シタルト否トニ依リテ衆議院議員選擧法施行令第七十八條第二項又ハ第七十九條ノ規定ノ適用ヲ二三ニスヘキニ非ス故ニ使用ノ許可ヲ受ケタル者其ノ使用前之ヲ使用セサルコトノ申出ヲ爲シタル場合ニ於テモ衆議院議員選擧法施行令第七十八條第二項ノ規定ノ適用ニ關シ何等ノ影響ヲ及ホササル義ト存ス

◎衆議院議員選擧法竝ニ附屬ノ勅令及省令等施行ニ關スル件ノ内

（大正十五年八月二十五日内務省發警第五九號内務次官ヨリ廳府縣長官宛依命通牒）

十二 公立學校等ノ設備ノ使用ノ申請ニ關シテハ各其ノ設備ノ管理者ヲシテ使用ニ關スル申請書ノ受理簿ヲ調製セシメ申請書到達ノ都度直ニ其ノ到達ノ日時、申請者ノ氏名、使用スヘキ設備及日時等ノ必要事項ヲ記載セシメ且其ノ申請ニ對スル處分ノ顚末ヲモ記載シテ之ヲ保管セシム

ルコト申請書受理簿ハ豫メ地方長官ニ於テ一定ノ樣式ヲ定メテ指示スルコト

施行令第八十二條

◎衆議院議員選擧法並ニ附屬ノ勅令及省令等施行ニ關スル件ノ内（大正十五年八月二十五日内務省發警第五九號内務次官ヨリ廳府縣長官宛依命通牒）

五　施行令第八十二條ノ規定ニ依ル管理者ノ權限委任ハ其必要トスルモノニ付速ニ之ヲ決定シテ告示スルコト

施行令第八十七條

◎選擧運動ノ爲公立學校等ノ設備使用ニ關スル法令疑義ノ件（大正十五年八月十九日内務省静警第一四號警保局長ヨリ廳府縣長官宛通牒）

本件ニ關シ今般別紙寫ノ通照復致候條爲御參考

衆議院議員選擧運動ニ關スル公共營造物ノ使用ニ關スル件

静岡縣知事照會（大正十五年八月五日地第一四八八號ノ内ノ一）

標記ノ件ニ付左記事項聊カ疑義有之候條電報ヲ以テ御回示相煩度

記

一　公共管造物ノ使用ニ付管理上必要アル場合ハ施行令第八十七條ニ依ル地方長官ノ設クル規定中ニ其ノ使用時間ヲ「午前八時ヨリ午後十二時迄トス」ル旨規定スルハ別ニ差支ナキ義ト存候モ如何ニ候哉

警保局長回答（大正十五年八月十四日電報回答ノ内ノ一）

八月五日地第一四八八號御照會標記ノ件右ノ通及回答候也

右經伺ノ上

記

一　公立學校等ノ設備ノ使用時刻ヲ「午前八時ヨリ午後十二時迄ノ間」トスル旨ノ規定ヲ設クルコトハ別ニ差支ナシト存ス

◎衆議院議員選擧法竝ニ附屬ノ勅令及省令等施行ニ關スル件ノ内（大正十五年八月二十五日内務省發警第五九號内務次官ヨリ廳府縣長官宛依命通牒）

六　施行令第八十七條ニ依ル規定ハ其ノ必要トスルモノニ付此ノ際速ニ之ヲ制定スルコト

衆議院議員選擧法施行規則ニ關スル通牒

規則第一條

◎選擧人名簿ノ調製ニ關スル件通牒（大正十五年十二月二十日内務省選地第八號内務次官ヨリ廳府縣長官宛）

衆議院議員其ノ他地方議會議員ノ選擧人名簿ニ就テハ夫々省令ヲ以テ之カ樣式ヲ定メラレ候處右名簿中住居又ハ住所欄ニハ番地ノ內更ニ細別ノ記號番號アルモノハ爾今適宜其ノ記號番號ヲモ併記スル樣致度ト存候條可然御措置相成度

廣島縣照會（明治三十五年三月十九日）

改正名簿式備考第二號ニ依リ修正ノ事由年月日ヲ記シテ捺印スルハ異議決定及判決ニ依ル修正ノ場合ノミニ限ラス其ノ他ノ修正ニ付テモ尙其ノ記載捺印ヲ要スルヤ

地方局長回答（明治三十五年三月二十五日）

便宜加除ヲ明瞭ニシ捺印スルコトヲ要スル義ト存ス

施行規則第三條

◎投票用紙ニ關スル件（明治三十五年四月十二日地發第六十七號ノ内）

投票用紙ノ寸法ハ府縣ニ於テ適宜ニ定ムルコトヲ要ス

◎同上ノ件

宮城縣知事照會（大正六年三月二日）

衆議院議員投票用紙樣式ノ件從來ハ明治三十四年十月七日內務省令第二十九號ニ依リ被選擧人ノ記載ハ表面指定ノ箇所ニ記載スル樣相成居候處右記載ノ欄ニテハ透見シ易キ虞有之候ニ付被選擧人記載ノ欄ハ現行省令ニ依ル指令ノ箇所ノ裏面ニ改定相成候樣此ノ際該省令改正方御取計相成間敷候哉

地方局長回答

投票用紙樣式ニ付テハ此ノ際別ニ省令ヲ改正スルノ要ナシト認メ居候條御了知相成度

追而本件ニ付テハ投票用紙ノ折方ニ付御考究相成候ハヽ容易ニ透見シ得ルカ如キコト無之ト被存候條申添候

◎同上ノ件（大正九年三月一日發地第四二號地方局長ヨリ廳府縣長官宛ノ内）

投票用紙ニ誤テ府縣會議員等ノ用紙ヲ用ヒタルノ例ナキニアラス能ク之ニ注意シ尙捺印等ニ付テ

モ脱漏等ノコトナク様式ニ違ハサル様注意スルコト

◎同上ノ件（大正九年三月一日發地第四二號地方局長ヨリ廳府縣長官宛ノ内）

投票用紙ニ付テハ他日紛議ノ因トナラサル様十分其ノ紙質等ニ注意スルコト

◎衆議院議員選擧投票用紙ニ關スル件通牒（大正十五年三月二十九日崎地第十六號地方局長ヨリ各廳府縣長官宛）

標記ノ件長崎縣知事照會ニ對シ左記ノ通回答候條爲御參考

地方局長回答（大正十五年三月二十九日崎地局第十六號）

大正十五年二月内務省令第四號衆議院議員選擧法施行規則第三條ニ依ル投票用紙様式中「廳府縣印」ハ從來ノ如ク之ヲ押捺スルノ趣旨ニ有之印刷ニ附スルハ不可然候條御了知相成度

◎衆議院議員選擧投票用紙ニ押捺スヘキ印章ニ關スル件（大正十五年五月十八日内務省阪地第五五號地方局長ヨリ各廳府縣長官宛通牒）

標記ノ件大阪府知事照會ニ對シ左記ノ通回答候條爲御參考

大阪府知事照會

改正衆議院議員選擧法施行規則第三條ニ依リ投票用紙ニ押捺スヘキ廳府縣印ニ關シ本年三月二十

九日崎地局第一六號ヲ以テ通牒ノ次第モ有之候處廳府縣印ハ唯一無二ノモノニシテ他ニ同種類ノモノヲ調製スルコトハ認メラレサル儀ト存候得共改正ノ衆議院議員選擧法實施ノ曉ハ選擧有權者數現在ノ五倍以上卽チ六拾五萬餘人ニ達スル見込ニ有之而シテ之カ投票用紙ニ府廳印ヲ押捺スルニ要スル日數ハ最少限百六拾日（壹人壹日四千枚トシテノ延日數）餘ヲ要スルコトト相成モ平素ヨリ之ヲ準備シ置ク事ハ種々危險ノ伴フ虞モ有之ト存シ旁々以テ選擧期日ノ公布後ニ於テ準備セサルヘカラス而モ此ノ場合ニ於テ壹個ノ府廳印ヲ以テシテハ到底期間內ニ捺印ヲ了スル事不可能ニ有之候ノミナラス府廳印ハ他ノ普通事物ノ關係上投票用紙捺印ニ專用難致事情モ有之候ニ付衆議院議員選擧投票用紙捺印用府廳印トシ現在備付ノ府廳印ト文字其他ニ於テ多少形式ヲ替ヘ別ニ數個ヲ調製使用スルモ選擧法上支障無之候哉聊カ疑義相生シ候ニ付何分ノ義御囘示相成度

地方局長囘答

標記ノ件五月十日地第二一三九號ヲ以テ御照會ノ處御見込ノ通調製使用相成支障無之ト存候

追テ投票用紙捺印專用ノ府廳印數個ヲ調製セラルヽ場合ニ於テハ同一形式ニ調製セラルヘキハ勿論ノ義ニ付申添候

◎衆議院議員選擧投票用紙ニ押捺スル縣印ノ件通牒

（大正十五年十二月七日茨地局第五五號地方局長ヨリ各地方長官宛）

標記ノ件甲號照會ニ對シ乙號ノ通囘答候條爲御參考

（甲號）　茨城縣知事照會（大正十五年十一月十二日）

普選施行後ニ於ケル衆議院議員選擧投票用紙ハ有權者ノ激增ニ依リ從來使用ノ西ノ内四ツ切ノモノヲ投票函收容力ノ關係上西ノ内八ツ切ニ改正シタル結果現在ノ縣印ヲ押○スルトキハ其ノ印影投票用紙幅員ノ約半面ニ達シ又印押捺ノ功程ヲ增加スル上ニ於テモ寸法ヲ縮少セル縣印ヲ用ウルヲ便宜ト思料セラルルヲ以テ投票用紙押捺用トシテ別ニ數個ノ縮少セル縣印（同一形式ニ依リ）ヲ調製致シ度候得共右支障有之間敷哉至急何分ノ御意見ニ接シ度及照會候

（乙號）　地方局長囘答（大正十五年十二月七日茨地第五五號）

標記ノ件御照會ノ處右ハ御見込ノ通調製相成差支無之ト存ス

規則第五條

◎投票函ニ關スル件（大正九年三月一日發地第四二號地方局長ヨリ廳府縣長官宛ノ内）

投票函ニ付テハ選擧人ノ增加ニ伴ヒ其ノ容積ニ注意シ現在ノ投票函ヲ其ノ儘使用スル場合ハ豫メ破損ノ有無ヲ檢シ支障ナキヲ期スコト

◎同上ノ件

和歌山縣知事照會（大正十四年八月二十六日地第九九九號）

改正衆議院議員選擧法ニ依レハ有權者增加ノ爲非常ニ大ナル投票函ヲ要シ候處斯クテハ取扱上不便不尠候就テハ一投票所ニテ適當ナル數個ノ投票函ヲ使用差支無之哉現行法令中何等拘束規定ナキヲ以テ支障ナキモノト被認候得共豫メ調製要シ候ニ付御意見御回示相煩度爲念及照會候也

地方局長回答（大正十四年十月二十八日内務省利地第五九號）

改正衆議院議員選擧法ニ依ル投票函ノ件八月二十六日地第九九九號ヲ以テ御照會ノ處現行法令中投票函ハ一投票所ニ於テ數個ヲ使用セシムルコトヲ禁スルノ明文ナキモ斯ノ如キハ選擧ノ執行ニ當リ取扱ヲ複雜ナラシメ錯誤ヲ生スルノ虞アルノミナラス選擧人著シク多キ市町村ニ付テハ投票區ヲ分ツノ途モ有之投票函ハ一投票所一個ヲ使用セシムルヲ適當ト存ス

追テ投票函樣式ハ不日省令ヲ以テ定メラルヽ義ニ有之候處大體現行省令ノ樣式ニ依リ其ノ大小ハ選擧人ノ數ニ應シ適宜定ムルヲ得ル樣規定ノ見込ニ付爲念申添候

◎同上ノ件

東京府照會ノ内（大正十三年二月二十三日）

一　投票函ニ「カン」ヲ附シ持運ニ便セントス右ハ違式トナルヤ

地方局長回答ノ内（大正十三年二月二十三日）

一　投票函樣式ハ省令ノ定ムル所ニ付是亦從來ノ例ヲ襲踏セラレ可然ト存ス

◎同上ノ件

長崎縣知事照會（大正十五年十一月二十八日十五庶第八五三號）

標記樣式ニ付テハ本年內務省令第四號ヲ以テ御規定相成候處之カ作製ニ付左記ノ通疑義相生シ候條至急何分ノ御指示相煩度

記

一 投票函ノ大小ハ選擧人ノ多寡ニ應シ適宜作製シ得ル旨ノ規定ナルカ此ノ場合在來ノ選擧ニ鑑ミルトキハ高サヲ比較的高クシ横ヲ狹クシタル方投票上ニモ又運搬上ニモ至極便利ナリト認メラルヽニ付右ノ如ク適宜ニ作製シ差支ヘナキヤ或ハ御規定ノ寸法ニ正比例シテ作製セサルヘカラサルモノナリヤ

二 投票函ハ「アートメタル」ニテ作製差支ナキヤ「アートメタル」ハ別途添屬ノ見本ノ通リノモノニ有之之ヲ木製ニ比較スルニ質ニ於テ金屬ナルヲ以テ數等堅牢ナリ且重量ニ於テ又價格ニ於テ木製ト大差ナク且鎖鑰ノ破損等少キヲ以テ至極便利ナリト認ム厚ハ凡ソ一分內外ナリ

三 本年十月二十日內務省德地第九八號ヲ以テ德島縣知事宛ノ御回答ニ依レハ投票口ハ所定ノ數ヲ增加シ得ヘカラサルノ旨ナルカ之ニ反シ所定ノ數ヨリ減スルモ又不可然義ナリヤ

地方局長回答（大正十五年十一月二十七日崎地局第五三號）

十一月二十日十五庶第八五三號ヲ以テ御照會相成候標記ノ件ハ左記ノ通ニ有之候

記

一　前段御見込ノ通リ
二　從來ノ通木製トセラレ度
三　投票口ヲ所定ノ數ヨリ減スルハ衆議院議員選擧法施行規則樣式ノ認ムル所ナルヲ以テ別ニ支障ナシ

◎衆議院議員選擧投票函樣式ニ關スル件

三重縣知事照會（大正十五年十月二日地第三二六七號）

衆議院議員選擧ニ用フル投票函ノ樣式ハ本年二月內務省令第四號ヲ以テ規定相成候處右樣式中投票口ノ寸法二寸三分ハ機宜ニ應シ伸縮スルモ差支無ク候哉至急何分ノ御回示相煩度

地方局長回答（大正十五年十月十六日內務省三地第五八號）

標記ノ件十月二日地第三二六七號ヲ以テ御照會ノ處投票口ノ寸法ヲ伸縮スルハ不可然義ニ有之

第三　選擧ニ關スル職務

町村長ノ職務

第一　選擧人名簿調製ニ關スル職務

一　選擧資格ノ調査（毎年九月十五日現在）（法第十二條第一項）
二　選擧人名簿ノ調製（十月三十一日迄）（法第十二條第一項）
三　選擧人名簿縱覽場所ノ告示（縱覽開始ノ日ヨリ少クトモ三日前）（法第十三條第二項）
四　選擧人名簿ノ縱覽（十一月五日ヨリ十五日間）（法第十三條第一項）
五　選擧人名簿修正申立ノ理由及證憑ノ審査決定（申立ヲ受ケタル日ヨリ二十日以内）
名簿ノ修正、申立人及關係人ニ通知之カ告示又ハ申立ヲ正當ナラスト決定シタルトキ其ノ旨申立人ニ通知（法第十五條）
六　選擧人名簿ノ据置（翌年十二月十九日迄）（法第十七條第二項）
七　確定判決ニ依ル名簿ノ修正及其旨ノ告示（法第十七條第二項但書）
八　天災事變其ノ他ノ事故ニ因リ必要アルトキ更ニ選擧人名簿ノ調製（法第十七條第三項）
九　市町村ノ境界變更ニ因ル選擧人名簿中異動部分ヲ新市町村長ニ送付（令第四條第一項）

一〇　市町村ノ廢置分合アリタル爲選擧人名簿ノ引繼ヲ要スル時新市町村ニ送付(令第四條第二項)
一一　選擧人名簿ノ保存(議員ノ任期間)(令第六條)
一二　名簿確定シタルトキ卷末記載(規則第一條及樣式)
一三　第九、十項ノ場合ニ於テ名簿調製中ナルトキ事務ノ引繼(市制町村制施行規則第二十九條)

第二　投票管理者(特別投票管理者ヲ含ム)トシテノ職務

一　投票所ノ指定(法第二十一條)
二　投票所ノ告示(選擧期日ヨリ少クトモ五日前)(法第二十二條)
三　投票所ノ設備完成(令第十三條地方局長通牒)
四　投票所ノ開閉(午前七時開所午後六時閉所)(法第二十三條)
五　必要アリト認ムルトキ投票所入場劵及到著番號札ヲ選擧人ニ交付スルコト(令第十二條)
六　投票ニ先チ選擧人ノ面前ニ於テ投票函ノ空虛ナルコトヲ示シ後內蓋ヲ鎖スコト(令第十五條)
七　臨時投票立會人ノ選任及其ノ旨本人ニ通知(法第二十四條第二項)
八　選擧人ト選擧人名簿ノ對照及投票用紙ノ交付(法第二十五條第一項第二十六條令第十六條)
九　疑シキ選擧人ニ本人ナル旨ヲ宣言セシムルコト及投票所ノ事務ニ從事スル者ヲシテ筆記セシメ選擧人ニ讀聞カセ選擧人ニ署名セシムルコト及投票錄ニ添附スルコト(法第二十五條第二項令第十九條)

一〇　汚損シタル投票用紙又ハ封筒ノ引換(令第十七條)
一一　投票用紙ヲ返付セシムルコト(令第二十條)
一二　名簿ニ登錄セラルヘキ確定判決書所持者ニ投票ヲ爲サシムルコト(法第二十九條但書)
一三　投票ノ拒否ノ決定(法第三十一條第一項)
一四　右決定不服者ニ假投票ヲ爲サシムルコト(法第三十一條第二項乃至第四項規則第四條)
一五　點字ニ依ル投票ノ拒否ノ場合ニ於テ封筒ニ點字投票印押捺ノ上交付(令第二十一條第三項)
一六　點字ニ依リ投票ヲ爲サムトスル選擧人ニ對シ投票用紙ニ點字票印押捺ノ上交付(令第二十一條第二項規則第四條)
一七　投票所ノ秩序保持ヲ必要トスル場合ニ於テ警察官吏ノ處分請求(法第四十條)
一八　投票所ノ秩序攪亂者ノ制止及投票所外ニ退出セシムルコト(法第四十二條)
一九　投票所退出者ニ最後ニ投票ヲ爲サシムルコト(法第四十三條)
二〇　不在投票事由ノ認證並之カ投票用紙及投票用封筒ノ交付又ハ郵便發送(令第二十八條第三項)
二一　正當事由ニ因リ正式證明書提出不能者ニ付其ノ旨ヲ疏明セシムルコト(令第二十八條第三項)
二二　點字ニ依リ投票ヲ爲サントスル不在投票申立人ニ對シ交付又ハ發送スル投票用紙ニハ點字投票印押捺ノコト(令第二十九條第二項規則第四條)

二三　不在投票者ニ投票用紙及投票用封筒交付ノ場合又ハ其ノ返還等ニ付テハ選擧人名簿ニ附箋ヲ爲シ夫々整理スルコト（地方局長通牒）
二四　不在者投票ニ關シ令第二十八條第一項但書ニ依リ手續シタルトキハ召集令狀ノ餘白ニ其ノ旨記載シ署名スルコト（地方局長通牒）
二五　不在者投票ノ投票記載所ノ完備（令第三十一條第四項）
二六　不在者投票ニ町村吏員ヲ立會シムルコト（令第三十一條第三項）
二七　不在者投票用封筒ノ裏面ニ投票ノ年月日及場所ノ記載及立會人ト共ニ署名保存（令第三十二條第一項第二項）
二八　投票區ノ異動ニ因リ不在者投票者ノ投票ヲ新投票管理者ニ送致スルコト（令第三十二條第四項）
二九　他ノ特別投票管理者ヨリ送致セル投票及前項ノ送致ニ係ル投票ノ保管（令第三十二條第五項）
三〇　不在者投票ニ關スル顚末書ヲ作成シ之ニ署名シ投票錄ニ添附スルコト（令第三十三條規則第九條）
三一　第二十七項第二十九項ノ保管ニ係ル投票ノ受理如何ノ決定（令第三十四條第一項）
三二　投票用封筒ノ開披及點字投票ノ拒否決定（令第三十四條第二項）
三三　投票ヲ直チニ投函シ又ハ投票用封筒ニ入レ假封緘ヲ爲シ其ノ表面ニ不受理又ハ拒否ノ決定

アリタル旨ヲ記載シ投函スルコト（令第三十四條第三項）

三四　投票所閉鎖時刻（午後六時）後送致ニ係ル投票ニ對スル封筒ノ開披、投票用封筒ニ受領年月日時ノ記載及開票管理者ニ送致（令第三十六條）

三五　投票所入口ノ閉鎖投票函ノ閉鎖　法第三十二條）

三六　投票函外蓋ノ鑰ノ保管（令第二十二條）

三七　投票錄ノ作製及署名（法第三十四條）

三八　投票函投票錄及選擧人名簿ノ送致（法第三十五條）

三九　天災其ノ他避クヘカラサル事故ニ因ル投票不能又ハ更ニ投票ヲ必要トスル事由ノ屆出（法第三十七條）

四〇　投票ニ關スル書類ノ保存（議員ノ任期間）（令第二十三條）

四一　不在者投票ニシテ投票用紙及封筒ヲ交付シタル者ニシテ選擧ノ當日出頭シタル者ハ之ヲ返還セシメタル上投票セシムルコト（令第三十五條第二項）

第三　公立學校營造物設備使用ニ關スル職務（同管理者トシテ）

一　公立學校營造物設備使用ノ許否ノ決定、申請者又ハ其ノ代理人及當該公立學校長ニ通知（公立學校其ノ他營造物管理者トシテ）（令第八十條第八十三條）

二　同一公立學校營造物設備使用者ニ對スル使用許可及使用者ノ決定（公立學校其ノ他營造物管

理者トシテ）令第七十九條、第八十三條）

第四　其ノ他ノ職務

一　町村ノ區域ニ數投票區ヲ設ケタル場合ニ於テ選擧期日ノ公布又ハ告示アリタルトキ選擧人名簿ヲ投票管理者ニ送付スルコト（令第七條第三號）

二　數町村ノ區域ヲ合セテ一投票區ヲ設ケタル場合ニ於テ選擧期日ノ公布又ハ告示アリタルトキ選擧人名簿ヲ投票管理者ニ送付スルコト（令第八條第二號）

三　投票用紙及封筒ノ受拂數量ノ明記、種類別使用量、殘餘報告及殘餘又ハ汚損用紙封筒ノ返付（地方局長通牒）

四　議員候補者死亡ノ場合選擧長ニ通知（令第五十條第二項）

五　議員候補者議員定數ヲ超ヘサルトキ選擧長ノ通知ニ基キ其ノ旨告示（法第七十一條第三項）

市區長ノ職務

第一　選擧人名簿調製ニ關スル職務

第二　投票管理者（特別投票管理者ヲ含ム）トシテノ職務

第三　公立學校及營造物設備使用ニ關スル職務（同管理者トシテ）

第四　其ノ他ノ職務

右町村長ノ職務ニ同シ

第五　開票管理者トシテノ職務

一　開票所ノ指定（法第四十五條）
二　開票ノ場所及日時ノ告示（法第四十六條）
三　臨時開票立會人ノ選任（法第四十七條）
四　投票函ノ開函及投票總數ト投票人總數トノ計算（法第四十八條）
五　假投票ノ調査及其ノ受理如何ノ決定（法第四十九條第一項）
六　投票ノ點檢（法第四十九條第二項）
七　投票ノ效力ノ決定（法第五十一條）
八　得票ノ計算（令第三十九條）
九　投票區毎ニ各議員候補者得票數ノ朗讀、得票總數ノ朗讀（令第四十條）
一〇　開票錄ノ作成署名及保存（議員任期間）（法第五十四條、規則第九條）
一一　投票點檢ノ結果ヲ選舉長ニ報告並開票錄謄本送付（法第四十九條第三項令第四十一條第一項）
一二　投票ノ保管（法第五十三條令第四十二條）
一三　選舉人名簿ヲ關係町村長ニ返付（此點地方長官ノ指定シタル官吏ノミニ適用）（令第四十・・

條第二項）

一四　天災其ノ他避クヘカラサル事故ニ依ル開票會開催不能又ハ更ニ開票會ヲ必要トスル事由ノ屆出（法第五十六條）

一五　開票所ノ秩序保持ヲ必要トスル場合ニ於テ警察官吏ノ處分請求（法第五十七條）

一六　開票所ノ秩序攪亂者ノ制止及開票所外ニ退去セシムルコト（法第五十七條）

一七　開票ニ關スル書類ノ保存　令第四十三條）

第六　選擧長タル市區長ノ職務

一　選擧會場ノ指定（法第五十九條）

二　選擧會ノ場所及日時ノ告示（法第六十條）

三　臨時選擧立會人ノ選任（法第六十一條）

四　選擧會ノ開會、開票管理者ヨリノ報告ノ調査、開票區每ニ各議員候補者ノ得票數ノ朗讀、得票總數ノ朗讀（法第六十二條第一項令第四十六條）

五　選擧錄ノ作成署名及保存（議員任期間）（法第六十四條、規則第九條）

六　選擧關係書類ノ保存（議員任期間）（令第四十七條）

七　選擧會場ノ秩序保持ヲ必要トスル場合ニ於テ警察官吏ノ處分請求（法第六十六條）

八　選擧會場ノ秩序攪亂者ノ制止及開票所外ニ退出セシムルコト（法第六十六條）

九　議員候補者ノ屆出又ハ推薦屆出ノ受理及議員候補者辭退屆ノ受理（法第六十七條第一項乃至第四項令第四十九條、規則第十條）

一〇　議員第九項屆出又ハ議員候補者死亡ノ告示及投票管理者ニ速報（法第六十七條第五項地方局長通牒）

一一　議員候補者屆出推薦屆出アリタルトキニ住居地市町村長ニ通知及候補者ノ氏名、職業、住居、生年月日等ヲ開票管理者ニ通知（令第五十條第一項）

一二　議員候補者ノ辭退又ハ死亡ノ旨開票者ニ通知（令第五十條第三項）

一三　當選人ノ決定（法第六十九條）

一四　議員候補者議員ノ定數ヲ超エサルトキ投票管理者ニ通知告示及地方長官ニ報告及當選人ノ決定（法第七十一條）

一五　當選人ニ當選ノ告知、當選人氏名ノ告示及地方長官ニ選擧顚末報告（法第七十二條第一項）

一六　當選人ナキトキ及當選人議員定數ニ達セサル場合ニ地方長官ニ報告（法第七十二條第二項）

一七　當選人ノ當選諾否ヲ地方長官ニ報告（法第七十三條第三項、令第五十二條）

一八　議員闕員ニ關シ當選人ノ決定（法第七十九條第四項）

一九　選擧事務長カ選擧罰則ニ依リ刑ニ處セラレタル旨地方長官ヨリ通知ヲ受ケタルトキ其ノ旨告示（令第百十條第二項）

二〇　天災其ノ他避クヘカラサル事故ニ因リ選擧會ヲ行フコトヲ得サルトキ又ハ更ニ選擧會ヲ開

ク必要アルトキ地方長官ニ屆出(法第六十五條)

地方長官ノ職務

第一　選擧ノ區域ニ關スル職務

一　特別ノ事情アル市町村ニ數投票區ヲ設ケ又ハ數町村ニ一投票區ヲ設クルコト及之カ告示(法第二條第二項第三項)

二　特別ノ事情アル郡市ニ數開票區ヲ設クルコト及之カ告示(法第三條第一項)

第二　選擧人名簿調製ニ關スル職務

一　天災事變其ノ他ノ事故ニヨリ名簿再製ニ關スル調製及其ノ期日縱覽ニ關スル期日、期間ノ決定及其ノ告示(法第十七條第四項、規則第一條)

第三　投票ニ關スル職務

一　交通不便ノ地ニ於ケル投票期日ノ決定之カ告示投票管理者及開票管理者ニ通知、開票期日迄ニ投票函投票錄及選擧人名簿ヲ送致セシムルコト(法第三十六條、令第二十四條)

二　天災其ノ他避クヘカラサル事故又ハ更ニ投票ヲ行フノ必要アルトキ選擧期日ノ決定及其ノ告

示並投票管理者、開票管理者及選擧長ニ通知（法第三十七條、令第二十五條）
三　市町村内數投票區ヲ設ケタル場合ニ於テ各投票管理者ノ決定（令第七條第二號）
四　數町村ニ一投票區ヲ設ケタル場合ニ於ケル投票管理者ノ決定（令第八條第一號）
五　投票管理者及其ノ代理者故障アルトキ官吏又ハ吏員ヲシテ臨時事務管掌セシムルコト（令第九條）

第四　開票ニ關スル職務

一　開票管理者ト爲ルヘキ官吏ノ指定（法第四十四條）
二　一郡市ニ數開票區ヲ設ケタル場合ニ於テ官吏又ハ吏員中ニ付開票管理者ヲ決定（令第三十七條）
三　開票管理者ト爲ルヘキ官吏指定ノ場合ニ於テ投票、開票錄、投票錄及開票ニ關スル書類ノ保管（議員任期間）（法第五十三條但書、法、第五十四條但書、令第四十二條第四項、第四十三條但書）
四　開票管理者及其ノ代理者故障アルトキ官吏又ハ吏員ヲシテ臨時ニ事務ヲ管掌セシムルコト（令第三十八條）
五　天災其ノ他避クヘカラサル事故又ハ更ニ開票ヲ行フノ必要アルトキ開票期日ノ決定開票管理者及選擧長ニ通知（法第五十六條、令第四十四條）

第五　選擧會ニ關スル職務

一　選擧長トナリ又ハ選擧長ノ指定（法第五十八條）

二　選擧長タル地方長官ハ市區長ノ職務中第五選擧長タル市區長ノ職務ニ同シ（第十四項乃至第十七項ヲ除ク）（法第五十八條）

三　選擧長タル官吏ヲ指定シタル場合ニ於テ選擧錄及開票管理者ヨリ開票ノ結果ニ關スル報告書類其ノ他選擧會ニ關スル書類ノ保存（法第六十四條但書、令第四十七條但書）

四　天災其ノ他避クヘカラサル事故又ハ更ニ選擧會ヲ行フ必要アルトキ選擧會期日ノ決定及選擧長ニ通知（法第六十五條、令第四十八條）

五　選擧長及同代理者故障アルトキ臨時ニ官吏又ハ吏員ヲシテ事務ヲ管掌セシムルコト（令第四十五條）

第六　當選人ニ關スル職務

一　當選人ニ當選證書ノ付與其ノ氏名ノ告示及内務大臣ニ報告（法第七十六條、規則第十一條）

二　選擧若ハ當選無效ト爲リタルトキ又ハ當選人選擧ニ關スル處罰ニ依リ當選無效トナリタルトキ告示スルコト（法第七十七條）

第七　再選擧及補闕選擧ニ關スル職務

一　再選擧期日ノ決定告示及選擧ヲ行ハシムルコト（法第七十五條）

二　內務大臣ヨリ議員闕員ノ通知ヲ受ケタルトキ選擧長ニ通知　法第七十九條第三項）

三　補闕選擧ヲ行ハシムルコト及其ノ期日ノ告示（法第七十九條第五項第六項）

第八　選擧運動及同費用ニ關スル職務（東京府ニ在リテハ警視總監）

一　選擧一部無效ニ依リ更選擧ノ場合又ハ天災避クヘカラサル事故及其ノ他必要アルトキ投票ヲ行フ場合ニ選擧事務所選擧委員選擧事務員ノ決定及告示竝之カ措置（法第九十條、第九十三條第二項內務次官通牒）

二　選擧事務長ノ解任又ハ退任（法第九十四條第一項）

三　選擧事務長ニ非ラサル者ノ設置セル選擧事務所又ハ定數ヲ超ヱタル選擧事務所ノ閉鎖ヲ命スルコト（法第九十四條第二項）

四　定數超過又ハ無資格選擧事務員ノ解任ヲ命スルコト（法第九十四條第三項）

五　天災其ノ他避クヘカラサル事故ニ因ル投票不能又ハ更ニ必要アル投票ニ於ケル選擧運動費用ノ減額（法第百二條第一項第三號）

六　選擧運動費用額ノ告示（法第百二條第二項內務次官通牒）

七　選擧事務長ヨリ屆出ニ係ル選擧運動費用ノ告示（法第百六條第二項內務次官通牒）
八　選擧事務長選擧ニ關スル罪ニ依リ刑ニ處セラレタル旨ノ裁判所長ノ通知ニ依リ關係選擧長ニ通知（令第百十條）
九　選擧運動ノ費用ノ精算屆書ノ保存及閲覽（內務次官通牒）
一〇　選擧運動ノ取締統一及連絡（內務次官通牒）
一一　選擧事務長選擧委員選擧事務員選任屆書ニ添附スヘキ證明書ニ關スルコト（內務次官通牒）
一二　選擧運動ニ關スル諸屆書受理ニ關スルコト（內務次官通牒）

第九　公立學校營造物設備使用ニ關スル職務

一　公共團體ノ管理ニ屬スル公會堂議事堂以外ノ營造物ノ設備ノ指定及告示竝内務大臣ニ報告（令第七十六條第一項第三號第三項內務次官通牒）
二　議事堂ノ使用ノ制限又ハ禁止及之カ告示竝內務大臣ニ報告（令第七十六條第二項第三項）
三　公立學校營造物設備使用ノ許否決定申請者又ハ其ノ代理人及當該公立學校長其ノ他廨長ニ通知（公立學校其ノ他營造物管理者トシテ）（令第八十條、第八十三條）
四　同一公立學校營造物設備使用者ニ對スル使用許可及使用者ノ決定（公立學校其他營造物管理者トシテ）（令第七十九條、第八十三條）
五　府縣立公立學校管理者ノ權限委任之カ告示竝內務大臣ニ報告（令第八十二條內務次官通牒）

六　公立學校又ハ營造物使用許可ノ取消又ハ使用許可ヲ爲スコト及內務大臣ニ報告（令第八十六條內務次官通牒）

七　公立學校營造物設備使用ニ關シ必要規定ノ設定竝內務大臣ニ報告（令第八十七條內務次官通牒）

八　公立學校等ノ設備ノ使用ノ申請書受理簿ニ關スルコト（內務次官通牒）

第十　其ノ他ノ職務

一　投票立會人開票立會人及選擧立會人職務費用支給額ノ決定（令第七十二條第二項）

二　選擧運動費精算屆出期間延長及告示竝內務大臣ニ報告（北海道長官警視總監沖繩縣知事ノミ）（令第百六條第百八條第六項第百九條第二項內務次官通牒）

三　東京府青ケ島ニ於ケル選擧人名簿調製縱覽修正ノ申立及修正申立ノ決定ニ關スル期日又ハ期間ノ決定告示（東京府知事ノミ）（法第百八條第五項）

四　沖繩縣大東島ニ於ケル選擧人名簿ニ關スル町村長ノ職務投票管理者職務ヲ行フヘキ官吏ノ決定（沖繩縣知事ノミ）（令第百九條）

五　大正十五年八月二十五日內務省發警第五九號ニ基キ內規等ヲ設ケ又ハ之ヲ改廢シタルトキ報告スルコト（內務次官通牒）

六　投票函點字器ヲ調製スルコト（令第十四條、第六十九條、規則第五條）

七　選擧人名簿用紙投票用紙及假投票不在者投票ニ用ヒル封筒ヲ調製スルコト（令第六十九條規

則第三條）

投票立會人（不在投票立會人ヲ含ム）ノ職務

一　投票所ニ參會スルコト（法第二十四條）
二　投票ノ拒否ニ關シ意見ヲ述フルコト（法第三十一條第一項）
三　異議アル選擧人ニ對シ假投票ヲ爲サシムルコト（法第三十一條第四項令第二十一條第三項）
四　投票錄ニ署名（法第三十四條）
五　投票函投票錄及選擧人名簿ヲ開票管理者ニ送致（法第三十五條）
六　投票函內蓋ノ鑰ノ保管（令第二十二條）
七　不在投票用封筒ノ裏面ニ署名スルコト（令第三十二條第一項）
八　不在投票ノ受理如何ニ付意見ヲ述フルコト（令第三十四條第一項）

開票立會人ノ職務

一　開票會ニ參會スルコト（法第四十七條）
二　投票函ノ開函投票總數ト投票人總數ヲ計算シ立會フコト（法第四十八條）
三　假投票受否ニ付意見ヲ述フルコト（法第四十九條第一項）
四　投票ノ點檢（法第四十九條第二項）

五　投票ノ效力ニ付意見ヲ述フルコト（法第五十一條）
六　投票人ノ封筒ニ封印ヲ施スコト（令第四十二條第一項）
七　開票錄ニ署名スルコト（法第五十四條）

選擧立會人ノ職務

一　選擧會ニ參會（法第六十一條）
二　開票管理者ヨリノ報告調査會ニ立會（法第六十二條）
三　選擧錄ニ署名（法第六十四條）
四　議員候補者議員定數ヲ超エサルトキ當選人決定ニ關シ議員候補者ノ被選擧權ノ有無ニ付意見ヲ述フルコト（法第七十一條第五項）

議員候補者ノ職務

一　選擧長ニ屆出（選擧期日前七日迄）（法第六十七條第一項、第四十九條第一項、規則第六條）
二　辭任ノ屆出（法第六十七條第四項、令第四十九條第二項、規則第六條）
三　二千圓又ハ同相當額面國債證書ノ供託（法第六十八條第一項）
四　當選人トナルコト（法第六十九條、第七十一條）
五　當選人ノ諾否ヲ選擧長ニ屆出ツルコト（法第七十三條）

六　選擧事務長一人ヲ選任（法第八十八條第一項）

七　選擧事務長ノ解任（法第八十九條第三項）

八　選擧事務長選任及異動ヲ警察署ニ屆出（法第八十八條第五項第六項、令第五十三條、第五十六條）

九　選擧事務長同選任者故障アルトキ其職務ノ代行及警察署ニ屆出（法第九十五條、令第五十七條法第八十八條第七項）

一〇　選擧運動ヲ爲スコト（法第九十六條）

一一　選擧事務長ノ文書ニ依ル承諾ヲ得テ選擧運動費ノ支出（法第百一條）

一二　演說又ハ推薦狀ニ依ル選擧運動費用若クハ立候補準備費用支出ニ付他人ト意思ヲ通スルコト（令第五十九條、第六十條）

一三　選擧無料郵便物ノ差出（法第百四十條第一項令第七十四條大正十五年二月遞信省令第四號）

一四　公立學校又ハ公共團體ノ營造物設備使用ノ申請（令第七十七條、第七十八條）

一五　公立學校又ハ公共團體ノ營造物設備使用準備、後片付ノ費用負擔及設備損傷ニ對スル賠償又ハ原狀回復（令第八十五條）

一六　法第六十八條第一項ノ供託物ノ還付ヲ請求スルコト（令第五十一條）

一七　投票開票選擧立會人ノ屆出（法第二十四條、第六十一條、令第十條、第三十八條、第四十五條、規則第六條）

一　議員候補者ノ職務中第一項、第三項、第六項、第七項、第八項、第九項、第十三項、第十四項、第十五項ノ職務

議員候補者推薦届出者ノ職務

選擧事務長ノ職務

一　選擧事務長ノ辭任（法第八十八條第四項）
二　選擧事務長トナリタルコト及其ノ異動ヲ警察署ニ屆出（法第八十八條第五項第六項、令第五十三條、第五十六條）
三　選擧事務所ノ設置又ハ選擧委員若ハ選擧事務員ノ選任（法第八十九條第一項）
四　選擧委員又ハ選擧事務員ノ解任（法第八十九條第二項）
五　選擧事務所ノ設置又ハ選擧委員若ハ選擧事務員ノ選任及其ノ異動ヲ警察署ニ屆出（法第八十九條第四項）
六　選擧運動ヲ爲スコト（法第九十六條）
七　選擧運動ノ爲ニ要スル實費辨償ヲ受クルコト（法第九十七條）
八　選擧運動費用ノ支出（法第百一條）
九　帳簿ヲ備ヘ選擧運動費用ノ記載（法第百五條、令第六十一條、第六十二條）

一〇　選擧運動費用精算屆出（法第百六條、令第六十六條、規則第十二條）
一一　選擧運動費用ノ帳簿及書類ノ保存（法第百七條、令第六十八條）
一二　辭任又ハ解任ノ場合ニ於テ選擧運動費用、選擧事務所選擧委員選擧事務員其ノ他ニ關スル事務ノ引繼（法第百九條、令第六十五條）
一三　選擧運動ニ付承諾ヲ與ヘタル費用ノ精算書作成（令第五十八條）
一四　演說又ハ推薦狀ニ依ル運動費用ニシテ運動員以外ノ者カ候補者又ハ事務長ト意思ヲ通シテ支出シタル費用ノ精算書ノ作成（令第五十九條）
一五　立候補準備費用ノ精算書作成（令第六十條）
一六　選擧運動費用支出承諾金額、用途、年月日、氏名ヲ承諾簿ニ記載（令第六十二條第一項）
一七　選擧運動費用支出承諾簿記載（令第六十二條第二項）
一八　第十三項ノ精算書ヲ作成シタルトキハ支出總金額、用途、精算、年月日、氏名ヲ承諾簿ニ記載（令第六十二條第三項）
一九　財產上ノ義務金錢以外ノ財產上ノ利益ノ見積金額、用途、支出先、支出年月日、見積根據ヲ評價簿ニ記載（令第六十三條）
二〇　支出、金額、用途、支出先、支出年月日ヲ支出簿ニ記載（令第六十四條）
二一　選擧運動費用ノ支出領收書、支出ヲ證スル書面ヲ徵スルコト（令第六十七條）

第四　選擧判例

衆議院議員選擧ニ關スル判例

◎判決要旨鼇頭ノ「民」ハ大審院民事部「刑」ハ同刑事部ノ判決ヲ示ス
◎判決要旨ノ下ノ數字中、大審院判決ハ判決ノ年及判決錄ノ卷頁ヲ示ス

◉衆議院議員選擧法　（大正十四年五月五日法律第四十七號）改正（大正十五年六月三十日法律第八十二號）

第六條　舊第十一條

民　法第十一條ハ選擧ノ時ニ當リ選擧權若クハ被選擧權ヲ有スヘキ者ノ資格ニ關スル規定ナルヲ以テ選擧結了ノ後ニ於テ禁錮以上ノ刑ノ宣告ヲ受ケタル者ハ同條第四號ノ規定中ニ包含セラルヘキニ非ス　三五・九・九五

第八條　舊第十四條

民　法第十四條ニ所謂選擧ニ關係アル官吏、吏員トハ各般ノ選擧事物ニ付其ノ當局者トシテ同法ニ規定セラレアルモノヲ指シ市ノ名譽職區長ノ如キ市長指揮命令ノ下ニ當該事務ヲ執ル者ハ之ヲ包含セサルモノトス　一四・二六

第十二條　舊第十八條

民　衆議院議員選擧人名簿調製ノ當時ニ於テ上告人カ村ニ住所ヲ有セサルコト明ナルトキハ其村ノ選擧人名簿ニ登錄セラルヘキ資格ヲ有セサルヲ以テ上告人ノ該選擧人名簿修正ノ請求ヲ棄却シタル判決ハ正當ナリ　八・二〇二

民　法第十八條第四項ニ依リ選擧人名簿ニ記載スヘキ選擧人ノ住所トハ民法ニ所謂生活ノ本據タル一定ノ場所ヲ指稱スルモノト解スルヲ相當トス　一〇・一四二

民　如上住所ヲ表示スルニハ最小自治行政區劃タル市區町村ノ外町名又ハ字名及ヒ番地ニ依リ之ヲ特定スルヲ正確トスルヲ以テ選擧人ノ住所トシテ最少自治行政區劃ノミヲ表示スル選擧人名簿ハ正確ナル意義ニ於ケル住所ノ記載ヲ缺クモノト謂ハサルヲ得スト雖モ字名番地ヲ省略シ最小自治行政區劃名ノミヲ表示スルモ之ヲ住所以外ノ他ノ記載事項ト相照應セシムルニ於テハ其選擧區内ニ於ケル選擧資格者ニ限リ投票ヲ爲サシメ得ラレサルニ非サルヲ以テ斯ノ如キ住所ノ表示ハ單ニ違式タルニ止マリ當然選擧人名簿ノ無效ヲ惹起スルモノニ非サルモノトス　一〇・一四一

ニ

民　選擧人名簿ニ生年月日ノ記載ヲ缺如スルモ他ノ記載ニ依リ選擧人ノ同一ナルコトヲ認識シ得ル以上ハ當然該選擧人ノ登錄ノ無效ヲ來スコトナシ　一五・七八

第十三條　舊第二十條

民　衆議院議員選擧法施行令第七條及ヒ法第二十條ノ規定ハ選擧人名簿ノ正確ヲ期スルカ爲メ該名簿ノ確定前豫メ選擧人ヲシテ該名簿ノ脫漏又ハ誤載ノ有無ヲ檢シ法第二十一條ニ依ル修正申

立ノ機會ヲ得セシムルノ趣意ナリトス　六・一三五六

民　郡長市町村長カ如上ノ法令ニ違背シ縱覽場所ノ告示ヲ遲延シ又ハ縱覽期間ヲ短縮シタルトキハ選擧人カ選擧權ヲ有スルニ拘ハラス名簿ニ脫漏又ハ誤載セラレタル結果之ヲ行使シ得サル場合ニ於テノミ當該選擧人ニ對シ名簿確定ノ效力ヲ有セスト雖モ選擧人トシテ選擧人名簿ニ登錄セラレアル者ニ對シテハ該名簿ハ何等確定ノ效力ヲ失フヘキモノニ非ス　六・一三五六

第十四條　舊第二十三條

民　法令ニ於テ一定ノ期間内ニ申立ヲ爲スヘキ旨ヲ規定シタルトキハ特別ノ規定アラサル限リ其申立ハ期間内ニ當該官憲ニ到達スルコトヲ要ス　四一・六二五

民　衆議院議員ノ選擧人名簿ニ脫漏又ハ誤載アルコトヲ發見シタル選擧人カ町村役場ヲ經由シテ郡長(北海道ニ在リテハ支廳長)ニ其申立書ヲ提出スル場合ニハ必スヤ法定ノ期間内ニ其郡長又ハ支廳長ニ到達スヘキ用意アルコトヲ要ス　四一・六二五

民　選擧人カ選擧人名簿ニ脫漏又ハ誤載アルコトヲ發見シタル當時其申立ヲ爲サス縱覽期間ヲ經過シタリトスルモ苟モ納稅資格ノ如ク其誤載カ選擧ノ效力ニ影響ヲ及ホス場合ニ在リテハ選擧後選擧人ニ於テ選擧訴訟ヲ提起シテ其效力ヲ爭フコトヲ妨クルモノニ非ス　七・一七五九

第十六條　舊第二十五條

行　選擧權アリト主張シ衆議院議員ノ選擧人名簿ニ登錄スルコトヲ請求スル事件ニ付行政訴訟ヲ許スノ法令ナシ　三五・一〇・六　一ノ九八

民

第二十四條第一項　舊第三十二條

法第三十二條ニ依リ郡市長ヨリ投票立會人ニ選任セラレタル者ハ解任辭任又ハ死亡等ノ事由ニ依リ其資格ヲ喪失スルハ格別然ラスシテ單ニ指定ノ時刻ニ遲參シタル一事ニ依リ當然立會人タル資格ヲ失フモノト謂フヘカラス　九・一五九〇

第二十四條第二項　舊第百七條

民

法第百七條ノ規定ハ畢竟投票立會人カ指定ノ時刻ニ參會セサル爲メ適法ニ投票ヲ開始スルコトヲ得サルヨリ機宜ノ處置トシテ投票管理者ニ臨時ニ選擧人中ヨリ之カ立會人ヲ選任スヘキコトヲ命シタルモノニ外ナラサルモノニ係リ指定ノ時刻ニ參會セサル立會人ハ直ニ其資格ヲ喪失スルカ爲メ叙上ノ如キ規定ヲ設ケタルモノニ非サルヲ以テ同條ハ未タ以テ指定ノ時刻ニ遲參シタル投票立會人ハ當然其資格ヲ失フモノト解釋スルノ根據ト爲スニ足ラス　九・一五九〇

民

法第百七條ハ立會人カ發病其他ノ事故ニ因リ爾後引續キ立會ヲ爲スコト能ハス若クハ立會ヲ爲ササルカ如キ場合ヲ云フモノニシテ生理上缺クヘカラサル排便又ハ晝食ノ爲メ僅少ノ時間内一時其席ヲ退去スル場合ヲ謂フモノニ非ス　九・一七三

民

立會人一名闕員ノ儘四名ノミノ立會ヲ以テ選擧ヲ施行スルカ如キハ法第百七條ニ違背シタルモノナルモ右立會人ノ四名ノ員數タルヤ法律カ要求スル最少限度ノ員數ヲ下ルモノニ非ス且四名ノ投票立會人ノ立會ニ依リテ事實上選擧ノ自由公正ヲ害セサル以上ハ該選擧ヲ無效ナリトスルヲ得サルモノトス　一〇・三五〇

第二十五條　舊第三十四條

民　縱令甲地ノ選擧人ヲシテ乙地ノ投票所ニ於テ投票ヲ爲サシメタル事實アリトスルモ此事實ハ單ニ其選擧人ノ投票ヲ無效ナラシムル理由タルニ止マリ毫モ他ノ選擧ノ自由公正ヲ害スルモノニ非サレハ其他ノ投票マテモ無效ナラシムルモノニ非ス　六・一九三一

第二十七條　舊第三十六條

民　法第三十六條ニ於テ選擧人ハ自ラ被選擧人ノ氏名ヲ記載シト謂ヒ又同第三十八條ニ於テ自ラ被選擧人ノ氏名ヲ書スルト謂フハ選擧人カ被選擧人ノ氏名ヲ表彰スヘキ文字ヲ認識シ獨力ヲ以テ之ヲ投票用紙ニ筆記スルノ義ナレハ筆ヲ他ノ器具ノ型内ニ托シテ被選擧人ノ氏名ノ文字ヲ表現セシムル場合ノ如キハ之ニ包含セサルモノトス　五・三七五

民　法第三十六條第一項ニ所謂自ラ被選擧人ノ氏名ヲ記載ストハ自筆ニテ書スルノ義ナレハ型ヲ用ヒテ被選擧人ノ氏名ヲ記シタル投票ハ無效ナリ　五・一四八九

民　法第三十六條第一項ハ選擧人ヲシテ自己ノ自由ナル手跡ニ依リ獨力ヲ以テ被選擧人ノ氏名ヲ投票用紙ニ記載セシムルノ趣旨ニシテ此ノ規定ニ依ラサル投票ハ法第五十八條第一項第六號ニ依リ無效ナリトス　九・一六六一

民　型ニ塗墨シ又ハ型ニ筆ヲ托シテ被選擧人ノ氏名ヲ表現セシメタル投票ハ法第三十六條第一項ノ規定ニ適合セサルモノニシテ無效タルヲ免レス　九・一六六一

民　法第三十六條第一項ハ被選擧人ノ氏名ヲ記載スルハ單一ナルヲ以テ足リ重複セシムルヲ要セ

サル趣旨ナリト解スヘキヲ以テ特ニ其記載シタル被選擧人ノ氏名ヲ明瞭ナラシムル爲メ若クハ其記載ノ誤謬アランコトヲ慮リ其氏名ニ假名文字ヲ附スル等ノ場合ニ於テハ之ヲ無效ト爲スヘキニ非サルモ或事柄ヲ暗示スル爲メ其氏名ヲ竝記スルカ如キハ之ヲ禁シタルモノトス　九・一九五

民　法第三十六條、第五十八條第三號等ノ規定ハ被選擧人ノ氏名卽チ氏及名ヲ併記スルニ非サレハ當然被選擧人ノ何人ナルヲ確認シ難キモノトシテ斯ル投票ヲ無效ト爲スノ趣旨ナリト解スヘク又其氏名ノ記載アリト認ムヘキ場合ハ之ヲ無效投票ト爲スヘキニ非スト雖モ其投票記載ノ氏名カ之ヲ表ハス爲メニ用ヒタル文字ノ記載又ハ其發音ニ於テ之ヲ特定ノ被選擧人ヲ表ハサントシテ誤用セラレタルモノト認メ得ヘキ事情ノ存スル場合ノ外之ヲ特定被選擧人ニ對スル投票ト爲スヘキニ非スシテ其投票ニ記載ノ文字ヲ以テ表ハサレタル氏名ノ者ヲ以テ被選擧人ト爲シタルモノト解スヘキモノトス　一〇・一二八一

民　法第三十六條ハ選擧人ハ投票用紙ニ被選擧人ノ氏名ヲ記載スヘキ旨規定スルヲ以テ投票用紙ニ氏及名ヲ記載スルコトナク單ニ氏又ハ名ノ一方ノミヲ記載シタルトキハ其投票ニ因リテハ被選擧人ノ何人タルヤヲ確認シ得サル無效ノ投票ナリトス　一〇・一二八一

民　被選擧人ノ氏及名ヲ記載セサル投票ハ當然無效ニアラス　一四・三七（判例變更）

第二十九條　舊第三十七條

民　衆議院議員ノ選擧人名簿ニ選擧人ノ氏名ヲ誤記シタル場合ト雖モ該選擧人ハ名簿ニ登錄セラレサル者ニ非サルヲ以テ其投票ハ有效ナリトス　三九・二八六

第三十條　舊第三十八條

民　法第三十八條ノ自ラ被選擧人ノ氏名ヲ書スルノ意義（第二十七條下參照）

民　選擧人カ筆ヲ紙型切拔ノ輪廓內ニ托シテ被選擧人ノ氏名ノ文字ヲ表現セシメタル投票ハ法第三十八條第二項ニ依リ投票ヲ爲スコトヲ得サル者ノ爲シタル投票ニシテ有效ナルヘキ理由ナケレハ縱令法第五十八條ニ規定セル無效ノ場合ニ該當セスト雖モ亦之ヲ無效ト爲スヘキモノトス　五・三七五

民　選擧人カ型ヲ用ヒテ被選擧人ノ氏名ヲ投票ニ記シタレハトテ直ニ被選擧人ノ氏名ヲ書スルコト能ハサル者ト速斷スルヲ得ス　五・一四八九

民　法第三十八條第二項ハ祕密選擧ノ主義ヲ貫徹スルカ爲メ選擧人自ラ被選擧人ノ氏名ヲ書シテ投票ス可ク他人ノ代書ヲ許ササル趣旨ニ出テタルニ過キサレハ如上ノ行爲アリタルカ爲メ偶々模寫ニ依リ被選擧人ノ氏名ヲ自書スルコトヲ得ル者ヲ生スル虞アレハトテ該條ニ違背スルモノニ非ス（第八十二條參照）　六・一二三七

刑　衆議院議員ノ選擧有權者ニシテ選擧人名簿ニ登錄セラレタル以上ハ縱シヤ法第三十八條第二項ノ規定ニ違反セル行爲アリトスルモ法第九十八條ノ罪ヲ構成スヘキモノニ非ス　四三・一〇九五

第三十一條　舊第三十九條

行　選擧人名簿ニ登錄セラレタル者カ法第三十八條ニ該當スル無資格者タル場合ニ其投票ヲ拒否スルニハ法第三十九條ニ依據スヘキモノナリ　四三・五・四一一ノ七

第三十四條　舊第四十一條

民　投票錄ハ法第四十一條ニ依リ投票管理者之ヲ作リ投票ニ關スル顚末ヲ記載シ投票ノ適法ニ行ハレタルヤ否ヤヲ明確ニスルモノナレハ投票函ノ内蓋ヲ鑰ヲ以テ鎖スコトナク紙片ノ封緘ヲ以テ之ニ代ヘ選擧人ヲシテ投票セシメタルノ事實アルニ拘ハラス當初ヨリ成規ニ從ヒ鑰ヲ以テ内蓋ヲ鎖シタルモノノ如ク記載シタルハ該規定ニ違背スルモ投票カ適式ニ行ハレ選擧ノ自由公正ヲ害セサルヤ否ヤハ其當時實現シタル事實ニ依リテ決セラルヘク投票錄ノ記載カ眞實ニ適合セサルモノアルカ爲メ其一事ニ因リテ投票カ適式ニ行ハレス又ハ選擧ノ自由公正ヲ害シタルモノト謂フヲ得サルモノトス　一〇・一二五

民　投票及選擧錄ハ投票又ハ選擧會ニ關スル事實ヲ證明スル爲メ作成スル記錄ニ過キサルヲ以テ之カ法定ノ形式ヲ具備セサルモ選擧ノ效力ニ影響ヲ及ホスモノニ非ス　一一・一二五

民　投票錄ニ於ケル投票管理者及投票立會人ノ氏名又ハ選擧錄ニ於ケル選擧長ノ氏名カ自署ニアラサルモ選擧ハ無效トナルモノニ非ス　一一・一二五

民　投票及選擧會カ適法ニ行ハレタルコトハ投票錄及選擧錄以外ノ證據方法ニ依リテモ之ヲ證明スルコトヲ得　一一・一二五

刑　衆議院議員選擧ノ投票立會人ハ衆議院議員選擧法ノ規定ニ依リ投票管理者ト共ニ投票錄ニ署名シテ之ヲ開票管理者ニ送致スヘキ職責ヲ有シ其署名ハ投票錄作成ノ一要件ニシテ倶ニ投票ノ結局ヲ報告スルモノトス故ニ其刑法上ノ責任ニ於テ投票管理者ト異ル所ナシ　四二・一三〇

第三十五條　舊第四十二條

民　法第四十二條ハ閉鎖シタル投票函及ヒ其內容ニ送致ノ途中異變ヲ生スルカ如キ事故ノ發生ヲ豫防セシカ爲メニ特ニ送致ノ方法ヲ鄭重ニシタルモノニ外ナラサレハ其規定ニ違背シ送致ノ途中一時投票管理者及ヒ立會人ノ管理ヲ離脫シタルノ一事ヲ以テ當然其投票函在中ノ投票ヲ無效トシ又ハ之ニ異變ヲ生シタルモノト看做スヘキ法意ニ非ス　七・七

民　投票函送致ノ途中一時管理ヲ離脫シタルモ之カ爲メニ其投票函ノ外部及ヒ內部ニ何等ノ異變ヲ生シタルコトナキ事實明白ナル場合ニ於テハ其投票函在中ノ投票全部ニ異變ナキモノト認ムルヲ相當トス從テ其投票ノ計算點檢ハ投票函ノ送致方法ニ如上ノ違法ナキ場合ト同一ニ爲スヘキモノトス　七・七

刑　投票立會人ノ刑法上ノ責任（第三十四條下參照）

第三十七條　舊第四十四條

民　法第四十四條ハ不可抗力ノ爲メ投票ヲ爲スコト能ハサルカ若クハ投票函ノ紛失其他ノ理由ニ因リ開票管理者ニ於テ投票ノ點檢ヲ爲シ其結果ヲ選擧長ニ報告スルノ不可能ナル場合ニ關シ事實上全然投票ヲ爲スコトヲ得ス又ハ之ヲ爲スモ結局之ヲ爲ササルト等シキ結果ヲ生スル場合ヲ規定シタルモノニシテ〔第六十四條第一項ニ規定セル場合ト區別スヘキモノトス〕　七・三・五

民　投票區內ノ一部ト投票所トノ交通カ出水ノ爲メニ斷絕シテ一部ノ有權者カ投票期日ニ投票ヲ行フコトヲ得サル場合モ法第四十四條ニ所謂天災ニ因リ投票ヲ行フコトヲ得サル場合ナリトス

一〇・二八一

第三十九條　舊第四十六條

民　法第四十六條ハ公ノ秩序ニ關スル規定ニシテ何人カ隨意ニ被選擧人ノ氏名ヲ陳述スルモ其效ヲ有セサレハ裁判所モ亦其陳述ヲ取捨スヘキ限ニ在ラス　四三・九四二

民　法第四十六條ノ規定ハ選擧人トシテ投票ヲ行ヒタル者カ實際選擧權ヲ有スルト否トヲ分タス之ヲ適用スヘキモノナリ　四三・九四二

民　法第四十六條ハ何人ヲ選擧シタルヤノ事實ノ公表ヲ防遏シテ選擧權ノ行使ヲ確保シ以テ無記名投票ノ精神ヲ貫徹スルコトヲ期シタルモノナレハ選擧訴訟ヲ審判スルニ當リ人證檢證又ハ鑑定等ノ方法ニ依リテ該規定ノ適用ヲ免レ被選擧人ノ氏名ノ公表ヲ强ユルコトヲ得サルモノトス　七・一七九九

第四十條　舊第四十七條

民　法第四十七條ハ投票管理者カ投票所ノ秩序ヲ保持スヘキ職責ヲ規定シ法第四十九條ハ投票所ノ秩序ヲ紊ル者アル場合ニ於テ投票管理者ノ處置方法ヲ規定シタルモノニシテ孰レモ選擧人ヲシテ安全ニ選擧權ヲ行使スルコトヲ得セシメ以テ選擧ノ自由公正ヲ確保スル精神ニ出テタルモノトス　六・二二〇七

第四十二條　舊第四十九條

民　法第四十九條所定ノ紊亂行爲アリタルトキト雖モ其紊亂ノ程度カ選擧ノ自由公正ヲ阻害スル

ノ著シキ場合ニ非サレハ選擧ノ無效ヲ來ササルモノトス　六・一二・二七

民　第五十一條　舊第五十七條

衆議院議員ノ選擧ニ付キ其投票面ニ記載シタル被選擧人ノ氏名カ何人ヲ指示スルモノナリヤハ投票面ノ記載ト選擧當時ニ於ケル諸般ノ事情トヲ參酌シテ之ヲ決スルコトヲ妨ケサルモノトス　九・一八〇〇

民　選擧當時高橋金治郎ハ其選擧區ニ於テ候補者トシテ運動ヲ爲シタルニ反シ高橋金次郎ハ毫モ此事ナカリシ事情ヲ參酌シ高橋金次郎ト書記シタル投票ハ畢竟高橋金治郎ノ誤記ニ外ナラサルモノト認メ之ヲ同人ノ得票中ニ算入スヘキモノト爲シタルハ至當ナリトス　九・一八〇〇

第五十二條　舊第五十八條

民　法第五十八條ハ單ニ投票用紙及ヒ投票ノ記載方法ニ關シ投票自體ニ依リ無效タルコトヲ知リ得ヘキモノヲ列擧シタルニ止マリ此等投票以外ニ選擧ノ規定ニ違背シタル投票ヲ以テ無效ト爲スコトナシト規定シタルモノニ非ス　六・一八九二

民　投票用紙ノ指定欄外ニ其氏名ヲ記載シタル投票ヲ無效トスヘキ旨ノ法規ナケレハ縱令選擧人カ用紙ノ裏面ニ被選擧人ノ氏名ヲ記載スルモ選擧ノ自由公正ヲ害セサル限リ其投票ハ有效ナリトス　六・一九三二

民　衆議院議員選擧ノ投票用紙ノ印影ハ或ハ鮮明ヲ缺キ或ハ完全ナラスシテ一見直ニ當該廳府縣ノ印章タルコトヲ認識シ得サルモ之ヲ熟視シテ其印章ノ押捺シアルコトヲ認識スルコトヲ得ル

以上ハ違式ノモノニ非ス　四・一八四二

民　如上内務省令ノ規定スル要件ヲ具備セサル用紙ヲ用ヒテ爲シタル投票ハ縱令選擧人カ特別ノ手段ヲ施スニ於テハ容易ニ他人ノ爲メ被選擧人ノ氏名ヲ透視セラルルコトヲ防止シ得ヘカリシトスルモ法第五十八條第一號ニ所謂成規ノ用紙ヲ用ヒサル投票ニ外ナラサレハ當然無效ニ屬スヘキモノトス（明治三十四年内務省令第二十九號參照）　五・二二四三

民　普通ノ民人ヲ指シテ何將軍ト稱スルカ如キハ其文字自體ニ徴シテ或ハ嘲弄ノ義ヲ寓シ或ハ侮蔑ノ意ヲ含ムコトアリ從テ如上ノ文字ハ法第五十八條第五號但書ノ所謂敬稱ニ非ス　四二・三二

民　法第五十八條第五號ニ所謂他事ヲ記載シタルモノトハ選擧人自ラ他事ヲ記載シタル投票ヲ指稱スルモノトス從テ被選擧人ノ氏名ノ外ニ數字ヲ記シアル投票ト雖モ其數字カ選擧人ノ記載シタルモノニ非サルトキハ他事ヲ記載シタルモノト謂フヲ得ス　五・一四八九

民　投票ニ被選擧人ノ氏名ヲ記載シ之ニ振假名ヲ附スルハ被選擧人ノ何人ナルヤヲ明瞭ナラシムル爲メニスルコト通常ナレハ斯ル振假名ハ法第五十八條第五號ニ所謂他事ノ記載ニ非ス　六・一七六〇

民　投票ニ記載シアル殿閣下ノ文字ハ殿及ヒ閣下ノ文字ヲ重ネテ一箇ノ敬稱トシテ使用シタルモノナレハ法第五十八條第五號但書ニ該當スルモノトス　六・一七〇六

民　法第三十六條第一項ハ選擧人ヲシテ自己ノ自由ナル手跡ニ依リ獨力ヲ以テ被選擧人ノ氏名ヲ投票用紙ニ記載セシムルノ趣旨ニシテ此規定ニ依ラサル投票ハ法第五十八條第一項第六號ニ依

リ無效ナリトス　九・一六六一

民　衆議院議員選擧法竝ニ其附屬法令中被選擧人ノ氏名ヲ表示スル文字ノ種類ニ付キ何等制限シタル規定ナキヲ以テ選擧人カ投票用紙ニ被選擧人ノ氏名ヲ表示スルニ必スシモ本邦固有ノ文字ニ制限セサルヘカラサルモノト解スルコトヲ得ス而シテ輓近羅馬字ヲ用ヒテ自他ノ氏名ヲ記載スル者寡カラサルコトハ顯著ナル事實ニ屬スルヲ以テ衆議院議員ヲ選擧投票スルニ當リテモ羅馬字ヲ用ヒテ被選擧人ノ氏名ヲ記載スルヲ得サルモノニ非ス從テ羅馬字ヲ以テ記載シタル投票ハ法第五十八條第一項第六號ニ該當セスシテ有效ナリトス　九・一六六二

民　被選擧人ノ氏名ヲ記載スルニ當リ書損シタルヲ訂正スルハ法第五十八條第一項第五號ニ所謂他事ノ記載ニ非ス　九・一六六二

民　選擧人ノ投票ハ箇箇特別ノモノニシテ其間ニ不可分ノ關係アルモノニ非サルヲ以テ縱令其投票中二三ノ投票カ特別ノ理由ニ依リテ無效ニ歸スルコトアルモ其他ノ適法ナル投票ハ之カ影響ヲ受ケ無效ト爲ルヘキモノニ非ス　九・一七三

民　明治三十四年內務省令第二十九號ヲ以テ定メタル投票用紙ノ指定欄內ニ被選擧人ノ氏名ヲ記載セス其表面ニ之ヲ記載シ其用紙ヲ同省令所定ノ如ク五折シ其一端ヲ切目ニ差込ミテ外面ヨリ被選擧人ノ氏名ヲ窺知スルコトヲ得ヘキ場合ニ於テハ其記載方法ハ同省令ノ趣旨ニ違背シタルモノトナレトモ法第五十八條ニ揭ケタル投票ノ無效ト爲ルヘキ場合ノ何レニモ該當セサルヲ以テ斯ル投票ハ之カ爲メ當然無效ト爲ルヘキモノニ非ス　九・一九五五

民　選擧人カ如上ノ方法ニテ投票用紙ニ被選擧人ノ氏名ヲ記載シタル爲メ他人ニ其投票ヲ窺覗セラレ選擧ノ祕密ヲ暴露セラレタリト認ムヘキ事實アル場合ニ於テハ選擧手續ヲ無效ト爲ササルヘカラサル結果其投票ハ無效ト爲ルヘキモ選擧人カ相當ノ隱蔽手段ヲ行ヒテ其折疊ミタル投票用紙ヲ投票函ニ投入シ何人ニモ選擧ノ祕密ヲ破ラレサリシトキハ其選擧手續ヲ無效ト爲スヘキモノニ非サレハ其投票ハ完全ニ效力ヲ生スルモノトス　九・一九五五

民　法第五十八條第一項第五號ニ於テ被選擧人ノ氏名ノ外他事ヲ記載シタル投票ヲ無效ト爲シタルハ如上ノ目的ヲ以テ選擧人ノ氏名ヲ竝記シタル投票ヲモ包含セシムル趣旨ナリト解スルコトヲ相當ナリトス（第三十七條下參照）　九・一九五五

民　郡會議長ナルモノハ法第五十八條第五號但書中ノ所謂職業ニ該當スルモノト解スルヲ相當トス　一〇・二三

民　被選擧人ノ氏名ノ外現郡會議長ナル文字ヲ記載シタル投票ハ選擧人ニ於テ選擧當時其被選擧人カ右ノ職ニ在ル者ナルコトヲ指示セムカ爲メニ記載シタルモノナルニ依リ斯ル投票ヲ目シテ被選擧人ノ氏名ノ外他事ヲ記載シタル無效ノモノト謂フヲ得サルモノトス　一〇・二三

民　法第五十八條第五號ニ所謂他事ノ記載トハ其但書ニ規定セル以外ノ總テノ事項ヲ包含スルモノニシテ之ヲ記載シタル選擧人ノ意思如何ニ拘ハラサルモノト解スルヲ相當トスルヲ以テ投票ニ「池田龜治君ヘ」又ハ「池田龜治ヘ」トアル「ヘ」ナル文字ハ選擧人ニ於テ同人ヲ選擧スル意思ニテ記載シタルモノナルコトヲ認メナカラ他事ノ記載ナリトシ該投票ヲ無效ト爲シタルハ相當

ナリトス　一〇・二三

民　同條同號ニ所謂他事ノ記載トハ被選擧人ノ氏名以外ニ別箇ノ文字ヲ記載シタル場合ノミヲ指示スルモノニ非スシテ圖形又ハ點ノ如キモノヲ記載シタルトキト雖モ之ヲ以テ他事ノ記載ト爲スニ妨ケナキモノトス　一〇・二三

民　文字ヲ抹消スルニ當リ其周圍ニ圓輪ヲ畫クカ如キハ普通ノ事例ニ非サルヲ以テ投票ノ被選擧人氏名ノ上部ニ於ケル(亀)アル記載ヲ以テ選擧人ニ於テ或意義ヲ表示セムカ爲メ記入シタル符號ナリトシ同條同號ニ所謂他事ノ記載ニ該當スルモノト認メタルハ至當ナリトス　一〇・二三

民　選擧人ニ於テ被選擧人ノ氏名ヲ投票面ニ記載スルニ當リ其中ノ或文字ニ疑ヲ起シ其正確ヲ期スル爲メ更ニ其文字ヲ記載シタル場合ノ如キハ同條同號ニ所謂他事ノ記載ニ該當セサルモノトス　一〇・二三

民　法第五十八條第五號ノ趣旨ハ被選擧人ノ氏名及ヒ之ヲ明確ナラシムル文字若クハ敬稱以外ノ他事ノ記載ハ縱令選擧人ニ於テ之ニ依リ投票以外ニ何事カヲ表示セントスル意思ニ出テサリシモノトスルモ其記入アルコトニ依リ選擧人ノ何人ナルヤヲ探知スルコトヲ得テ選擧法カ採用シタル無記名投票ノ精神ヲ破壞スルト共ニ選擧ノ自由公　ヲ害スルニ至ルヘキヲ慮リタルニ在リ從テ投票用紙ニ於ケル記載ニシテ苟モ如上法ノ許容セル事項ニ該當セサルモノハ總テ之ヲ他事ノ記載トシテ其投票ヲ無效ト解スルヲ相當トス從テ〆ナル符號ハ縱令封緘ノ意味ニ於テ之ヲ記載シタリトスルモ如上法ノ許容セル事項ニ該當セサルコト明カナルヲ以テ所謂他事ノ記載ヲ爲

シタル無效ノ投票ナリトス　一〇・一二

民　投票用紙ニ記載セラレタル「呈」ノ文字ハ被選擧人ノ氏名又ハ之ヲ明瞭ナラシムヘキ文字ニモ非ス又敬稱ノ類ニモ非サルコト明カナルヲ以テ法第五十八條第五號ニ所謂他事ノ記載ニ該當シ該投票ハ無效ナリトス　一〇・一二

民　法第三十六條、第五十八條第三號等ノ規定ハ被選擧人ノ氏名卽チ氏及ヒ名ヲ併記スルニ非サレハ當然被選擧人ノ何人ナルヲ確認シ難キモノトシテ斯ル投票ヲ無效ト爲スノ趣旨ナリト解スヘク又其氏名ノ記載アリト認ムヘキ場合ハ之ヲ無效投票ト爲スヘキニ非スト雖モ其投票記載ノ氏名カ之ヲ表ハス爲メニ用ヒタル文字ノ記載又ハ其發音ニ於テ之ヲ特定ノ被選擧人ヲ表ハサントシテ誤用セラレタルモノト認メ得ヘキ事情ノ存スル場合ノ外之ヲ特定被選擧人ニ對スル投票ト爲スヘキニ非スシテ其投票ニ記載ノ文字ヲ以テ表ハサレタル氏名ノ者ヲ以テ被選擧人ト爲シタルモノト解スヘキモノトス　一〇・一八

民　被選擧人ノ氏及名ヲ記載セサル投票ハ當然無效ニアラス　一四・三・二三（例判變更）

民　投票用紙中被選擧人ノ氏名ニ附記シタル記載カ住所ヲ表示シタルモノト認メラルル限リハ假令實際ノ住所ト異ルモ該投票ハ無效トスヘキモノニ非ス　一五・一三

第五十五條　舊第六十一條

民　選擧ノ一部無效トナリタル場合ニ於テ再選擧ヲ爲スニハ其ノ無效トナリタル部分ニ付之ヲ行フヘキモノニシテ選擧ノ全部ニ渉リテ之ヲ行フヘキモノニアラス　一一・五・四四

第六十二條　舊第六十四條

民　選擧手續ノ違法ト投票ノ瑕疵ハ有權者ノ投票ヲ無效ナラシメ當選人ノ確定ニ付キ之ヲ計算スルコトヲ得サラシムルノ點ニ於テハ其結果ヲ同フスト雖モ投票ノ瑕疵ハ單ニ其投票ノ無效ヲ惹起スルニ止マリ其投票ヲ爲シタル有權者ヲシテ更ニ再ヒ投票ヲ爲サシムルノ問題ヲ生セサルニ反シ選擧手續カ違法ナルトキハ所謂選擧ノ全部又ハ一部ノ無效ヲ惹起スヘク無效ト爲リタル選擧ノ部分ニ付キ更ニ選擧ヲ行ヒ有權者ヲシテ投票ヲ行ハシムルノ必要ヲ生スルモノトス　七・一三一

民　法第六十四條第二項ハ選擧ノ全部又ハ一部無效ト爲リタル場合ニ於ケル效果如何ノ問題ニ關スルモノニシテ選擧法ニ定ムル手續違背ノ爲メ選擧ノ一部カ無效ト爲リタル場合殊ニ司法裁判所ノ判決ノ結果無效ト爲リタル場合ニ於テ其無效ト爲リタル部分ニ付キ更ニ選擧ヲ行ヒ有權者ヲシテ投票ヲ爲サシメ他ノ投票ト相竢テ當選人ヲ確定スルコトヲ要スルモノト解釋スルヲ相當トス　七・二三一五

民　選擧ノ一部無效カ總選擧ニ際シテ生シタルトキハ來ルヘキ一部ノ選擧ハ總選擧ノ一部トシテ行ハルヘク又其無效カ補闕選擧ノ際ニ生シタルトキハ之カ爲メニ爲ス選擧ハ補闕選擧ノ一部ニシテ總選擧又ハ補闕選擧以外ノ特種ノ選擧ニ屬スルモノニ非ス　七・二三一五

民　地方長官カ再選擧ヲ命スルノ時期ニ付テハ選擧會カ法第六十四條ニ依リ報告書ヲ調査スルニ當リ選擧ノ無效ヲ發見シタル場合ニ於テハ直ニ其手續ヲ爲スヘク當選人確定後ニ於テハ司法裁

判所ノ無效ヲ宣告スル判決ノ確定シタルトキ地方長官ハ法第七十六條ニ依リ當選證書ノ全部ヲ取消シタル上再選擧ノ手續ヲ爲スヘキモノトス　七・三一五

民　選擧ノ一部無效ト爲リタル場合ニ於テ再選擧ヲ行フヘキ範圍ハ其一部無效カ判決ヲ以テ宣告セラレタルトキハ其部分ニ付キ再選擧ヲ行フコトヲ要シ一投票區ノ選擧手續カ違法ニシテ其全部ヲ無效トスルトキノ外其範圍ノ大小廣狹ヲ問フヘキモノニ非ス　七・三一五

民　選擧手續ノ違法ニ因ル選擧一部ノ無效判決ニ依リ或開票區ノ投票全部ノ無效ヲ伴フ場合ニ於テハ當選人全部ニ對シ當選證書ヲ取消シタル上再ヒ同開票區一圓ニ選擧ヲ行ハシメ更ニ選擧會ヲ開キテ當選人ヲ定ムヘキモノニシテ無效投票ヲ控除シ選擧區ニ於ケル他ノ有效投票ノミニ付キ當選人ヲ定ムヘキモノニ非ス又同選擧區全部ニ渉リ再選擧ヲ行ヒ更ニ當選人ヲ定ムヘキモノニ非ス　七・三一五

第六十四條　舊第六十條

民　選擧錄ハ選擧會ニ關スル事實ヲ證明スル爲メ作成スル記錄ニ過キサルヲ以テ之カ法定ノ形式ヲ具備セサルモ選擧ノ效力ニ影響ヲ及ホスモノニ非ス　二・二五

民　選擧錄ニ於ケル選擧長ノ氏名カ自署ニアラサルモ選擧ハ無效トナルモノニ非ス　二・二五

民　選擧會カ適法ニ行ハレタルコトハ選擧錄以外ノ證據方法ニ依リテモ之ヲ證明スルコトヲ得　二・二五

第六十九條　舊第七十條

民　當選ノ有無ヲ確定スルニハ特定ノ投票カ特定候補者ノ得票ニ歸シタルコトヲ確定スルモノナレハ一定ノ投票カ何人ノ得票ニ歸シタルヤ不明ナル場合ニ於テハ到底當選ノ有無ヲ確定シ得ヘキモノニ非ス　六・一八九三

民　衆議院議員ノ選擧ニ關シ選擧有權者ノ爲シタル投票カ有效ニシテ當選人ヲ定ムルニ付キ之ヲ計算スルコトヲ得ルカ爲メニハ選擧有權者カ選擧法ニ定ムル手續ニ從ヒ適式ニ投票ヲ爲シタルコトト選擧有權者ノ爲シタル投票ニ選擧法上其無效ヲ惹起スヘキ瑕疵ノ存在セサルコトヲ必要トス　七・一三一五

民　法第七十條第三項ノ場合ニ於テ選擧訴訟若クハ當選訴訟ノ結果當選無效ノ判決アリタルトキハ其效力カ單ニ投票ノ無效ニ因由スルニ於テハ直ニ同條ノ規定ヲ適用シ當選人ヲ定ムヘク當選ノ無效カ選擧ノ一部無效ニ因由スルトキハ其部分ニ付キ更ニ選擧ヲ爲シ開票管理者ノ報告ヲ待テ同條ノ規定ヲ適用シ當選人ヲ定ムヘキモノトス　七・一三一五

第七十五條　舊第七十四條

民　如上（第七十三條ノ下判例末項）ノ場合ニ於テハ法第七十四條ヲ準用シ地方長官ハ選擧期日ヲ定メ豫メ之ヲ告示シ更ニ選擧ヲ行ハシムルコトヲ得ルモノト解スルヲ相當トス　七・一三一五

民　衆議院議員總選擧ノ際或選擧區ヨリ選出セラレタル議員ノ一人ニ付同議員選擧法第七十四條第一項第四號ニ規定セル事由生シタル爲更ニ行フ選擧ハ選擧區ノ境界ニ變更ヲ生シタルトキト雖、從前ノ選擧區域ニ依ルヘキモノトス　一五・二〇〇

第七十七條　舊第七十六條

民　當選者ハ選擧訴訟若クハ當選訴訟ノ判決其他選擧ニ關スル處罰ノ結果當選ノ無效ニ歸スルニ依テ始メテ其議員タル資格ヲ失ヒ從テ之ニ屬スル權利ヲ失フニ止マリ選擧訴訟ノ提起アリタルカ爲メ直ニ其資格ニ屬スル權利ヲ失フモノニ非ス　三五・一〇ノ一二

民　選擧訴訟ノ判決ニ依リ選擧無效ト爲リタルトキハ地方長官ハ當選證書ヲ取消スヘキモノナレハ其判決ノ結果カ當選者ニ法律上直接ノ效力ヲ及ホスコト明確ナルヲ以テ該訴訟ニ於ケル當選者ハ民事訴訟法第五十三條ニ所謂權利上利害ノ關係ヲ有スルモノニ該當ス　三六・六六七

第八十一條　舊第八十條

民　法第八十條ニ所謂選擧ノ效力ニ關シ異議アル場合トハ選擧ニ瑕疵アルコトヲ爭フ場合ヲ指稱ス從テ補闕選擧ニ依リ選擧セラレタル者カ總選擧ノ際選擧セラレタル議員ノ補闕ヲ爲スコトヲ得ルヤ否ヤノ如キ爭訟ハ之ニ包含セス　四〇・一一

民　選擧訴訟ハ其目的選擧ノ效力ヲ爭フニ在ルヲ以テ原告カ其訴ノ原因トシテ選擧權ナキ者ノ無效投票及ヒ被選擧人ノ何人タルヲ確認シ難キ無效投票ヲ以テ有效ナリトシ當選人ト爲スヘカラサル者ヲ當選人ト爲シタルコトヲ主張シ以テ選擧ノ效力ヲ爭フハ不適法ニ非ス　四三・一一七

民　選擧訴訟ニ於ケル訴ノ原因タル事實ノ提出ニ付テハ何等ノ制限ナキヲ以テ最初提出シタル原因ニ代フルニ他ノ原因ヲ以テスルモ或ハ更ニ新ナル原因ヲ加フルモ自由ナリトス從テ一旦三十日ノ法定期間内ニ訴ヲ提起シタルトキハ其進行中ハ縱令法定期間經過後ト雖モ訴ノ原因ヲ變更

シ又ハ新ナル原因ヲ追加スルコトヲ得ルモノトス　三•五三

民　法第八十條第一項ニ依リ選擧人ノ提起スル選擧訴訟ハ選擧ノ一部又ハ全部ノ無效宣言ヲ求ムルモノニシテ選擧ノ規定ニ違背シタルコトカ當選ノ結果ニ異動ヲ及ホスノ虞アル場合ニ限ルモノトス　四•二〇二

民　衆議院議員選擧ノ效力ニ關スル異議ノ訴ハ選擧人ニ非サレハ之ヲ提起スルコトヲ得ス從テ當該選擧ニ於ケル選擧人タル事實ハ同訴訟ヲ理由アラシムルニ缺クヘカラサルモノナルヲ以テ原告ヨリ之ヲ主張シ且立證スヘキモノトス　五•一〇七

民　法第八十條第一項ニ所謂選擧ノ日ハ法第二十八條第七十四條第一項若クハ第七十八條第三項等ノ規定ニ依リ定メラレタル選擧ノ期日卽チ選擧ノ行ハルヘキ日ヲ指稱スルモノトス　五•一四三六

民　法第八十條ニ依リ選擧長ニ對シ選擧訴訟ヲ提起スルニハ單ニ當該選擧區ニ於テ選擧人トシテ選擧權ヲ有スルヲ以テ足リ現ニ投票ヲ爲シタルコトヲ必要トセス　五•二四三

民　選擧ニ關スル訴訟ニ於テ當事者雙方ノ主張シタル事實ニ依リ其請求ノ當否ヲ決スルコトヲ得ヘキトキハ投票其物ヲ實驗スルノ必要ナキモノトス　九•一六〇〇

民　被選擧人ノ氏名ヲ高橋金次郎又ハ「たかはしきんじろう」若クハ「タカハシキンジロウ」ト書記シタル投票ハ高橋金治郎ヲ指示シタルモノト認メ斯ノ如キ投票若干ヲ同人ノ得票中ニ算入シタルコトヲ選擧長タル相手方カ認ムルトキハ之カ當否ハ投票其物ヲ實驗セスシテ決シ得ヘキモノトス　九•一六〇〇

第八十二條　舊第八十一條

民　衆議院議員選擧ニ於テ投票人員百四名ニ對シ投票ノ數百五票アリタル場合ト雖モ當選ノ結果ニ異動ヲ及ホササルコトノ明確ナル限ハ其選擧ヲ無效ト爲スヘキモノニ非ス　三七・一六三七

民　法第八十一條第一項ニ所謂當選ノ結果ニ異動ヲ及ホスノ虞アル場合トハ當選人ト定メラレタル者ノ當選ニ付キ立言シタルモノナレハ法第七十八條第一項ニ依ル補充當選ニ影響ヲ及ホスノ虞アル場合ヲ包含セサルモノトス　四・二〇三

民　衆議院議員選擧カ投票記載所ナル卓子ノ目隱枠板ニ選擧候補者ノ氏名ヲ記載セルモノヲ發見シ管理者ハ直ニ之ヲ取替ヘ又之ト前後シテ投票所内ニ選擧候補者用名刺ヲ散布シアルヲ發見シテ收去シタルモ入場選擧人多數ノ目擊スル所ト爲リタルカ如キ事實ノ下ニ行ハレタル場合ニ於テモ直接法令ノ規定ニ違背セサルハ勿論之ヲ有效トスルモ選擧法規ノ精神ニ背戻スル所ナキモノトス　六・二三七

民　選擧ノ規定ニ違背シテ爲シタル投票カ如何ナル場合ニ無效タルヘキヤハ選擧法及ヒ附屬法令ノ規定ニ照シ選擧ノ自由公正ヲ害スルヤ否ヤニ依リ之ヲ判定スヘキモノトス　六・一八九三

民　施行令第十一條ニ違背シ投票記載場所ノ設備ニ多少不完全ノ點アリトスルモ必スシモ其投票ノ無效ヲ來スモノニ非スト雖モ其設備極メテ不完全ニシテ選擧法ノ採リタル祕密選擧ノ主義ニ反シ選擧ノ自由公正ヲ害スル程度ニ達スルトキハ其投票ハ何等ノ設備ナキ公ノ場所ニ於テ爲サレタル投票ト同シク全然無效ニ歸スルモノト認ムルヲ相當トス　六・一八九一

民 法第八十一條第一項ニ所謂當選ノ結果ニ異動ヲ及ホス虞アル場合トハ選擧ノ規定ニ違背シテ爲シタル無效投票ヲ控除スルノ結果當選者タル資格ヲ失フヘキ者ヲ生スル虞アルカ如キ場合ヲモ指稱スルモノトス　六•一八九二

民 如上ノ事實アルトキハ當然選擧ノ全部又ハ一部ノ無效ヲ宣言スヘキモノニシテ特定ノ當選者ニ對スル無效ヲ宣言スヘキモノニ非サレハ當選者中當選ノ結果ニ影響ヲ及ホス虞ナキ者ト然ラサル者トヲ區別シ其影響ヲ受クヘキ當選者ニ對スル關係ニ於テノミ無效ヲ宣言スヘキモノニ非ス　六•一八九二

民 選擧訴訟ニ於テ法第八十一條第一項ニ該當スルモノト認メタルトキハ縱令當選訴訟ノ提起セラレサル場合ト雖モ裁判所ハ選擧ノ全部又ハ一部ノ無效ヲ判決スルコトヲ得ルモノトス　六•一八九二

民 法第八十一條第一項ノ當選ノ結果ニ異動ヲ及ホスノ虞アルヤ否ヲ判定スルニハ或選擧區ニ於ケル各當選者及落選者ノ得票數ヨリ無效投票數ヲ控除シ其殘餘ノ得票數ヲ比較シ當選者カ落選シ又ハ落選者カ當選者ト爲ルヘキ事情ナキヤヲ判定シテ之ヲ決スヘキモノトス　六•一八九二

民 法第八十一條第一項ニ所謂「當選ノ結果ニ異動ヲ及ホスノ虞アル場合」トハ「異動ヲ及ホスヘシト思料セラルル場合」ヲ意味スルモノニシテ具體的ニ當選者カ當選者タラス落選者カ當選者ト爲ルノ結果ヲ惹起スヘキ事情ノ存在ヲ必要トスルハ勿論ナリトス　六•一八九二

民 施行令第十一條ニ違背シ不完全ナル設備ヲ爲シタル場所ニ於テ投票ヲ爲サシメタル選擧ハ違

法ニシテ法第八十一條第一項ニ所謂選擧ノ規定ニ違背シタルモノトス　六•二三五一

民　然レトモ法第八十一條第一項ハ選擧ノ規定ニ違背シタル選擧ト雖モ事實上選擧ノ自由公正ヲ害スル程度ニ至ラサルトキハ之ヲ無效ト爲ササル法意ナリトス　六•二三五一

民　選擧人ノ投票ヲ爲スニ當リ現ニ其投票ヲ窺覗スル者アリテ投票ノ祕密カ破レタリト認ムヘキ事實ナキ以上ハ其選擧ハ之ヲ無效ト爲スヘキモノニ非ス　六•二三五一

民　施行令第十二條、第十三條、第二十條ハ投票函ヲ開閉スルニハ其外蓋内蓋及ヒ投票口共鎖鑰ニ依ルヘキ趣旨ヲ宣明シ以テ投票ノ安全ト選擧ノ自由公正トヲ確保セントスルモノナルヲ以テ投票函ノ内蓋ヲ鑰ヲ以テ鎖スコトナク紙片ノ封緘ヲ以テ之ニ代ヘ選擧人ヲシテ投票セシムル如キハ該規定ニ違背スルモ事實上選擧ノ自由公正ヲ害スル程度ニ至ラサルトキハ法第八十一條第一項ニ依リ當選ノ結果ニ異動ヲ及ホス虞アルモノトシテ該選擧ヲ無效ト爲スヘキモノニ非ス　一〇•一二五

民　施行令第十一條ノ規定ニ違背シ投票記載場所ノ設備ニ多少缺クル所アルモ其設備極メテ不完全ニシテ何等ノ設備ナキ公ノ場所ニ於テ爲サレタル投票ト同シク祕密選擧ノ主義ニ反シ選擧ノ自由公正ヲ害スル程度ニ達セサル限リ其投票ヲ無效ト爲スヘキモノニ非ス　一〇•一二五

民　投票立會人及投票管理者カ選擧ノ規定ニ違背シタル行爲ヲ爲シタルトキト雖選擧ノ全體ノ自由公正ヲ阻害スル程度ニ達セサル限リ選擧ハ無效ニ非ス　一四•三八

第八十三條　舊第八十二條

民　衆議院議員ノ當選訴訟ノ原、被告ニ對スル主參加ノ訴ハ之ヲ許ササルモノトス　一五・一五九

第八十五條　舊第八十三條

民　檢事ハ當選訴訟ノ口頭辯論ニ立會フニ止マリ其裁判ニ與カルモノニ非サレハ裁判所ヲ構成スル一員ナリト謂フヲ得ス　五・一四八九

第八十七條　舊第八十五條

民　法第八十五條第一項、供託法第一條ニ依リ供託ヲ爲シタル場合ニ於ケル供託者ト金庫トノ關係ハ所謂供託契約ニ基ク私法的法律關係ナルヲ以テ供託法第八條第二項ニ依リ供託原因ノ消滅シタルコトヲ理由トシテ供託物ノ取戻ヲ請求スル權利ハ一種ノ債權ナリトス　四・一〇六

民　衆議院議員選擧人カ民事訴訟法第四十八條第三號ニ依リ共同シテ一箇ノ訴ヲ以テ選擧訴訟ヲ爲ス場合ニ於テハ法第八十五條第一項ニ依ル保證金ハ一箇ノ訴ニ對スルモノヲ供託スルヲ以テ足レリトス　五・二四三

第百十二條　第百十三條　第百十四條　舊第八十七條

刑　法第八十七條ノ罰則ハ選擧權ノ行使ヲ安全公平ナラシメンカ爲ニ設ケラレタルモノトス從テ議員候補者ニ被選擧權ノ有無ハ犯罪ノ構成ニ何等ノ影響ヲ及ホスコトナシ　三七・一五七八

刑　法第八十七條ハ衆議院議員ノ候補者ノミニ限ラス何人ト雖モ選擧ニ關シ同條列記ノ各行爲ヲ爲シタル者ハ總テ之ヲ處罰スルノ趣旨ナリトス　四三・二八七

刑　法第八十七條各號ノ行爲カ選擧後ニ在リタル場合ニ於テハ當事者間ニ其行爲ニ關シテ選擧前

ノ豫約アリタルト否トヲ論セス苟モ選擧ニ關シテ行ハレタル以上ハ同條所定ノ犯罪ヲ構成スルモノトス　二・一五二

刑　直接又ハ間接ニ一箇ノ行爲ヲ以テ同時ニ數人ニ對シ法第八十七條第一項各號ノ罪ヲ犯シタル所爲ハ一箇ノ行爲ニシテ數箇ノ罪名ニ觸ルルモノトス　四・九八三

刑　法第八十七條第一項所定ノ各行爲ハ犯罪ノ態樣ヲ異ニスルモ同一罪名ニ觸ルルモノト謂フヘキヲ以テ同一ノ意思發動ニ因リテ之ヲ連續實行スルニ於テハ連續犯ヲ以テ論スヘキモノトス　四・一四五九

刑　法第八十七條ニ所謂選擧ニ關シトハ選擧權ノ行使ニ影響ヲ及ホスヘキコトヲ目的トシタル事項ニ關ストノ趣旨ナリトス　四・九五四

刑　人ヲ介シテ選擧有權者ニ金錢ノ供與ヲ申込ミタル事實アル以上ハ其申込ノ媒介ヲ爲シタル者カ選擧人若クハ選擧運動者ナルト否トニ拘ハラス法第八十七條第一項第一號ノ犯罪ヲ構成ス　三六・二五〇

刑　他人ニ委托シテ選擧人ニ對シ現ニ利益ノ供與又ハ供與ノ申込ヲ實行セシメタル以上ハ法第八十七條第一項第一號ノ犯罪ヲ構成ス而シテ受託者カ委託者ノ名義ヲ以テ其ノ申込ヲ爲シタルト自己ノ名義ヲ以テ之ヲ爲シタルトハ犯罪ノ成立ニ何等ノ影響ナシ　同上

刑　法第八十七條第一號ニ所謂供與トハ金錢物品等ヲ提供贈與スルコトヲ意味シ其申込トハ他人ニ對シ供與ノ意思表ヲ示シタルコトヲ云ヒ其申込ヲ承諾シトハ供與ヲ受クヘキコトノ意思ヲ表

示シタルヲ云ヒ其周旋勸誘トハ當事者ノ間ニ介シテ供與ヲ受ケンコトヲ斡旋盡力シテ之ヲ承諾スルニ至ラシムヘキ行爲ヲ指稱ス而シテ此等ノ意味ヲ顯ス爲メ右等ノ語辭ヲ使用スレハ一般ニ行ハルル所ナリトス　三六・一四〇四

刑　法第八十七條第一項第一號ニ所謂選擧運動者ニ對スル金錢ノ供與トハ報酬ノ意味ヲ以テスル供與ヲ指稱セルモノトス從テ車馬賃飮食宿泊料ノ如キ選擧運動ノ爲メ必要ナル實費ノ供與ハ之ニ包含セス　三七・四六六

刑　法第八十七條第一項第一號ニハ選擧ニ關シ直接又ハ間接ニ金錢物品手形其他ノ利益若クハ公私ノ職務ヲ選擧人又ハ選擧運動者ニ供與シ又ハ供與センコトヲ申込ミタル者云々トノミアリテ供與若クハ供與ノ申込ヲ爲ス主格ニ付キ何等ノ制限ナケレハ特ニ議員候補者ノミニ限ラス何人ト雖モ選擧ニ關シ金錢物品等ヲ提供贈與シ又ハ提供贈與スル意思ヲ表示シタル者ハ總テ同條項ノ制裁ヲ受クヘキモノトス　四一・六六一

刑　何人ト雖モ選擧ニ關シ法第八十七條第一項第一號ニ規定シタル所爲アリタルトキハ同條ヲ適用シ處罰スヘキモノトス從テ衆議院議員候補者ノミニ限ルモノニ非ス　三五・一〇ノ二〇

刑　法第八十七條第一項第一號ニハ選擧ニ關シ直接又ハ間接ニ金錢物品手形其他ノ利益若クハ公私ノ職務ヲ選擧人又ハ選擧運動者ニ供與シ又供與センコトヲ申込ミタル者云々トノミアリテ供與若クハ供與ノ申込ヲ爲ス人ニ付キ何等制限アルコトナシ從テ特ニ議員候補者ニ限ラス何人ト雖モ選擧ニ關シ供與若クハ供與ノ申込ヲ爲シタル者ハ總テ同條項ノ制裁ヲ受クヘキモノトス

三六・一八一

刑　法ニ所謂選擧運動者トハ議員候補者ノ爲メニ投票ヲ得セシムル目的ヲ以テ選擧有權者ヲ勸誘スル諸般ノ行爲ヲ爲ス者ヲ指稱スルモノトス　元・一一九一

刑　商人カ營業ノ範圍内ニ於テ取引ノ申込ヲ受クルハ其欲求ヲ滿足セシムル所以ニシテ顧客ハ一種ノ利源タルヲ失ハサレハ之ヲ目シテ財産的利益ト稱スルモ不當ニ非ス　三・三三六六

刑　議員候補者ト通謀シ呉服商タル選擧人ニ呉服類ノ取引ヲ爲スヘキ旨申入レ之ヲ誘ヒテ該候補者ノ利益ノ爲メ投票セシメタル所爲ハ法第八十七條第一項第一號ノ所謂利益ヲ供與シタルモノニ該當ス　三・三三六五

刑　法第八十七條第一項第一號ニ所謂選擧ニ關シ金錢ヲ選擧運動者ニ供與センコトヲ申込ミタル者又ハ其申込ヲ承諾シタル者トハ選擧ニ關シ選擧運動者ニ對シ該運動ノ爲メ直接ニ必要ナル金錢又ハ物ノ對價以外ノ金錢ヲ供與センコトヲ申込ミ又ハ申込ヲ承諾シタル者ヲ指稱スル法意ナリトス　四・六八七

刑　選擧ニ際シ運動者ニ日當又ハ辨當料ノ如キ相當ノ實費ヲ供給スルハ法ノ禁止スル所ニ非ス　四・一六八

刑　衆議院議員選擧法罰則ニ所謂金錢ノ供與トハ事實上金錢ヲ交付スル總テノ行爲ヲ包含スルモノニシテ實際出金者ノ何人タルヤヲ問ハサルモノトス　四・七九八

刑　法第八十七條第一項第一號ハ同號所定ノ利益ノ供與又ハ申込カ直接ナルト間接ナルトヲ問ハ

ス之ヲ處罰スル法意ナリトス　四・八四〇

刑　法第八十七條第一項第一號ハ選擧人又ハ選擧運動者ニ對シ自身ニ金錢其他ノ利益ヲ供與シ若クハ供與ノ申込ヲ爲シタル者ハ勿論他人ヲ介シテ間接ニ其供與又ハ供與ノ申込ヲ爲シタル者ヲモ包含ス　三六・二五〇

刑　衆議院議員選擧ニ關シ間接ニ金錢ヲ選擧人又ハ選擧運動者ニ對シ又ハ供與センコトヲ申込ミタル罪ノ行爲ノ箇數ヲ定ムルニハ其間接ノ地位ニ立ツ者ノ動作ノ箇數ニ依ルヘキモノニシテ直接ノ地位ニ立ツ者ノ員數又ハ其行爲ノ箇數ニ依ルヘキモノニ非ス　四・八五一

刑　法第八十七條第一項第一號ノ規定ハ他人ヲ介シテ間接ニ同條所定ノ申込ヲ爲シタル者ヲモ罰スルモノナレハ其性質上當然間接ノ地位ニ立ツ者ハ直接ノ地位ニ立ツ者ノ爲シタル申込ノ事實ニ付キ罪責ヲ負フヘキモノトス　同上

刑　甲乙丙ノ三人選擧ニ關シ選擧人ニ利益供與ヲ申込マンコトヲ共謀シ甲其旨ヲ含ミテ現實申込ヲ爲シタルトキハ乙丙モ亦實行正犯ノ責ニ任スヘキモノトス　四・九〇七

刑　法第八十七條第一項第一號違反罪ノ如キ罪種ニ付テハ投票買收ノ謀議ニ參與シタル者ハ自ラ金錢供與ノ申込ヲ爲シタル事實ナシトスルモ仍ホ共同實行者ト認ムヘキモノトス　四・二二

刑　選擧運動ノ方法順序等ニ付キ協議スル行爲モ亦選擧運動ノ實行行爲ノ端緒ニシテ選擧運動ト謂フニ妨ナキモノトス　四・九六二

刑　選擧運動者ニ對シ選擧人買收費トシテ金圓ヲ寄託シタル所爲ハ法第八十七條第一項第一號ノ

犯罪ヲ構成スルモノニ非ス　四・九七〇

刑　法第八十七條第一項第一號ニ選擧運動者ニ對スル金錢ノ供與トハ選擧運動ノ報酬トシテ選擧運動者ニ金錢ヲ供與スルヲ謂フモノナルヲ以テ選擧運動者ハ投票買收費ヲ寄託スルカ如キハ選擧運動ノ報酬トシテ選擧運動者ニ金錢ヲ供與シタルモノト云フヘカラス　元・一三〇〇

刑　法第八十七條第一項第一號ニ於テ間接ノ行爲ヲ罰スヘキ旨明規シタルハ同法制定當時ニ施行セラレタル舊刑法ニ在リテハ敎唆事項カ數人ヲ介シテ實行セラレタル場合ニ付キ敎唆犯ノ規定ヲ適用スルコトヲ得ルヤ否ヤノ疑アリタルヲ以テ此ノ如キ場合ニ付テモ皆之ヲ間接ノ犯罪トシテ處罰セントスルノ趣旨ニ出テタルモノトス　四・九六三

刑　人ヲ介シテ順次ニ數名ノ選擧人ニ對シ法第八十七條第一項第一號ノ申込ヲ爲サシメタル所爲ハ同條項ノ罪ノ連續犯ヲ構成スルモノトス　同上

刑　選擧運動者ニ對シ月手當ノ名目ヲ以テ支給シタル金錢ハ別段ノ事由ナキ限ハ選擧運動者ノ一月間ノ役務ニ對スル概括的ノ報酬ト認ムヘキヲ以テ縦令運動者ニ於テ其一部ヲ選擧運動ノ實費ニ充當シタルトスルモ之カ爲メ其全部ヲ選擧運動ニ對スル報酬ト認ムルノ妨ト爲ルヘキモノニ非ス　四・一〇九八

刑　一箇ノ行爲ヲ以テ同時ニ二人ニ對シ選擧ニ關シテ金圓ヲ供與シタル所爲ハ刑法第五十四條第一項前段ニ依リ一罪トシテ處斷スヘキモノトス　四・一一三八

刑　金借ノ周旋ヲ爲スヘシトノ申出ハ相手方ヲシテ自己ノ勞務ヲ利用セシムヘキ旨ノ申出ナレハ

法第八十七條第一項第一號ニ所謂利益ノ供與ニ該當スルモノトス　四・一三五

刑　選擧運動者カ選擧ニ關シ他人ヲ饗應シタル費用ハ選擧運動ノ爲メ必要ナル費用ニ非サルヲ以テ議員候補者ニ對シ之カ辨償ヲ求ムルヲ得サルモノナレハ之カ辨償ノ爲メ金錢ヲ供與シタル行爲ハ法第八十七條第一項第一號ニ該當スルモノトス　四・一三三

刑　苟モ選擧ニ關シ選擧運動者ニ公私ノ職務ヲ供與センコトヲ申込ミタル以上ハ其職務ノ特定セルト否トヲ問ハス法第八十七條第一項第一號ノ違反罪ヲ構成スルモノトス　四・一三五四

刑　選擧ニ關シ金錢供與ノ申込ヲ承諾シ次テ其供與ヲ受ケタル行爲ハ之ヲ選擧ニ關シ金錢ノ供與ヲ受ケタル一箇ノ犯罪トシテ處斷スヘキモノトス　四・一三三

刑　選擧有權者ニ金圓ヲ交付スル目的ヲ以テ其不在ノ際之ヲ其妻ニ交付シタルハ別段ノ事情ナキ限リ法律上之ヲ選擧有權者ニ交付シタルト同視シ得ヘキモノトス　四・一三七九

刑　法第八十七條第一項第一號ニ所謂利益トハ選擧有權者ヲ誘惑シテ選擧ノ公正ヲ害シ得ヘキ性質ノモノナルヲ以テ足リ被申込者ニ於テ確實ニ之ヲ享受シ得ヘキモノナルコトヲ要セサルモノトス　四・一四六八

刑　選擧運動者中ニハ公衆ニ對シテ言論文章ヲ以テ一定ノ議員候補者ヲ賞揚推薦シ之ニ投票スヘキ旨ヲ力說スル如キ行爲ヲ爲ス者ヲモ包含スルモノトス　四・一四五九

刑　甲者カ選擧運動者ニ對スル報酬トシテ供與スヘキ金圓ヲ乙者ニ寄託シ乙者ヲシテ更ニ丙者ヲ介シテ選擧運動者ニ對シ之ヲ供與セシメタル行爲ハ法第八十七條第一項第一號ニ所謂間接供與

ニ該當スルモノトス　同上

刑　法第八十七條ノ選擧ニ關シ間接ニ金錢物件其他ノ利益ヲ供與スル罪ノ成立スルニハ本人ニ於テ仲介者タル他人カ選擧ニ關シ選擧人又ハ選擧運動者ニ供與スル金錢其他ノ利益ナルコトヲ認識シ之カ資源ヲ供給スル以上必スシモ各特定的選擧人又ハ選擧運動者ニ供與セラルヘキ具體的事實ノ認識アルコトヲ要セサルモノトス　同上

刑　法第八十七條第一項第一號ニ所謂金錢ノ供與トハ選擧ニ關シ選擧運動ニ必要ナル實費以外ノ金錢ヲ供與シタル總テノ場合ヲ指稱スルモノナレハ選擧運動者ノ勞務ニ對スル報酬ノ如キヲモ包含スルモノトス　四•一六三〇

刑　法第八十七條第一項第一號ニ所謂利益ノ供與トハ選擧ニ關シ選擧人又ハ選擧運動者ニ事實上不法ノ利益ヲ取得セシムルコトヲ謂フモノニシテ法律上有效ニ之ヲ取得セシムルコトヲ要スルモノニ非ス　四•一八四六

刑　選擧ニ關シ投票ノ買收ヲ請負ヒ其對價トシテ或金額ヲ收受シタル場合ニ於テ該金額中ニハ實費ニ充當スヘキモノヲ包含セシメタリトスルモ其全額ヲ以テ投票買收ノ報酬ト看做スヘキモノトス　四•一八七二

刑　新聞記者カ議員候補者ノ爲メ自ラ選擧運動ニ不利益ナル記事ノ掲載ヲ中止スルハ選擧運動行爲ト謂フヲ得サルモ他人ニ對シ叙上ノ中止ヲ求ムル行爲ハ之ヲ選擧運動行爲ト稱スヘキモノトス　四•一九五四

刑 公私ノ職務ニ就カシムル爲メ推薦又ハ盡力スルコトヲ申込ミ選擧運動ヲ依頼スル行爲ハ推薦又ハ盡力ナル一種ノ利益ヲ以テ選擧運動ノ報酬ト爲スモノナレハ法第八十七條第一號ノ犯罪ヲ構成ス而シテ申込者ニ推薦スル權限又ハ權利アルト否トハ本罪ノ成否ニ消長ナキモノトス 五・一六二九

刑 選擧ニ關シ運動者募集ノ目的ヲ以テ特定人ニ對シ利益ヲ供與シ又ハ供與センコトヲ申込ミ之ニ選擧運動ヲ依頼スル場合ニ於テ其者カ依頼ニ應シテ承諾シタルトキハ勿論承諾セサルトキト雖モ承諾以前ノ申込行爲ヲ以テ法第八十七條第一項第一號ニ所謂選擧運動者ニ申込ヲ爲シタルモノト解スルヲ相當トス 六・一三〇三

刑 法第八十七條第一項第一號ニ所謂選擧運動者トハ現ニ選擧運動ニ從事シ若クハ選擧運動者タルヘキコトヲ承諾シタル者ハ勿論選擧運動者タルコトノ承諾ヲ求メラレタル者ヲモ包含スルモノトス 四・七七一

刑 法第八十七條第一項第一號ニ所謂選擧運動者タルニハ報酬供與當時現ニ選擧運動ニ從事シ居ル者タルコトヲ要セス將來ニ於テ選擧運動ニ從事センコトノ請託ヲ受ケ之ヲ拒絶シタル場合ト雖モ請託者ノ方面ヨリ觀察スレハ仍ホ選擧運動者ナリトス 六・六七九

刑 苟モ選擧ニ關シ選擧人ニ對シ禮金ヲ供與スヘキコトヲ申込ミタル以上ハ其金額ヲ確定シタルト否トヲ問ハス法第八十七條第一項第一號ニ該當スルモノトス 六・一三八九

刑 滯納處分ニ因リ選擧權ノ行使ヲ停止セラレ居ル者ニ對シ滯納處分ノ解除ニ依リテ自己ニ投票

セシメンカ爲メ金錢供與ノ申込ヲ爲シタルトキハ卽チ選擧ニ關シ選擧人ニ對シ利益供與ノ申込ヲ爲シタルモノトス　六•一三八一

刑　選擧運動ニ關シ援助ヲ求メラレ之ヲ承諾シタル者ハ法ニ所謂選擧運動者ト認ムヘキモノトス　六•一四〇三

刑　法第八十七條第一項第一號ニ所謂選擧運動者トハ金品手形其他ノ利益若クハ公私ノ職務ノ供與又ハ其供與ノ申込當時ノ現ニ運動行爲ヲ行フ者ノミニ限ラス未タ其實行前ト雖モ既ニ他人ノ依賴ニ應シ運動ニ從事センコトヲ承諾シタル者ヲモ指稱スルモノトス　四•一三九

刑　法第八十七條第一項第一號ニ所謂「其他ノ利益」トハ同條項中特ニ明示セルモノヲ除ク外一般ニ人ノ需要又ハ慾望ヲ充タスニ足ルヘキ一切ノ事物ヲ指稱スルモノニシテ財產上ノ價値アル事物ノミニ限定シタル趣旨ニ非ス　六•一四一〇

刑　被告カ或者ニ對シ縣會議員ナル公職ニ就カシムル爲メ推薦盡力スヘキコトヲ申込ミ衆議院議員選擧ノ運動ヲ依賴シタル以上ハ縱令其者カ縣會議員タルコトヲ希望セス其申込ヲ拒絕シタル事實アリトスルモ被告ノ所爲ハ法第八十七條第一項第一號ノ罪ヲ構成スルモノトス　六•一四一〇

刑　回數乘車券ハ有價證券タル物品ナルカ故ニ選擧報酬トシテ之ヲ授受スル行爲ハ法第八十七條第一項第一號ニ該當スルモノトス　七•二〇九

刑　選擧運動者ニ對スル金錢ノ供與カ直接ニ行ハルルト將タ間接ニ行ハルルトハ供與ノ方法ヲ異ニスルニ止マリ等シク法第八十七條第一項第一號ニ所謂選擧運動者ニ對スル金錢供與罪ヲ構成

シ其罪責及ヒ犯情ニ付キ異同ヲ生セサルモノトス　七・二七九

刑　被告カ選擧運動ヲ請負ヒタルニ對スル報酬トシテ金錢ヲ受取リタル行爲ト同人カ選擧運動者ニ對シ報酬トシテ金錢ヲ供與シタル行爲トハ相關渉スル所ナケレハ後者ハ前者ノ結果トシテ不問ニ付スヘキモノニ非ス　七・二七九

刑　債務者カ債權者ニ對シテ債務ノ本旨ニ從テ其辨濟ヲ爲シ債權者之ヲ受領スルハ何レモ適法行爲ニシテ毫モ違法性ヲ有スルモノニ非サレハ之ヲ以テ不法ナル利益ノ供與又ハ受領ト爲シ衆議院議員選擧法違反罪ニ問擬スヘキモノニ非ス　七・四四八

刑　甲ニ對シ立替金辨濟ノ義務ヲ負擔セル乙カ選擧ニ際シ該債務ノ本旨ニ從ヒ之カ辨濟ヲ爲シ由テ甲及ヒ其妻丙ノ歡心ヲ得テ選擧運動ニ從事セシメント欲シ其辨濟ヲ爲シタルハ義務ニ屬セサル辨濟ヲ爲シ利益ヲ供與シタルモノト謂フヲ得ス　同上

刑　應援演說又ハ推薦演說ハ一種ノ選擧運動ニ外ナラサレハ其勞務ニ對シテ金錢其ノ他ノ報酬ヲ供與スルハ法第八十七條第一項第一號ニ該當スルモノトス　七・六九三

刑　一定ノ議員候補者ヲ推薦スル爲メノ應援演說ハ之ヲ選擧運動ト稱スルヲ妨ケサルモノトス　四・一四五九

刑　苟モ應援演說タル選擧運動ニ關シ報酬トシテ金圓ヲ供與シタル以上ハ其金圓カ運動者ノ家族ノ生活費ニ必要ナル費用ニ供セラルル場合ト雖モ之ヲ違法ノ供與トシテ處罰スヘキモノトス　七・六九三

刑　選擧運動者カ收受シタル金員ノ使用ニ付キ供與者ノ制限ヲ受クルコトナク自由處分ニ委ネラレタルトキハ其一部又ハ全部ヲ擧ケテ他ノ選擧運動者ニ對スル報酬ニ供與シタリトスルモ自己ノ用途ニ費消シタルト等シク自己ノ處分權ノ行使ニ外ナラサレハ之ヲ以テ選擧ノ實費ニ充當シタルモノト謂フヲ得ス　七・六九三

刑　甲事實ト乙事實トハ犯罪ノ態樣ニ受働的ト働的トノ差異アル場合ニ於テモ其行爲カ等シク法第八十七條第一項第一號ニ依リ處分スヘキモノニ屬スル以上ハ之ヲ同一罪名ニ該當スル行爲ナリト謂フヲ妨ケサルモノトス　七・七七三

刑　選擧運動ヲ請負ハシメタル者カ其請負者ニ對シ請負ノ報酬トシテ金錢其他ノ利益ヲ供與スル場合ニ於テ請負ヲ爲サシメタル者ハ右利益供與ニ關シテノミ罪責ヲ負フモノニシテ請負者カ因テ得タル金錢其他ノ利益ヲ他ノ運動者又ハ選擧人ニ供與スルモ之ニ付キ別ニ責任ヲ負フモノニ非ス　七・一五九〇

刑　法第八十七條第一項第二號ニハ選擧ニ關シ酒食遊覽等其方法及ヒ名義ノ何タルヤヲ問ハス人ヲ饗應接待シタル者トノミアリテ饗應接待ヲ受ケタル人ノ誰タルヤハ饗應者ノ罪ト爲ルヘキ事實ニ何等ノ影響ヲ及ホササルヲ以テ其氏名ヲ一一判文ニ明示セサルモ不法ニ非ス　四〇・一三七二

刑　法第八十七條第一項第二號ニ「人」トアルハ選擧有權者又ハ運動者ノミニ限局スルコトナク汎ク其他ノ人ヲモ包含指稱スルモノト解スルヲ相當トス　元・二一九一

刑　法第八十七條第一項第二號ニハ選擧ニ關シ酒食遊覽等其方法及ヒ名義ノ何タルヲ問ハス人ヲ

饗應接待シ又ハ饗應接待ヲ受ケタル者トノミアリテ人ニ付キ別ニ何等ノ制限ナシ從テ何人ト雖選擧ニ關シ右等ノ所爲アリタルトキハ同條項ニ該當スヘキモノニシテ單ニ選擧人ノミニ限ルニ非ス　三五・一一ノ三三

刑　法第八十七條第一項第二號ニ所謂饗應トハ選擧ニ關シテ飲食物ノ供與ニ因リ他人ヲ歡待スル謂ナレハ選擧運動者ニ對シ其選擧運動ニ付キ必要ナル飲食物ヲ供與スルコトハ同號ノ所謂饗應ナル觀念中ニ包含セサルモノトス　元・一一九一

刑　衆議院議員候補者タル人ノ依賴ニ因リ選擧有權者等ノ集會ニ於テ之ヲ推選スヘキ旨ヲ演述シ其勞ニ對シテ右候補者一派ノ有志者カ供與シタル酒食ノ饗應ヲ受ケタルトキハ法第八十七條第一項第二號ニ所謂選擧ニ關シテ饗應ヲ受ケタルモノニ該當スルモノトス　同上

刑　選擧運動ノ慰勞ト自己ノ當選ノ祝賀ヲ兼ネ酒宴ヲ設ケ酒食ノ饗應ヲ爲シ又其饗應ヲ受クルコトハ法第八十七條第一項第二號ニ所謂選擧ニ關シ酒食ヲ以テ人ヲ饗應シ又其饗應ヲ受クルモノニ外ナラス　三・一二七八

刑　選擧ニ關シ饗應ノ約束ヲ爲シ其實行トシテ饗應ヲ爲シタルトキハ之ヲ包括的ニ觀察シ單純ナル饗應ノ一罪トシテ處斷スヘキモノニシテ饗應ノ約束ト實行トヲ區別シ刑法第五十四條第一項後段ヲ適用スヘキモノニ非ス　三・一四三六

刑　選擧後ニ於テ當選者カ祝意ヲ表スルカ爲メニ選擧人選擧運動者等ニ非サル選擧ニ關係ナキ親族故舊ヲ招請シテ賀莚ヲ張ルカ如キハ選擧ニ關シ人ヲ饗應スルモノニ非サレハ犯罪ヲ構成スル

コトナシ　二・一五二

刑　報酬又ハ謝禮ノ意味ヲ有セス單ニ一般社交上ノ禮義ニ從ヒ常食ノ時期ニ相當ノ飲食物ヲ供給スルカ如キハ縱令其被供給者カ選擧運動者ナル場合ト雖モ衆議院議員選擧法違反罪ヲ構成スルモノニ非ス　四・七八〇

刑　一家ノ慣例上年年催スヘキ年始ノ祝宴ニ於テ偶々選擧有權者ニ對シ或候補者ヲ選擧センコトヲ勸誘スルカ如キハ衆議院議員選擧法違反罪ヲ構成スルモノニ非ス　四・八四七

刑　法第八十七條第一項第二號第三號ニ直接間接ノ辭句ヲ省略セルハ冒頭第一號ニ之アルカ為ニ過キサレハ人ヲ介シテ間接ニ同第二號第三號ノ罪ヲ犯ス者ト雖モ直接ニ之ヲ實行スル者ト等シク同法條ノ適用ヲ受クヘキモノトス　四・九六三

刑　選擧運動承諾ノ報酬トシテ故ラニ為シタル饗應ハ其價額ノ如何ヲ問ハス法第八十七條第一項第二號ニ所謂饗應ニ該當スルモノトス　四・一〇〇七

刑　法第八十七條第一項第二號ニハ選擧ニ關スルコトニ對シテ何等制限ヲ設ケサルヲ以テ同規定中ニハ議員選擧應援ニ關シ饗應ヲ受ケタル場合ヲモ包含スルモノトス　四・一〇七四

刑　選擧ノ目的ヲ達センカ為メ人ヲ特ニ招待シ酒食ヲ供與スルカ如キハ膳羞ノ豐菲供與時刻ノ如何ニ拘ハラス法第八十七條第一項第二號ニ所謂饗應ニ該當スルモノトス　四・一二五一

刑　投票ヲ勸誘スル目的ヲ以テ選擧人ヲ招請シ之ニ酒食ヲ供スルハ法第八十七條第一項第二號ニ所謂選擧ニ關シテ他人ヲ饗應スルモノニ外ナラス其供與シタル酒食ノ價額ノ多少又ハ其時刻ノ

常食時ナルト否等ノ事實ハ饗應ノ意義ニ變更ヲ來スコトナシ　四•一〇九〇

刑　選擧運動者カ自己ノ推薦スル議員候補者ヲ援助スル意思アル者ニ對シ一層其意思ヲ鞏固ナラシムル爲メ候補者ヲ紹介シテ酒食ヲ饗應シ相手方ニ於テ情ヲ知テ之ヲ受ケタルトキハ其受饗者ハ同法ノ選擧運動者ニ該當シ其饗應ハ選擧運動ノ報酬タル性質ヲ有スルヲ以テ受饗者ノ行爲ハ法第八十七條第一項第二號ノ犯罪ヲ構成スルモノトス　四•一三六

刑　食事ノ供與カ選擧ニ關スル報酬謝禮ノ意ニ出テタルモノナリヤ將タ社交上ノ禮義ニ屬スルヤハ其被供與者カ選擧有權者タルト選擧運動者タルトヲ問ハス專ラ食事ノ價額供與ノ時刻其他ノ事情ニ依リテ判定スヘキモノトス　四•一五九五

刑　選擧運動者ニ供シタル飮食物若クハ其相當代金カ適度ナルトキハ選擧法違反タラスト雖モ其適度ナルヤ否ヤハ運動者各自固有ノ地位境遇ノミニ著眼シテ之ヲ決スヘキモノニ非ス特別ノ事情ナキ限リ其地方ニ於ケル普通一般人ニ適度ナリト謂フヘキ程度ノモノナリヤ否ヤニ依リテ之ヲ決スヘキモノトス　四•一六二四

刑　議員候補者ノ信用ヲ維持シ投票ノ減少ヲ免ルル目的ヲ以テ不利益ナル新聞記事ノ掲載ヲ中止セシムル爲メ饗應ヲ爲スカ如キハ法第八十七條第一項第二號ノ罪ヲ構成スルモノトス　四•一九五四

刑　苟モ議員ノ當選ヲ期待スル目的ヲ以テ有權者ニ食膳ノ供與ヲ爲スニ於テ其ノ代金額ノ多寡如何ニ拘ハラス之ヲ以テ饗應ト云フニ妨ナキモノトス　六•一〇〇七

刑　社交上ノ禮義ニ非スシテ衆議院議員候補者ニ投票セシムルノ目的ヲ以テ爲シタル酒食ノ饗應

ハ其價額ノ如何ニ關セス法第八十七條第一項第二號ニ所謂饗應ニ該當スルモノトス　四・九七五

刑　苟モ選擧ニ關シ選擧運動者ニ於テ饗應行爲アリタル以上ハ之カ供與ヲ受ケタル者ニ於テ其事實ヲ知リタルト否トヲ問ハス選擧運動者ニ對シ其犯罪ヲ構成スルモノトス　六・一〇〇七

刑　法第八十七條第一項第二號ノ罪ハ選擧ニ關シ投票又ハ運動ノ勞ニ酬ユル趣旨ヲ以テ選擧會場等ニ往復スル爲メニ船車馬ノ類ヲ供給シ又ハ之ヲ受クルニ因リテ成立スルモノニシテ選擧ニ關スル報酬、謝禮ノ關係ナキトキハ縱令選擧會場ニ往復スル爲メニ如上ノ供給ヲ爲スモ該犯罪ヲ構成スヘキモノニ非ス　六・一三三六

刑　法第八十七條第一項第三號ニ所謂利害關係ニ付テハ何等ノ制限ナケレハ苟モ選擧ニ關シ選擧人又ハ其關係アル市町村等ニ對スル利害關係ヲ利用シ以テ選擧人ヲ誘導シ又ハ其誘導ニ應シタル事實アル以上ハ其利害關係ノ何タルヲ問ハス同條同號ノ罪ヲ構成スルモノトス　四・九一六

刑　法第八十七條第一項第三號末文ニハ單ニ其他利害ノ關係トノミ規定シアリテ其利害ノ關係ニ付キ何等ノ制限ヲ設ケサルヲ以テ苟モ選擧ニ關シ選擧人ノ利害ニ關スルモノハ其何タルヲ問ハス總テ之ヲ包含スルモノト解スルヲ相當トス　元・一三三一

刑　債務者カ任意ノ履行ヲ爲スト否トハ債權者ノ利害ニ關スルコト尠ナカラサルカ故ニ斯ル關係ヲ利用シ選擧人ヲ誘導シタル行爲ハ法第八十七條第一項第三號ニ該當スルモノトス　四・二一四五

刑　單一ノ行爲ヲ以テ數人ノ有選擧權者ヲ誘導シタル場合ニ在リテハ單一罪ヲ構成スルモノニアラスシテ一ノ行爲ニシテ數箇ノ罪名ニ觸ルルモノトス　四・二一四五

刑 法第八十七條第一項第三號ノ規定ニ違背シ單一ノ行爲ヲ以テ同時同所ニ於テ二名ノ選擧權ヲ有スル者ヲ誘導シタル場合ハ單一ノ犯罪ヲ構成スルモノニ非ス一行爲ニシテ數箇ノ罪名ニ觸ルルモノナリトス　元・一三二

刑 法第八十七條第三號及ヒ第八十八條第三號ニ所謂利害關係トハ一般的ニアラスシテ特殊ナル利害關係ヲ指稱セルモノトス而シテ其關係カ特殊的ナル以上ハ現ニ存在スルモノニ限ラス確實ニ其發生ヲ豫見シ得ヘキ將來ノ利害關係ヲモ包含セルモノト解スルヲ相當トス　五・八八

刑 選擧ニ關シ一般ノ交通問題ニ付キ意見ヲ發表スルハ格別主トシテ特定ノ市町村ニ關係アル特定ノ里道ヲ郡道ト爲スコトニ付キ從來其意見ニ依リ事實上盡力シタル結果該道路ノ開通遂行セラレントスル狀況ニ在リトスルモ選擧ノ際其市町村ニ於ケル選擧人ニ對シ同問題ニ關シテ尙ホ盡力スヘキニ付キ自己ニ投票アリタキ旨ヲ以テ其贊同ヲ求ムルハ法第八十七條第一項第三號ノ誘導行爲ニ外ナラス　五・一四〇

刑 法第八十七條第一項第三號ハ他人ヲ介シテ間接ニ選擧ニ關シ同號所定ノ手段ニ依リ選擧人ヲ誘導シタル場合ヲモ包含スルモノトス　五・七九五

刑 苟モ選擧人ノ關係アル市町村等ノ爲メ既ニ生シ又ハ生シ得ヘキ特殊ノ利害關係ヲ利用シテ選擧人ヲ誘導シタルトキハ法第八十七條第一項第三號ノ違犯者トシテ之ヲ處罰スヘク其利害問題カ市町村等ノミノ利害ニ止マラス延テ公共ノ利益ニ影響ヲ及ホスノ故ヲ以テ之ヲ不問ニ付スヘキモノニ非ス　六・七六五

刑　苟モ選擧ニ關シ選擧人ノ利害關係ヲ利用シテ選擧人ヲ誘導シタル以上ハ誘導ノ際既ニ候補者ノ確定シタルト否トヲ問ハス法第八十七條第一項第三號ノ犯罪ヲ構成スルモノトス　六・八九二

刑　法第八十七條ノ罪ノ成立スルニハ選擧ニ關シ利害關係ヲ利用シ選擧人ヲ誘導シタル事實アルヲ以テ足リ特定ノ候補者ヲ選擧スヘキ旨ノ誘導ヲ爲シタルコトヲ必要トセス　四・六九〇

刑　道路築港鐵道問題ノ解決カ一定ノ選擧人又ハ其關係アル市町村等ニ一般利害ノ外尙ホ特別ノ利害ヲ及ホスヘキ場合ニ於テ之ヲ利用シ選擧人ヲ誘導スルハ法第八十七條第一項第三號ノ罪ヲ構成スルモノトス　六・八九八

刑　既往ノ利害關係ハ法第八十七條第三號ニ該當セサルハ勿論單ニ既往ニ於テ表示シタル好意ヲ利用シ選擧ニ關シ選擧人ヲ誘導スルコトアルモ之ニ依リ現在若クハ將來ノ利害關係ニ何等交涉ヲ生セサル場合ニ於テハ同條ニ所謂利害關係ヲ利用シタルモノト云フヲ得ス　六・〇四六

刑　法第八十七條第二項ノ追徵ハ本刑ニ附隨セル一種ノ懲罰ナルヲ以テ苟モ同條ノ罪ヲ犯シ給與ノ金圓ヲ費用シタル以上ハ此ノ處分ヲ受クヘキモノトス而シテ其費用シタル金圓ノ出所如何ハ之ヲ問フノ要ナシ　三・一五七八

刑　衆議院議員選擧人カ數名共同シテ選擧ニ關シ金錢ヲ收受シタルトキハ各犯人ニ對シ其費用金額ヲ平等ニ分割シテ之ヲ追徵スヘキモノトス從テ被告等各自ニ對シ費消金額全部ノ追徵ヲ命シタル判決ハ不法ナリ　四三・二八七

刑　法第八十七條第二項ノ沒收又ハ追徵ハ一ノ處罰ナルヲ以テ共犯者ノ一人ニ科シタル沒收又ハ

追徵ノ金額ハ他ノ共犯者ニ科スヘキ追徵若クハ沒收金ヨリ之ヲ控除スヘキモノニ非ス　同上

刑　選擧ニ關シ數名ノ選擧運動者カ共謀シテ一團トナリ金員物品ノ供與ヲ受ケタル場合ニ於テハ該團體中ノ共犯者ハ各自カ分配ニ因リテ實際ニ受ケタル金品ノ多寡如何ヲ問ハス團體ノ收受シタル金品ノ全部ニ付キ各平等ノ割合ヲ以テ共同シテ其追徵ニ應スル責任ヲ負フヘキモノトス

四二・五三三

刑　法第八十七條第一項第二號ニ該當スル饗應ヲ受ケタル者ハ卽チ同條第二項ニ所謂物件ヲ收受シ之ヲ費用シタルモノト認メ得ヘキヲ以テ該酒食ノ價ハ之ヲ追徵スヘキモノトス　四・九七五

刑　饗應ノ物品ノ數量又ハ價格ヲ算定スルニ付テハ饗應者ノ提供シタル飲食物ノ數量又ハ價格ニ依ルヘキモノニシテ被饗應者カ現實ニ飲食シタル數量又ハ價格ニ依ルヘキニ非ス　四・一〇〇七

刑　法ニ於ケル沒收及ヒ追徵ハ犯人ヲシテ不法ノ利益ヲ享受セシメサルコトヲ以テ目的ト爲スモノナレハ犯人カ包括的ニ給付ヲ受ケタル金員中不法ノ性質ヲ有セサル部分アルトキハ之ヲ控除シタル殘額ノミヲ沒收スヘキモノトス　四・一二三六

刑　法第八十七條第一項ノ犯罪ニ關シ沒收ノ言渡ヲ爲スニハ同條第二項ノ規定ニ依ルヘキモノニシテ刑法第十九條ニ依ルヘキモノニ非ス　四・一五八一

刑　法第八十七條第二項ノ沒收ノ言渡ハ物件ノ收受者ニ對シテノミ之ヲ爲スヘク物件ノ供與ヲ爲シ若クハ供與セントコトヲ申込ミ又ハ其申込ヲ承諾シタル者ニ對シテ爲スヘキモノニ非ス　同上

刑　法第八十七條第二項ニ沒收ニ關スル特別規定ニシテ金錢供與者、周旋勸誘者及ヒ其供與收受

者ハ性質上共犯關係ヲ有スレトモ其供與收受ノ目的タル金錢ハ收受者ヨリ之ヲ沒收スヘキコトヲ定メタルモノトス　二・一〇六六

刑　法第八十七條第二項ノ沒收ハ同條第一項掲示ノ物件ヲ收受シタル者ニ對シテノミ科スヘキモノトス　四・一〇四二

刑　沒收又ハ追徵ハ不法ニ收受シタル物ニ付テノミ之ヲ爲スヘキモノナレハ或物ノ中ニ斯ノ如キ性質ヲ有スル部分ト然ラサル部分トヲ包含スルコト明カニシテ而モ二者ヲ分別スルコト能ハサル場合ニ於テハ全然沒收又ハ追徵ヲ爲シ得ヘカラサルモノトス　四・一六九五

刑　選擧ニ關シ選擧人又ハ選擧運動者カ債務ノ免除ヲ受ケタル場合ノ如キハ收受セル物件ナキカ故ニ其價ヲ追徵スルコトヲ得サルモノトス　四・一八四六

刑　金錢ハ之ヲ兩替スルモ其性質ヲ變更スヘキモノニ非サレハ供與ニ係ル十圓札二枚ヲ兩替シタル一圓札二十枚ヲ沒收スルハ不法ニ非ス　七・二四八

刑　沒收又ハ追徵ヲ爲スヘキ不法利益ノ存否ハ各犯人ニ付キ觀察スヘキモノナレハ選擧運動ノ請負カ重複シテ累行セラレタル場合ニ於テ第一次ノ請負者ノ收受シタル報酬金ノ一部カ第二次ノ請負者ノ報酬トシテ供與セラレタルトキハ右一部ノ金圓ハ第一次請負者ノ利益ニ於テ費用セラレタルモノニ係ルヲ以テ他ノ收受金圓ノ沒收ト共ニ追徵スヘキモノトス　七・七七三

刑　衆議院議員選擧ニ關シ一席ニ於テ數名ヲ饗應シタル所爲ハ饗應ヲ受ケタル方面ヨリ觀察スレハ各自ニ一罪ヲ構成スヘキモ饗應ヲ爲シタル者ハ單ニ一罪ヲ構成スルニ止マリ數罪ヲ構成スヘ

キモノニ非ス　三五・二一ノ三

刑　同一ノ金錢ニ關シ被告人カ名ヲ選擧運動費用ニ藉リ議員候補者ヲ欺罔シ之ヲ騙取シタリトスル詐欺罪ノ公訴ト被告人カ之ヲ騙取シタルニ非スシテ議員候補者ノ爲ニ投票ヲ得ル目的ヲ以テ之ヲ他ノ選擧運動者ニ供與シタリトスル衆議院議員選擧法違反ノ公訴トハ同一被告事件ニ非ス　二・一八三

刑　法第八十七條第一項各號ハ何レモ選擧ノ公正ヲ害スル同一性質ノ犯罪行爲ニシテ單ニ其ノ態樣ヲ異ニスルニ過キサルヲ以テ連續シテ其ノ二個以上ノ號ニ該當スル行爲ヲ爲シタルトキハ刑法第五十五條ニ依リ一個ノ同條項ノ罪トシテ處斷スヘキモノトス　一三・五五九

刑　投票ヲ得ル目的ヲ以テ議員候補者又ハ選擧運動者カ多數ノ選擧人又ハ選擧運動者カ同一時及場所ニ於テ酒食其ノ他ノ方法ヲ以テ饗應接待シタル行爲ハ包括的一罪ヲ以テ論スヘク刑法第五十四條ニ所謂一個ノ行爲ニシテ數個ノ罪名ニ觸ルル場合ニ該當セス　一四・二八七

刑　選擧ニ關シ委託ヲ受ケテ運動ヲ爲ス者ハ勿論自發ノ意思ヲ以テ運動ヲ爲ス者モ亦運動者ナリ　二・一九〇

刑　法第八十七條ノ選擧運動者トハ現ニ選擧運動ニ從事スル者ニ限ラス選擧運動者タルコトヲ承諾シタル者ヲモ包含スルモノトス　一三・三一〇

刑　選擧ニ際シ特定ノ議員候補者ノ爲ニスルモノハ論無ク將來特定セラルヘキ候補者ノ爲ニ投票セシムル目的ヲ以テ運動ニ從事スル者ハ皆選擧運動者ト認ムヘキモノトス　一三・三九一

刑　選擧ニ際シテ立候補ノ意思ヲ有シ且他人ヨリ議員候補者トシテ推薦セラレタル者ノ如キハ法ニ所謂議員候補者中ニ包含スルモノトス　一〇・五九七

刑　議員候補者タルニハ立候補ノ意思ヲ外部ニ發表スルヲ以テ足リ必シモ選擧人ニ對シ言論文章等ヲ以テ之ヲ公表スルコトヲ要セス又他人ヨリ候補者トシテ推薦セラレタル者ニ限ラス有權者ノ訪問ヲ爲シ自己ニ投票センコトヲ求ムル者モ亦候補者ト謂ハサルヘカラス　一三・三一〇

刑　議員候補者タルニハ選擧ニ因リ議員タラント欲スル者カ其ノ意思ヲ外部ニ發表スルヲ以テ足リ必スシモ不定多數人ニ對シ其ノ意思ヲ發表スルノ要ナキモノトス　一四・三五一

刑　法第八十七條第一項第一號ニ所謂金錢ノ供與トハ選擧人又ハ選擧運動者ニ對シ選擧ニ關スル報酬トシテ金錢ヲ給付スルノ謂ニシテ此等ノ者カ同法違反ノ罪ニ問ハレ判決確定ノ後罰金ヲ納付スルニ際シ又ハ之ヲ納付シタル後選擧ニ些ノ關係ナク親戚故舊等ヨリ金錢ヲ給付シ又ハ不幸災難等ニ遭遇シタル場合ニ於テ慰藉料ヲ與フルカ如キヲ包含セサルモノトス　八・二六〇

刑　法第八十七條第一項第一號ニ規定セル財產上ノ利益供與ノ中ニハ選擧運動者カ議員候補者ノ爲ニ投票ヲ爲サシムル目的ヲ以テ選擧人ニ對シ金錢ヲ貸與スル行爲ヲ包含ス　一三・四八七

刑　議員候補者ノ投票取得ヲ妨害スヘキ行爲ヲ排除スル爲夜警ヲ爲スカ如キハ一種ノ選擧運動ナリトス　一三・九二八

刑　法ノ罰則ニ所謂金錢ノ供與トハ出金者ノ何人タルヲ問ハス事實上　錢ヲ給付スル總テノ行爲ヲ包含スルモノニシテ他ヨリ特定ノ選擧運動者ニ金錢ヲ給付スルコトヲ委託セラレ之ヲ受領シ

テ其ノ者ニ給付スルハ金錢ノ供與ニ外ナラス　一四・二一六

刑　議員候補者又ハ選擧運動者カ選擧人又ハ選擧運動者ニ對シテ爲シタル饗應カ投票其ノ他選擧ニ關スル運動ノ報酬タルトキハ法第八十七條第二號又ハ第七號ノ罪ヲ構成ス　一一・二八七

刑　饗應カ單ニ社交上ノ好意ヲ表スルニ過キサルトキハ同法條ノ罪ヲ構成セス　一一・二八七

刑　饗應カ其ノ何レニ屬スルヤハ饗應ノ性質及候補者又ハ運動者ノ意思如何ニ依リ定ルモノトス　一一・二八七

刑　選擧運動者ニ對シテ報酬又ハ謝禮ノ意味ヲ有セス單ニ常食時ニ於テ一般社交上ノ儀禮ニ超越セサル程度ノ飲食物ヲ供スルハ法第八十七條第一項第二號ニ所謂饗應接待ニ該當セス　一四・二五五

刑　選擧運動者カ特ニ議員候補者ノ爲投票ヲ得ルノ目的ヲ以テ選擧人ヲ招請シ之ニ飲食物ヲ供スル場合ハ其ノ供與シタル飲食物ノ價格ノ多少又其ノ時刻ノ常食時タルト否トヲ問ハス法第八十七條第一項第二號ニ所謂饗應接待ニ該當ス　一四・二五五

刑　第八十七條第一項第四號ハ被誘導者ノ關係アル團體ノ種類ヲ限定シタルモノニ非スシテ單ニ之ヲ例示シタルニ過キサルヲ以テ必スシモ其團體カ財産ノ主體タルヘキ公法人タルヲ要スルモノト解スヘカラサルモノトス　九・七三九

刑　河川沿岸ノ町村住民ハ河川改修水害防止ニ付キ直接ノ利害關係ヲ有スルヲ以テ衆議院議員選擧ニ關シ選擧運動者カ特定ノ河川ニ付キ沿岸町村ノ選擧人ニ對シテ其河川ノ改修事業ノ完成ニ便ナル旨ヲ以テ特定ノ議員候補者ヲ推薦スルカ如キハ一地方ニ特殊ナル利害關係ヲ利用シテ該

地方ノ選擧人ヲ誘導スルモノニ外ナラサルヲ以テ該行爲ハ法第八十七條第四號第五號ニ該當スルモノト謂フヘク河川ノ改修カ其ノ性質國家ノ利害ニ關スルモ如上犯罪ノ成否ニ影響ナキモノトス　一〇・四三

刑　選擧ニ關シ利害關係ヲ利用シ選擧人ヲ誘導スル罪ノ成立ニハ利害關係カ現在ノモノタルト將來ノモノタルトヲ問ハス又利害關係ノ發生カ未然ノモノタルト確定ノモノタルトヲ區別スルコトナシ　二・一九〇

刑　議員候補者又ハ選擧運動員カ一般的利害問題ニ關シ公然其ノ政見ヲ發表シ之ニ贊同スル選擧人ノ投票ヲ求ムルカ如キハ固ヨリ適法ナルモ自己ノ爲ニ投票ヲ得ル目的ヲ以テ是等ノ者カ該問題ニ付選擧人若ハ選擧運動者ノ有スル特殊ノ利害關係ヲ利用シ之ヲ誘導スヘキ言論ヲ爲スカ如キハ之ヲ以テ適法ナル政見發表ト謂フヘカラス　二・六九二

刑　法第八十七條第一項第四號ニ所謂利害ノ關係トハ選擧人若ハ選擧運動者又ハ此等ノ者ノ關係アル社會學校市町村等ニ對シ特殊ノ影響ヲ及ホスヘキ利害關係ノ謂ニシテ其ノ關係カ私法的ノモノタルト公法的ノモノタルトヲ問ハス又社會學校市町村等ニ對スルノミナラス延テ一般的ニ影響ヲ及ホスト否トヲ論スルヲ要セス　一三・四一

刑　衆議院議員候補者カ投票ヲ得ルノ目的ヲ以テ主義政見ヲ發表スル場合ニ其ノ事項カ之ヲ客觀的ニ觀察シ主トシテ國家ノ政策ニ關スルモノナルトキハ假令延テ地方ノ利害ニ影響ヲ及ホスコトアリトスルモ選擧法違反ヲ以テ問擬スヘキモノニ非ス之ニ反シテ其ノ事項カ主トシテ地方的

利害ニ關スルモノナルトキハ假令延テ國家全般ノ利害ニ多少ノ影響ヲ及ホスコトアリトスルモ選擧法違反ヲ以テ處罰スヘキモノトス　一三・八一二

刑　法第八十七條第一項第四號ニ所謂利害關係ハ其ノ利害カ私的性質ヲ有スルト公的性質ヲ有スルトヲ問ハス又其ノ關係事項カ現在ノモノナルコトヲ要セス將來ノモノト雖其ノ發生ノ可能性ヲ有スレハ足ルモノトス　一四・六五

刑　或鐵道ノ敷設カ國家交通政策ノ一端ニ屬シ其ノ速成ニ依リテ多少一般交通上ニ利スル所アルモ之カ爲ニ主トシテ利害ヲ感スルモノハ特定ノ一地方ナル場合ニ於テ衆議院議員候補者カ投票ヲ得ル目的ヲ以テ其ノ地方ノ選擧人及選擧運動者ニ對シ當選ノ上ハ右鐵道ノ速成ニ努力スヘキ旨ヲ告ケテ投票ヲ求メ選擧運動ヲ依頼シタルトキハ法第八十七條第一項第四號ニ所謂利害關係ヲ利用シテ誘導シタルモノニ該當ス　一四・二〇四

刑　衆議院議員候補者カ一場ノ演説ニ依リ同時ニ多數ノ選擧人及選擧運動者ニ對シ法第八十七條第一項第四號ノ誘導ヲ爲シタルトキハ之ヲ包括シ一罪トシテ處斷スヘク一個ノ行爲ニシテ數個ノ罪名ニ觸ルルモノトシテ處斷スヘキモノニ非ス　一四・二〇四

刑　法第八十七條第一項第四號ノ議員候補者カ投票ヲ得ル目的ヲ以テ選擧人又ハ選擧運動者ニ對シ誘導ノ爲利用スル利害ノ關係タルニハ議員候補者ニ於テ其ノ利害ニ付直接ニ當事者トシテ關係ヲ有スルコトヲ要セス又議員候補者自身カ其ノ關係事項ノ内容ヲ實現シ得ルコトヲ要セサルモノトス　一四・四三

刑　法第八十七條第五號ト其前ノ各號トハ措辭ノ方法ヲ異ニスルモ其旨趣ニ於テハ同一ニシテ獨リ選擧有權者ニ對スルノミナラス廣ク選擧人ヲシテ議員候補者ニ投票ヲ爲サシムルニ至ルヘキ行爲ヲ爲ス者ニ對スル場合ヲモ包含セシメタルモノト認ムルヲ相當トス　九・七三七

刑　法第八十七條第一項第五號ノ誘導罪ハ新聞紙ノ記事ニ依リテ之ヲ行フ場合ニ於テハ當該新聞紙ヲ選擧人ニ到達セシムルニ因リテ成立シ選擧人カ現ニ之ヲ讀ミ且諒解シタルコトヲ要スルモノニ非ス　一三・九二

刑　選擧運動者カ選擧ニ際シ選擧人ニ對シ其ノ特殊ノ利害關係ヲ有スル或事業ヲ完成スルニハ某政黨ニ入黨シ其ノ政黨所屬議員候補者ヲ選出スルヲ得策トスル旨ヲ告ケテ之ヲ誘導シテ後ニ某政黨所屬議員候補者ノ定マリタルトキハ選擧運動者ノ行爲ハ法第八十七條第一項第五號ニ該當スルモノトス　一三・三九一

刑　選擧運動者カ候補者ノ爲投票ヲ得セシムル目的ニテ仲介者ヲ經テ一有權者ニ付拾圓宛ヲ供與スヘキ旨ヲ約束シタルトキハ法第八十七條第一項第五號第一號ノ犯罪ハ成立スヘク其ノ後ニ至リ該約束ヲ取消スモ之カ爲ニ犯罪ノ成立ヲ阻却セス　一三・六〇六

刑　選擧運動者カ選擧人ニ對シ議員候補者ノ爲投票ヲ爲サシムル目的ヲ以テ立候補宣言演說會ニ來聽セル選擧人ノ爲ニ宿泊料ヲ代辨シタル行爲ハ法第八十七條第五號ノ利益ノ供與ニ該當ス　一三・六四二

刑　法第八十七條第一項第五號ニ規定スル選擧運動者ノ誘導ノ罪ハ投票ヲ得ル目的ヲ以テ其ノ誘

導ヲ爲スニ因リ成立シ苟モ投票ヲ得ル目的ニ出ツル以上ハ選擧有效者ヲシテ先ツ或政黨ニ加入セシメ然ル後政黨所屬ノ議員候補者ニ投票セシムルト若ハ之ヲシテ直ニ其ノ議員候補者ニ投票セシムルトハ犯罪ノ成否ニ消長ナキモノトス　一三・七四五

刑　選擧運動者カ議員候補者ノ爲ニ投票ヲ得ル目的ヲ以テ他ノ選擧運動者ニ對シ實費ト報酬トヲ分別スルコトナク包括シテ金錢ヲ供與シタル場合ニ於テ裁判所カ其ノ罪ヲ斷スルニ當リ實費トシテ現ニ支出シタル額ヲ確定セサルモ不法ニ非ス　一四・二四〇

刑　選擧運動者カ議員候補者ノ爲ニ投票ヲ爲サシムル目的ヲ以テ他人ニ對シ選擧人ニ米ヲ供與スヘキ申込ヲ爲スコトヲ依賴シタル場合ニ其ノ者カ辨當代ヲ供與スヘキ申込ヲ爲シタリトスルモ法第八十七條第一項第五號ノ適用上選擧運動者ハ選擧人ニ財產上利益供與ノ申込ヲ爲シタルモノニ外ナラス　一四・五五五

刑　法第八十七條第七號ト第五號トハ何レモ同一法條ニ於テ全然罪質及刑罰ヲ同シクスル犯罪ヲ認ムルモノニシテ何レヲ適用スルモ法律上ノ關係ヲ異ニスルモノニ非ス　九・四八五

刑　法第八十七條第一項第五號ト第七號トハ等シク同一條項ノ下ニ於テ同一刑罰ヲ以テ處斷スヘキ行爲ニ關スル規定ナレハ第五號ヲ適用スヘキ場合ニ誤リテ第七號ヲ適用シタルトスルモ其ノ結果ハ同一ノ處斷ニ歸スルヲ以テ擬律錯誤ノ違法アリト謂フヲ得サルモノトス　九・八三〇

刑　法第八十七條第一項第七號ハ過去ニ於ケル行爲又ハ不行爲ノ報酬ト爲ス目的ヲ以テシタル場合ニ關スル規定ナリ　一三・六二五

刑　議員候補者ハ選擧運動者カ議員候補者ニ候補者タルコトヲ止メタル者ニ對シ其ノ報酬トシテ金圓ヲ供與シタル行爲ハ法第八十七條第一項第七號ニ該當スルモノトス同上議員候補者カ選擧運動ニ要シタル費用ノ補塡トシテ金圓ノ供與ヲ受クルハ同條項第一號ノ利益ヲ受ケタルモノニ該當ス　一三・九一〇

刑　選擧人カ議員候補者ノ推薦詮衡ニ要シタル實費ト雖選擧運動者カ議員候補者ノ爲ニ投票ヲ爲サシムル目的ヲ以テ選擧人ノ爲其ノ實費ヲ支辨シ選擧人ニ於テ其ノ情ヲ知リナカラ支辨ニ因リテ利益ヲ受ケタルトキハ法第八十七條第一項第八號ノ犯罪ヲ構成ス　一四・一〇九

刑　第八十七條第二項ニ所謂費用トハ其收受シタル物件カ給付其他ノ行爲ニ依リ犯人ノ手裡ニ現存セサルコトヲ指稱スルモノニシテ犯人カ自己ノ利益ノ爲メ之ヲ處分シタルト否トヲ問ハサルモノトス　八・一二六

刑　選擧ニ關シ選擧人又ハ選擧運動者ニ財物ヲ供與スヘキ旨ノ負擔附ニテ財物ノ供與ヲ受ケタル者カ其ノ負擔ノ趣旨ニ從テ選擧人又ハ選擧運動者ニ供與シタル場合ニ於テ後ノ供與ヲ受ケタル者ヨリ沒收又ハ追徵ヲ爲スヘキトキハ其ノ部分ニ付テハ前ノ供與ヲ受ケタル者ヨリ追徵スヘキモノニ非ス　一三・六二六

刑　數人ノ選擧運動者カ共謀シテ選擧ニ關シ他ノ選擧運動者ニ金錢ノ供與ヲ爲シ其ノ後之ヲ受ケタル者カ供與者ノ一人ニ之ヲ返還シタル場合ニ於テハ返還ヲ受ケタル供與者ヨリ之ヲ沒收シ沒收スルコト能ハサルトキハ其ノ者ヨリ之カ價額ヲ追徵スヘキモノトス　一三・六八七

刑　選擧運動者カ選擧ニ關シ其ノ運動實費及報酬トシテ包括的ニ一定ノ金額ノ供與ヲ受ケタル場合ニ於テ兩者ノ割合ノ定ナカリシトキハ受領金額全部ヲ沒收又ハ追徴スヘキモノトス　一三・七六四

刑　議員候補者ヲシテ其ノ議員候補ヲ止メシムル目的ヲ以テ公ノ職務ヲ供與スルコトヲ申込ミタル場合ニ於テハ申込者ニ授與ノ權限アルト否トヲ問ハス全然不能ニ非サル限ハ法第八十七條第一項ノ職務供與申込罪ヲ構成ス　一五・三三

第百十二條

第百十三條

第百十四條

第百十五條　舊第八十八條

刑　法第八十八條第一項ノ拐引罪ハ選擧ニ際シ選擧人ヲ誑惑シテ其現在地ヨリ他所ニ誘引スルニ因リテ成立スルモノニシテ其自由意思ヲ覊束シテ同行ヲ强要シ又ハ選擧權ノ行使ヲ妨害スルコトハ同罪ノ構成要件ニ非ス　四五・五〇四

刑　衆議院議員選擧法ニ所謂脅迫トハ人ヲ畏怖セシメテ其自由ヲ抑壓スル目的ヲ以テ之ニ對シ害惡ヲ到來セシムヘキ旨ノ通告ヲ爲ス行爲ヲ指スモノトス　四・九五二

刑　一箇ノ行爲ヲ以テ數人ノ選擧人ニ對シ衆議院議員選擧法第八十八條第三項所定ノ威逼ヲ加ヘタル所爲ニ對シテハ刑法第五十四條第一項ヲ適用スヘキモノトス　四・一〇四四

刑　法第八十七條第三號及第八十八條第三號ニ所謂利害關係トハ一般的ニ非スシテ特殊ナル利害

關係ヲ指稱セルモノトス而シテ其關係カ特殊的ナル以上ハ現ニ存在スルモノニ限ラス確實ニ其發生ヲ豫見シ得ヘキ將來ノ利害關係ヲモ包含セルモノト解スルヲ相當トス　五・八六

刑　虛僞ノ事實ニ依リテ債權關係ヲ利用シ選擧人ヲ威逼シテ投票ヲ爲サシメタル場合ニハ法第八十八條第三號ヲ適用スルヲ相當トス　七・三一

刑　地方ノ住民團體間ニ於テ行ハルル個人ノ日常社會生活ニ苦痛ヲ與フヘキ絕交（村外シノ類）ノ如キハ法第八十八條第一項第三號ニ所謂選擧人ヲ威逼スヘキ利害關係ノ一種ナリトス　六・八三八

刑　選擧ニ際シテ立候補ノ意思ヲ有シ且他人ヨリ議員候補者トシテ推薦セラレタル者ノ如キハ衆議院議員選擧法ニ所謂議員候補者中ニ包含ス　一〇・一五九七

刑　衆議院議員ノ選擧ニ際シ運動者カ劇場ヲ借受ケ候補者ノ政見發表及其應援ノ演說會ヲ開催セントスルニ當リ之ヲ妨害センカ爲メ右運動者ヲ欺キ其者ヨリ劇場ノ開放ニ要スル鍵ヲ受取リ之ヲ適當ノ時期ニ返還セスシテ遂ニ豫定ノ開催ヲ不能ナラシムルカ如キハ法第八十八條第二號ニ所謂選擧運動ヲ妨害シタルモノニシテ又其手段ハ詐欺ヲ用ヒタルモノナリトス　九・七八一

刑　法第八十八條第三號ハ社寺、學校、會社、組合、市町村ト同視スヘキ事情ノ存スル公私ノ營造物又ハ團體等ヲ包含スル趣旨ナリトス　九・一

刑　衆議院議員選擧法第九十二條第一項第八十八條第一號ノ犯罪ノ成立要素タル暴行脅迫ハ他ノ罪名ニ觸レサル程度ノモノタルヲ以テ足リ其ノ暴行脅迫ニシテ他ノ罪名ニ觸ルル場合ニ於テハ其ノ行爲ハ一面右犯罪ヲ成立セシムルト同時ニ他ノ罪名ニ觸ルルモノトス　一三・四六三

刑 法第八十八條第一號ハ選擧ニ際シ投票又ハ選擧運動ニ基因シテ選擧人選擧運動者又ハ議員候補者ニ對シ暴行ヲ加フルニ於テハ投票ヲ得ルノ目的ノ有無及選擧運動ヲ阻止妨害シタルト否トニ拘ラス之ヲ處罰スル趣旨ナリトス　一三・八・六〇

刑 村ノ區長タル者カ區民タル選擧人ニ對シ其ノ推薦スル議員候補者ニ投票セサルニ於テハ村側ノ扱ヲ受クルニ至ラシムヘシト通告スルハ衆議院議員選擧法第八十八條ニ所謂利害關係ヲ利用シ選擧人ヲ威逼スルモノニ該當ス　一三・三・二九

刑 衆議院議員選擧法第八十八條第三號ノ選擧人ヲ威逼シトアルハ選擧人ニ不安ノ念ヲ懷カシムヘキ行爲ヲ爲スノ謂ニシテ現ニ不安ノ念ヲ懷カシメタルコトヲ必要トスルモノニ非ス　一三・三・二九

第百十六條　舊第八十九條

刑 法第八十九條ハ選擧事務ニ關係ヲ有スル者カ開票以前ニ投票セラレタル被選擧人ノ氏名ヲ表示スル所爲ヲ禁止スル趣旨ナリトス　六・一四四六

第百十八條　舊第九十條

刑 法第九十條第一項後段ハ投票ノ前後ヲ問ハス投票所又ハ開票所ニ於テ適法ナル開披アルニ至ル迄ノ間ニ被選擧人ノ氏名ヲ認知スルノ方法ヲ行ヒタル者ハ總テ之ヲ處罰スルノ法意ナリトス　四・一九八七

刑 他人ニ依賴シ選擧人ヲシテ投票用紙ニ被選擧人ノ氏名ヲ記シ之ヲ折リ疊マス立會人ノ前ニ持

行キ認知セシメタル者及依賴ノ趣旨ヲ選擧人ニ傳ヘ選擧人ヲシテ右ノ行爲ニ出テシメタル者ハ皆、法第九十條ノ投票所ニ於テ正當ノ事由ナクシテ被選擧人ノ氏名ヲ認知スルノ方法ヲ行ヒタル者ニ該當ス　七・九二四

刑　法第九十條第一項ニハ被選擧人ノ氏名ヲ認知スルノ方法ヲ行ヒタル者トアリ之ニ依リ開票前ニ被選擧人ノ氏名ヲ認知シタル事實アルヲ必要トスル趣意ノ見ルヘキモノナキヲ以テ選擧長タル被告カ或投票紙ノ一端ニ朱肉又ハ墨肉ヲ以テ指紋ヲ附シ被選擧人ノ氏名ヲ認知シタル以上ハ其認知ノ時期及ヒ場所カ右方法施行ノ時期及場所ト全然同一ナルト否トヲ問ハス總テ選擧ニ關スル犯罪行爲トシテ之ヲ處罰スヘキモノトス　九・六六七

刑　投票所ニ於テ選擧人ノ爲ニ代筆シテ投票用紙ニ被選擧人ノ氏名ヲ記載スル行爲ハ法第九十條第一項ノ投票不正關涉ノ罪名ニ觸ルルモノトス　一一・六三八

第百十九條　舊第九十一條

刑　改正前ノ法第九十一條第一項ニ規定スル選擧會場投票所若クハ開票所ヲ騷擾スル罪ハ一人若クハ數人カ所定ノ場所ニ於ケル靜謐狀態ヲ攪亂シ選擧會又ハ投票若クハ開票ノ平穩ニ施行セラルルコトヲ妨碍スルニ因リ成立シ多衆ノ參加ヲ必要トセス而シテ多衆集合シ前揭ノ罪ヲ犯シタルトキハ同條第二項ノ罪ヲ構成スルモノトス　九・一二七

第百二十條　舊第九十二條

刑　法第九十二條ノ罰則ハ選擧ノ執行ニ影響ヲ及ホスヘキコトヲ目的トシタル騷擾行爲ニ限リ適

用スヘキ制裁法規ニシテ選擧終了後ノ騷擾行爲ニ適用スヘキモノニ非スト解スルヲ相當トス　一〇・六〇二

刑 法第九十二條第一項第八十八條第一號ノ犯罪ノ成立要素タル暴行脅迫ハ他ノ罪名ニ觸レサル程度ノモノタルヲ以テ足リ其ノ暴行脅迫ニシテ他ノ罪名ニ觸ルヽ場合ニ於テハ其ノ行爲ハ一面右犯罪ヲ成立セシムルト同時ニ他ノ罪名ニ觸ルルモノトス　一三・四六三

刑 衆議院議員選擧法罰則第九十二條ニ規定セル多衆聚合シテ同第八十八條第一號所定ノ行爲ヲ爲シタル罪ハ投票ノ終了セル以前ニ於ケル犯行ニ付適用アルモ其ノ以後ニ於ケル犯行ニハ適用ナキモノトス　一四・七一九

第百二十一條　舊第九十三條

刑 法第九十三條第一項ニ所謂人ヲ殺傷スルニ足ルヘキ物件トハ同條項ニ例示スル銃砲槍戟刀劍竹槍棍棒等ト同視スヘキ程度ニ在ル用法上ノ兇器ニシテ社會ノ通念ニ照ラシ人ヲシテ直ニ危險ノ感ヲ抱カシムルニ足ルモノヲ指稱シ總テ人ヲ殺傷スル可能性ヲ有スル物件ヲ悉ク包含スルモノニ非ス　一四・三二五

第百二十六條　舊第九十七條

刑 新聞發行兼編輯人ニシテ其新聞ヲ利用シ衆議院議員候補者ノ當選ヲ妨クル目的ヲ以テ虛僞ノ事項ヲ掲載シテ世ニ公ニシタル所爲ハ法第九十七條前段ニ該當ス　三六・五六七

刑 法第九十七條ノ罪ノ成立スルニハ當選妨害ノ目的ヲ有シ且議員候補者ニ關シ公ニシタル事項

カ虚僞ナルコトノ認識アルヲ必要トス　四・九四〇

刑　新聞紙ニ依リテ議員候補者ニ關シ虚僞ノ事項ヲ公ニシタル場合ニ於テ新聞紙ニ署名シタル編輯人ハ當該記事ノ虚僞ナルコトヲ認識シタルト否ト又當選妨害ノ目的ヲ有シタルト否トヲ問ハス其ノ記事ヲ掲載シタル新聞紙ノ署名編輯人タルノ理由ヲ以テ法第九十七條ノ實行正犯ト同シク處斷セラルヘキモノトス　同上

刑　法第九十七條ニ所謂虚僞ノ事項中ニハ直接議員候補者ニ關スル事項ノミナラス間接事項ト雖苟モ其事項カ候補者ニ關連シ之ヲ公表スルコトカ候補者ノ議員當選ヲ妨クルニ至ルヘキ性質ノモノナル以上ハ總テ之ヲ包含スルモノトス　四・一三一〇

刑　議員候補者ノ推薦ヲ取消スカ如キハ候補者其人ニ多少ノ短所アルコトヲ暗示スルト同時ニ其信用ヲ薄弱ナラシムル因ト爲ルヘキモノニシテ當選ノ妨害タルヘキ事項ナリトス　同上

刑　法第九十七條ニ所謂「公ニシ」トハ議員候補者ニ關シ虚僞ノ事項ヲ不定若クハ多數ノ人ニ告白スルノ義ナリトス　五・九三

刑　法第九十七條ノ罪ハ當選ヲ妨害スル目的ヲ以テ口頭又ハ文書其他ノ方法ニ依リ議員候補者ニ關シテ虚僞ノ事項ヲ公示スルニ因リテ成立スルモノナレハ其公示シタル虚僞ノ事項カ性質上當選妨害ノ虞アルモノナルコトヲ要ス　六・五八六

刑　同一ノ新聞紙面ニ議員候補者タル甲及ヒ乙ノ當選ヲ妨クル目的ヲ以テ各別ニ同人等ニ關スル虚僞ノ事項ヲ掲載シ之ヲ公示シタルハ一箇ノ所爲ニシテ二箇ノ罪名ニ觸ルルモノナルヲ以テ刑

刑　法第五十四條第一項前段ニ依リ一罪トシテ處斷スヘキモノトス　同上

刑　當選ヲ妨クルノ目的ヲ以テ議員候補者ニ關シ多數ノ有權者ニ虛僞ノ事項ヲ言觸ラシタル以上ハ其方法ノ如何ヲ問ハス法第九十七條ノ犯罪ヲ構成スルモノトス　六・一三四七

刑　法第九十七條本文ノ罪ノ成立スルニハ當選妨害ノ目的ヲ有シ且議員候補者ニ對シ公ニシタル事項カ虛僞ナルコトノ認識アルヲ必要トスルモ同條但書ノ場合ニ於テハ本文虛僞事項ノ掲載セラレタル新聞紙雜誌ノ編輯人及ヒ實際編輯擔當者ハ如上ノ目的及認識ノ有無ニ關セス單ニ編輯人トシテ署名シ若クハ現實編輯事務ヲ擔當シタルノ故ヲ以テ本文ノ實行正犯者ト同シク處斷セラルヘキモノトス　九・九二一

刑　法第九十七條ニ所謂虛僞ノ事項中ニハ直接議員候補者自身ニ關スル事項ノミナラス間接事項ト雖モ苟モ其事項カ候補者ニ關連シテ之ヲ公表スルコトカ候補者ノ議員當選ヲ妨クルニ至ルヘキ性質ノモノナル以上ハ總テ之ニ包含スルモノト解スヘキモノトス　九・九三一

第百二十七條　舊第九十八條

刑　法第九十八條ニ於テ選擧無資格者ノ投票ヲ禁スルハ被選擧人ヲシテ不正ノ投票ヲ得セシムルコトヲ防止スルニ在リ從テ現ニ投票ヲ爲シタル選擧無資格者ノ外其投票ニ加工シタル者モ亦同條ノ罪ノ共犯ヲ以テ論セサルヘカラス　四一・一〇三一

刑　衆議院議員ノ選擧有權者ニシテ選擧人名簿ニ登錄セラレタル以上ハ縱シヤ法第三十八條第二項ノ規定ニ違反セル行爲アリトスルモ法第九十八條ノ罪ヲ構成スヘキモノニ非ス　四三・一〇九五

刑　法第九十八條ノ罪ノ如キハ數人ノ共謀者カ其中一部ノ者ヲシテ之カ實行ノ任ニ當ラシメタルトキハ其一部ノ者ハ自己ノ犯意ノミナラス共謀者全體ノ犯意ヲ遂行シ又其以外ノ者ハ右一部ノ者ニ依リテ各自己ノ犯意ヲ遂行シタルモノト觀ルヘキヲ以テ爾餘ノ共謀者モ亦共同正犯ヲ以テ論スヘク敎唆又ハ從犯ヲ以テ論スヘキモノニ非ス　四・一〇・三

刑　法第九十八條後段ノ規定ハ犯罪ノ主體カ選擧權ヲ有スル者ナルト否トヲ問ハス氏名ヲ詐リ正當選擧權者ノ如ク裝ヒテ投票ヲ爲ス場合ニ適用スヘキモノトス　五・一八・四

刑　法第九十八條第二項ニ所謂詐僞ノ方法トハ其上文ニ氏名ヲ詐稱シ其他トアルヲ直ニ承ケタル文詞ナレハ氏名詐稱以外ニ於テ投票管理者ヲ欺罔シ正當ニ投票ヲ爲シタル如ク信セシムヘキ諸般ノ不正手段ヲ汎稱スト解スヘキモノトス　九・七・一

刑　法第九十八條第一項ニ規定セル詐僞ノ方法ヲ以テ投票ヲ爲シタル罪ハ選擧人タル身分若クハ其他ノ資格ニ因リ構成スル罪ニ非サルモノトス　九・七・一

刑　法第九十八條第二項ノ投票數增減ノ罪ハ獨リ有形的ニ票數ノ不正計算ヲ爲ス場合ノミ成立スルモノニ非ス　一一・六

刑　投票ノ有效ナルコト明瞭ニシテ全然反對ノ見解ヲ容ルル餘地ナキモノニ付罔ヒテ之ヲ無效ト決シ投票ノ數ヲ減スル選擧長ノ行爲ハ法第九十八條第二項、第三項ノ罪ヲ構成ス　一一・六

刑　投票ノ有效無效ニ關シ疑義アリ解釋ノ餘地ヲ存スルモノニ付之ヲ決スルハ選擧長ノ職權裁量ノ範圍ニ屬シ何レニ決スルモ適法ナル職權行使ニ外ナラサルヲ以テ投票數增減ノ罪ヲ構成スル

コトナシ　二・六

第百三十六條　舊第百一條

行　法第百一條ハ選擧當時ニ遡リテ當選ヲ無效トスルノ趣旨ナリ　三・二ノ七

第百三十七條　舊第百二條

刑　衆議院議員選擧法違反ニ因リ罰金ノ刑ニ處セラレタル者ニ對スル公權停止ノ期間ハ其裁判確定ノ日ヨリ起算スヘキモノトス　三五・八ノ四

刑　選擧ニ關スル犯罪ニ因リ刑ニ處セラレタル者ハ其刑ノ禁錮タルト罰金タルトヲ問ハス法第百二條ニ依リ一定ノ期間選擧人被選擧人タルコトヲ禁スヘキモノトス而シテ犯人カ現ニ選擧權若ハ被選擧權ヲ有スルト否トハ之ヲ問フノ要ナシ　三六・一〇九二

刑　衆議院議員選擧ニ關スル犯罪ニ因リ刑ニ處セラレタル者ハ其禁錮ノ刑タルト罰金ノ刑タルトヲ問ハス法第百二條ノ制限（選擧權被選擧權ノ停止）ヲ受クヘキモノトス　三五・八ノ四

刑　法第百二條ニ依リ選擧權及ヒ被選擧權ノ行使ノ禁止ヲ宣言スルニハ選擧ニ關スル犯罪ニ依リ刑ノ言渡ヲ爲シタル判決ノ確定ヲ條件トシテ豫メ之ヲ爲スコトヲ得ルモノトス　四・一三六七

刑　選擧法違反罪ト刑法犯ニ對スル刑ヲ重シトシテ併合罪ノ刑ヲ定ムル場合ニハ之ヲ以テ選擧法違反罪ヲモ處斷スルモノニ外ナラサレハ其言渡ヲ受クル者ハ法第百二條ノ所謂選擧ニ關スル犯罪ニ依リ刑ニ處セラレタル者ニ該當ス　五・八〇

刑　法第百二條ハ現行法制上判決ニ依リ禁止セラレタル年度内ニ選擧資格ヲ享有スル可能性ヲ有

セル成年以上ノ男子ナル以上處分ノ當時現ニ選擧權被選擧權ヲ享有セサル者ト雖モ選擧有權者ト等シク將來ニ對シ該資格享有ノ場合ニ於テ其行使ヲ禁止スル趣旨ナリトス　六・一五〇八

刑　衆議院議員選擧ニ關スル犯罪ニ依リ刑ニ處セラレタル者ニ對シ法第百二條ヲ適用スルニハ犯人カ現ニ選擧權又ハ被選擧權ヲ有スルヤ否ヤヲ區別スルノ要ナシ　三七・一五七八

第百四十一條　舊第百八條

民　法第百八條ハ選擧訴訟ニ付テハ民事訴訟法中其性質上準用ヲ許ササル規定ヲ除キ他ノ規定ハ總テ之ヲ準用スルノ法意ナリ故ニ從參加ヲ爲スノ權能ヲ與ヘタル民事訴訟法第五十三條ノ如キモ亦該訴訟ニ準用スヘキモノトス　三五・一〇ノ二

民　選擧長ニ屬スルノ權利ノ如キハ固ヨリ選擧長タル資格ニ專屬スルモノニシテ其資格ヲ有スル者ニ非サレハ之ヲ行フコトヲ得サルヤ勿論ナレハ民事訴訟法第五十八條ノ規定ノ如キハ之ヲ選擧訴訟ニ準用スヘキモノニ非ス　三五・一〇ノ二

民　選擧訴訟ニ於テ選擧無效ナリト確定スルトキハ當選者ハ其議員タルノ權利ヲ喪失スルヲ以テ卽チ其訴訟ニ關シ權利上利害ノ關係ヲ有スル第三者ナリトス　三五・一〇ノ七三

民　衆議院議員ノ選擧訴訟ニ於テ選擧長タル知事カ被告ト爲リタル場合ニ其指定セル官吏ハ自ラ知事代理トシテ訴訟行爲ヲ爲スコトヲ得ルモ知事代理カ更ニ他ノ代理人ヲ任命シテ訴訟行爲ヲ爲サシムルコトヲ得ヘキ明文ナケレハ法第百八條民事訴訟法第六十三條ニ依リ辯護士ヲ以テ訴訟代理人トシ之ヲ爲サシムルノ外法律ノ許ササル所ナリトス　三八・一二四七

民　原告甲ハ市部乙ハ郡部ノ選擧ノ效力ニ關シ選擧長ヲ被告トシ同一性質ノ事實上及ヒ法律上ノ原因ニ法第八十條ニ於ケル選擧訴訟ニ依ル投票無效ノ宣言ノ請求ヲ爲ストキハ右原告ハ總テ法第百八條ニ依リ民事訴訟法第四十八條第三號ノ共同訴訟人ニ該當スルモノトス　五・二・一四三

民　法第百八條ハ選擧訴訟及ヒ當選訴訟ニ付テハ純然タル訴訟手續ニ屬スルモノナルト否トヲ問ハス選擧法ニ特別規定アルモノノ外悉ク民事訴訟法ヲ適用スヘキ法意ナリトス從テ里程猶豫ノ爲メニスル出訴期間ノ伸長ニ關シ別段ノ規定ナキ衆議院議員選擧法ニ在リテハ此點ニ付キ民事訴訟法第百六十七條ノ規定ヲ適用スル趣旨ト認ムルヲ相當トス　六・一七九二

民　選擧法其ノ他法規ニ於テ民事訴訟法第五十四條第二項ノ適用ヲ除外スヘキ何等ノ規定ナケレハ衆議院議員選擧無效訴訟ヲ判斷スルニ當リ右法條ヲ適用シタル判決ハ相當ナリ　七・一七五九

明治三十三年法律第七十三號第百十一條

刑　法第百十一條ニ「本法ハ次ノ總選擧ヨリ之ヲ施行ス」トアルハ法例第一條ノ例外ニシテ次ノ總選擧ニ關スル行爲ニ付テハ直ニ施行セラルル律意ナリトス從テ該法ノ頒布以後ニ係ルモ總選擧ニ關セサル補闕選擧等ノ如キ場合ニ在テハ尚ホ舊選擧法ニ支配セラルヘキモノトス　三五・一〇ノ一三八

刑　法第百十一條ニ「本法ハ次ノ總選擧ヨリ之ヲ施行ス」トアルハ次ノ總選擧ニ關スル行爲ニシテ同法ノ規定ニ該當スルモノニ對シテハ法例第一條第一項前段ノ規定ニ拘ラス直ニ施行スルノ趣旨ナリトス　三五・八ノ四

刑　衆議院議員選擧法ハ次ノ總選擧竝ニ其後ノ選擧ノ爲メニ制定シタルモノナルコト明白ナルニ

依リ苟モ次ノ總選擧ニ關スル行爲ニシテ同法ノ規定ニ該當スルモノニ對シテハ其總選擧期日ノ前後ヲ問ハス直ニ之ヲ適用スヘキハ當然ナリトス　三六・二九

刑　新選擧法ハ公布ノ日ヨリ直ニ效力ヲ生スルモ舊選擧法ハ之カ爲メ全ク效力ヲ失フモノニ非ス

同上

大正八年法律第六十號附則

刑　大正八年法律第六十號ノ衆議院議員選擧法改正規定ハ同規定附則ニ因リ一般的ニ次ノ總選擧ノ期日ヨリ施行スルモ總選擧ノ準備タルヘキ諸般ノ命令規定其他選擧運動ニ關スル禁止規定ハ右期日前ニ於テ施行力ヲ生スルモノト爲スヲ以テ法ノ精神ニ適合スルモノト爲スヘク從テ同改正規定ハ同法公布後ノ直近ノ總選擧期日タル大正九年五月十日ニ至ラサレハ府縣制第四十條ニ依リ衆議院議員選擧法罰則ヲ準用スヘキ事犯ニ對シテハ施行力ヲ有セサルモノトス　九・三三

刑　改正衆議院議員選擧法ハ大正九年五月十日ヨリ一般的ニ施行セラレタルモノナルヲ以テ其以前ニ於テ判決ヲ爲スニ當リ改正前ノ法律ト改正法律トヲ比較シテ擬律スルハ不法ナリトス　九・四八五

舊選擧法施行令

民　施行令ハ衆議院議員選擧法ヲ施行スルカ爲メニ規定セラレタル勅令ニシテ法律ト等シク一般遵由ノ效力ヲ有シ單ニ選擧事務ニ從事スル當該吏員ニ對スル訓令ヲ以テ目スヘキモノニ非ス

六・一八九二

●衆議院議員選擧法施行令（大正十五年一月三十日勅令第三號）改正（大正十五年六月三十日勅令第二百三十八號）

施行令第十三條　舊第十一條

民　施行令第十一條ニ於テ投票記載ノ場所ニ所定ノ設備ヲ要求スルハ選擧ノ自由公正ヲ確保スルカ爲メニ選擧法カ採用シタル秘密投票ノ主義ヲ貫徹セシムル爲メニ外ナラサルモノトス　六・一八九三

民　秘密投票主義ハ選擧人ヲシテ自由公正ヲ維持スルヲ目的トスルモノナレハ聊カナリトモ選擧人ヲシテ自己ノ意思ヲ枉ケテ投票ヲ爲サシムル虞アル場所ニ於テ行ハシムルハ選擧ノ自由公正ヲ維持スルノ途ニ非サルヲ以テ衆議院議員選擧法施行令ハ之ヲ禁シタルモノトス　六・三五一

民　施行令第十一條ハ客觀的ニ選擧人カ自己ノ意思ヲ枉ケテ投票ヲ爲スノ虞ナキ設備アル場所ニ於テ投票ヲ爲サシムル旨趣ニシテ他ヨリ選擧人ノ投票ヲ覗ヒ又ハ投票ノ交換其他ノ不正手段ヲ行フノ餘地アル場所ニ於テ投票ヲ爲サシムルハ選擧人ヲシテ任意ニ自己ノ推擧セント欲スル人ヲ投票スルコトヲ得セシムル方法ニ非スシテ選擧ノ自由公正ヲ害スルヲ以テ此等不正手段ヲ行フコトヲ得サラシムル設備ヲ要求スル法意ナリト解スルヲ相當トス　六・三五一

民　如上ノ設備ニシテ不完全ナルトキハ縱令投票者ノ簡單ナル注意ヲ以テ容易ニ投票ノ窺覗ヲ防クコトヲ得ル場合ニ於テモ尚ホ同條ニ所謂相當ナル設備ヲ爲シタルモノト云フヲ得サルモノトス　六・二三五

民　投票記載場所ノ設備カ選擧場外ヨリ容易ニ投票記載所ニ於ケル選擧人ノ投票ヲ覗ヒ得ル如ク不完全ナルトキハ之ヲ以テ衆議院議員選擧法竝ニ同法施行令ノ規定ニ從ヒタル設備ヲ爲シタルモノト謂フヲ得ス　六・一八九二

民　投票記載場所ノ設備極メテ不完全ニシテ殆ト公開ノ場所ト擇フ所ナキ程度ニ非スシテ其設備縱令不完全ナルモ投票者ノ簡單ナル注意ト相竢テ他人ノ窺視又ハ投票交換等ノ不正手段ヲ防クコトヲ得ル程度ニ在ル場合ニハ反證ナキ限投票者ハ隱蔽手段ヲ行フ等相當ノ注意ヲ用ヰテ投票ヲ爲セリト推測スヘク從テ選擧人ノ自由意思ハ妨害サレサリシモノト推測スヘキモノトス　六・三三五一

民　投票所ノ設備カ施行令第十一條ニ違背シテ多少其設備ニ缺クル所アルモ選擧人各自カ隱蔽手段ヲ行フ等相當ノ注意ヲ用ヰ其自由意思ニ基キ其投票ヲ爲シタル以上ハ毫モ選擧ノ公正ヲ害セサルヲ以テ該投票ハ無效ナリト謂フヲ得サルモノトス　一〇・三五〇

民　投票管理者又ハ投票立會人カ自ラ投票記載所内ニ於ケル選擧人ノ行動ヲ直接ニ監視スルコトナクトモ監視官席竝ニ取締係員席ヲ適當ニ配置シ此等ノ者ト相呼應シテ選擧ノ適法ニ行ハルルヤ否ヲ監視シタル以上ハ投票所ニ投票管理者又ハ投票立會人ノ立會ヲ缺キタルモノト爲スニ足ラス　二・三三

施行令第十六條　舊第十四條

民　施行令第十四條ノ法意タルヤ專ラ選擧人ニ人違ナカラシメンカ爲メニ投票管理者及投票立會

人ヲシテ名簿對照竝ニ投票用紙ノ交付手續ヲ監視セシムル趣旨ニ出タテルモノト解スルヲ相當トス　九・一三五〇

民　施行令第十四條ノ法意タルヤ專ラ選擧人ニ人違ナカラシメンカ爲メニ選擧人ヲシテ其氏名住所ヲ自稱セシメ選擧人名簿ニ對照シタル後投票用紙ヲ交付スヘキコトヲ命シタルモノナレハ投票管理者及投票立會人ノ各自ニ於テ選擧人ヲ熟知シ人違ナキコト明白ナル場合ニ於テハ其者ヲシテ住所氏名ヲ自稱セシムル手續ヲ省略シ投票用紙ヲ交付スルモ同條ノ規定ニ違背シタルモノト謂フヲ得サルモノトス　一〇・三五〇

民　如上ノ場合ニ於テ裁判所ハ手續ヲ省略シテ投票用紙ヲ交付シタル者ト然ラサル者トノ氏名ヲ一一明示セサルヘカラサルモノニ非ス　一〇・三五〇

施行令第十七條　舊第　五條

民　施行令第十五條ニハ選擧人誤テ投票用紙ヲ汚損シタルトキハ其引換ヲ請求スルコトヲ得ト規定シアルモ其引換ヲ請求セサル場合ノ制裁ニ付テハ何等ノ規定ナキヲ以テ其汚損シタル投票用紙ヲ用キテ投票ヲ爲スモ投票手續ニ違法アリト謂フヲ得サルモノトス　九・一九五三

施行令第十八條　舊第十六條

民　投票管理者又ハ投票立會人ノ立會ヲ缺キタルノ件（第十三條下參照）

明治　十四年内務省令第二十九號

民　明治三十四年十月七日内務省令第二十九號カ選擧人名簿ノ樣式ヲ示シ大字若クハ小字毎ニ區

別シテ之ヲ調製スヘク爲シタルハ專ラ選擧人名簿ノ取扱閲覽又ハ對照ニ便スル爲メノ訓示的規定ニ外ナラサルヲ以テ選擧人名簿カ選擧人氏名ノ「イロハ」順ニテ調製セラレ字毎ニ調製セラレサルモ之カ爲メニ同省令ニ違反セル無效ノ選擧人名簿ナリト謂フヲ得サルモノトス　一〇・一四一二

第五　選擧ニ關スル注意事項竝選擧臨監者心得

選擧ニ關スル注意事項

第一　選擧人名簿ニ關スル件

一　名簿登載者ニ付テハ選擧前其ノ資格ノ有無ヲ調査シ資格ナシト認ムル者ニハ適宜付箋ヲ貼附スル等相當措置ヲ爲シ投票ノ際ニ於ケル處理ノ敏捷ト確定トヲ期スルコト

二　名簿ヲ縱覽ニ供スル場合ハ勿論市町村吏員其ノ他ノ者ニ對シ名簿ヲ閲覽セシムル場合ニ在リテモ相當責任アル吏員監視ノ下ニ之ヲ爲サシムル等十分注意スルコト

三　選擧人名簿ノ調製終リタルトキハ縱覽確定ヲ俟タス不取敢其ノ登載人員數ヲ報告スルコト尚名簿確定後ノ報告例ニ依ル登載人員ノ報告ハ確定ノ卽日報告スルコト

第二　投票用紙ニ關スル件

一　投票用紙ヲ市區役所町村役場ニ於テ授受スル場合ニ於テハ其ノ取扱ヲ愼重ニシ中途紛失スル

カ如キコトナカラシムルハ勿論其ノ計算ヲ嚴ニシ受拂ヲ明ニスルコト尚投票用紙及假投票ノ封筒ニ要スル印章ノ有無竝其ノ鮮明ナルヤ否ヤ汚損等ニ付テハ府ニ於テモ十分査閱ノ上送付スルハ勿論ナルモ萬一遺漏ナキヲ期シ難キヲ以テ送付ヲ受ケタルトキハ豫メ精査シ置クコト

投票用紙ノ紙質ニ付テモ右同樣愼重檢閱シ紙質粗惡ニシテ透視シ得ルカ如キモノヽ混入セル場合ハ之ヲ除去シ置クコト尚府會其ノ他ノ投票用紙ヲ使用スルカ如キコトナキ樣注意スルコト

二　投票用紙ノ交付ニ際シ誤ツテ二枚以上交付スルカ如キコトナキ樣注意シ書損用紙ノ如キハ之ヲ返還セシムル等取扱上萬遺漏ナキヲ期スルコト

三　投票用紙ノ雛形及其ノ折方等ハ選擧人控所其ノ他觀易キ適當ノ場所ニ掲記シ置キ注意スルコト

投票用紙ハ豫メ之ヲ式ノ如ク折疊置キテ選擧人ニ交付スルヲ便宜ト認ム

第三　投票函ニ關スル件

一　投票函ハ錠前ノ異常、織目ノ離脱其ノ他支障ナキヤ否ヤヲ投票前豫メ檢查シ置クコト尚府會議員選擧投票函等ヲ用フルカ如キコトナキ樣注意スルコト

二　投票函ハ投票終了後選擧會場ニ送致スル迄ノ間投票所内ニ保管スヘキ義ニ付他ニ之ヲ移スカ如キコトナキ樣注意スルコト尚其ノ他投票函ノ保管ニ付テハ周到ナル注意ヲ拂ヒ警察官ノ宿泊警護ヲ乞フ等遺漏ナキヲ期スルコト

三 投票函ハ開票所ニ送致スヘキコト、ナレルヲ以テ其ノ送致先ヲ誤ラサル様注意スルコト尚投票函ヲ開票所ニ送致スルニ當テハ投票管理者竝投票立會人カ投票函ノ管理ヲ苟クモセサルハ勿論狀況ニ依リテハ警察官ノ同行警護ヲ求ムル等相當措置スルコト

第四 投票所ニ關スル件

一 投票所ノ標札ハ東京府第一區何郡何町村(何市區)衆議院議員投票所ト爲シ尚之カ揭出ニ付キテハ風雨等ノ爲剝落スルカ如キコトナキ樣相當設備ヲナスコト

二 投票所ノ告示ハ法第二十二條ノ期限ニ遲ル丶カ如キコトナキ樣注意スルコト

三 投票所ハ豫メ混雜ヲ來サ丶ル樣設備シ投票時間中ハ靜肅ヲ保ツ樣注意シ苟モ係員ニ於テ雜談ヲ爲シ又ハ擔任ノ部署ヲ離ル丶等ノコトナカラシムルコト

四 投票所ノ受付及選擧人名簿對照所僅少ニ過クル時ハ爲ニ投票所ノ混雜ヲ來スノ虞アルヲ以テ選擧人ノ數ヲ顧慮シ相當設備スルコト

五 投票記載所ノ設備ニ就テハ特ニ留意シ選擧人ヲシテ他ノ選擧人ノ投票記載ヲ覗ヒ得サラシムルハ勿論投票所ノ事務ニ從事スル者投票所ヲ監視スル者及警察官ト雖モ之ヲ覗ヒ得ルカ如キコトナキ樣嚴重ニ設備シ尚投票所ヲ外部ヨリ透見シ得サル樣注意シ硝子窓ニハ窓掛又ハ紙ヲ貼附スル等適當ノ設備ヲ講スルコト

六 投票所ノ時計ハ豫メ正時ニ合セ置キ投票時間中ニ是正スルカ如キコト無カラシムルコト

七　投票所ニハ選擧人ノ數ニ應シ投票記載ノ机硯筆墨等豫メ準備シ置クコト

八　名簿調製期日後ニ於ケル住居ノ異動ハ選擧資格ニ影響ナキ義ニ付投票ヲ拒絶スルカ如キコトナキ様注意スルコト但シ名簿調製期日後ニ法第六條第七條及第百三十七條ニ該當スルニ至リタル者ハ勿論確定選擧人名簿ニ登錄セラレタル者ト雖モ選擧權ヲ有セサル者ハ投票ヲ爲スコトヲ得サル義ニ付注意スルコト

九　投票管理者同立會人等ト外部運動者トノ間ニ交通合圖ヲ爲スカ如キコトハ最モ警戒ヲ嚴ニスヘキコト

一〇　受付所ニ選擧運動者徘徊シ選擧係員ト雜談ヲ交換セル等ノ爲問題ヲ惹起セルコト尠カラサルニ付注意スルコト

一一　投票記載所ノ卓子目隱板等ニ候補者ノ氏名ヲ記載シ又ハ卓上ニ候補者ノ名刺ヲ散布セルヲ發見シ物議ヲ生セル例往々アリ選擧人ノ投票ヲ覗フカ如キコトナキ程度ニ於テ時々記載所ヲ巡視シ愼重注意スルコト

一二　選擧人他ノ選擧人ノ投票ヲ覗ヒ又ハ投票ヲ交換シ其ノ他不正ノ手段ヲ講スルヲ防止スル爲選擧事務ニ關係スル官吏々員等ニ於テ十分之ヲ監視スルノ要アリト雖モ猥リニ投票ヲ覗フカ如キコトナキ様留意スルコト

一三　選擧人名簿ニ記載ナキ者ハ確定判決書ヲ所持セサル限リ投票所ニ入ラシムヘカラサル義ニシテ法第三十一條ニ依ルヲ要セサルモノニ付注意スルコト（新聞記者等カ投票所内撮影ノ爲入

場シ問題ヲ惹起セル例往々アリ）

一四　投票所ノ開閉ニ付テハ時間ヲ嚴守シ殊ニ閉鎖ノ時刻前控所ニ在ル選擧人ヲモ總テ投票所ニ入ラシメテ投票所ヲ閉鎖スルコト

一五　投票所閉鎖後ト雖モ投票所内ニ在ル選擧人ハ投票ヲ行フコトヲ得ル義ニ付注意スルコト

一六　選擧人名簿ニ登載セラレタル者盡ク投票ヲ終リタル場合ト雖法定ノ時間内（午後六時）ハ投票所ヲ閉ツルコトヲ得サル義ニ付注意スルコト

一七　投票函ノ閉鎖後其ノ内蓋ノ鑰ハ投票函ヲ送致スヘキ投票立會人之ヲ保管シ外蓋ノ鑰ハ投票管理者之ヲ保管スヘキ義ニ付遺失ノ虞ナキ様保管上十分注意スルコト

一八　投票函内ノ投票整理ノ爲鉛筆ヲ以テ之ヲ攪拌シ爲ニ問題ヲ惹起セルコトアリ注意ヲ要ス萬一攪拌ヲ必要トスル時ハ之ニ因リ汚線等ヲ生シ爲ニ他事記載ノ疑惑ヲ起ササルカ如キ物ヲ用フルコト

一九　假投票ノ封筒ニハ其ノ投票所印ヲ押捺スヘキニ依リ遺漏ナキヲ期スルコト

第五　開票所ニ關スル件

一　開票管理者ハ開票所ノ場所及同時ノ告示ヲ要スルニ付注意スルコト

二　開票所ノ設備ニ付テハ特ニ様式ノ定メナキモ選擧事務執行ノ公正ヲ確保スルニ遺憾ナキヲ期スルコト

三　開票管理者ハ投票ノ效力決定ニ關スル方針ニ付テハ豫メ立會人ト打合ヲ遂ケ決定ノ際ニ於ケル事務ノ進捗ヲ圖ルコト

四　投票ノ點檢ハ從來各投票所ノ投票ヲ混同シテ行ヒタルモ改正法ハ投票區毎ニ點檢スヘキコトヽナリタルヲ以テ注意スルコト（法第四十九條）

五　現行法ハ投票ヲ點檢スルトキハ選擧事務ニ從事スル者ニ於テ毎票記載ノ氏名ヲ朗讀シ選擧事務ニ從事スル者二人ヲシテ各別ニ同一被選擧人ノ得票ヲ點數簿ニ記入セシメタルモ改正法ハ開票事務ニ從事スル者二人ヲシテ各別ニ同一議員候補者ノ得票數ヲ計算セシムルコトニ改正セラレタルヲ以テ注意スルコト（施行令第三十九條）

六　議員候補者ノ氏名ヲ自書セサルモノハ無效投票中ニ加フヘキニ依リ型ニ依リ議員候補者ノ氏名ヲ描出シタルモノヽ如キハ凡テ無效投票トシテ取扱フモノナルヲ以テ注意スルコト

七　開票管理者ハ投票區毎ニ投票ノ有效無效ヲ區別シ保存スヘキモノナルヲ以テ之ヲ混同スルコトナキ樣注意スルコト

八　投票ノ效力ノ決定ハ開票管理者ノ權限ニ屬スルヲ以テ開票立會人ノ意見適當ナラスト認ムルトキハ開票管理者ハ自己ノ意見ニ依リ之カ決定ヲ爲スヘキコト

第六　選擧會ニ關スル件

一　選擧長ハ選擧會場ノ場所及日時ノ告示ヲ要スルニ付注意スルコト（法第六十條）數郡市又ハ數

區ヲ合セテ一選擧區タル場合ノ告示ノ方法ハ法律中別段ノ規定ナキヲ以テ便宜ノ方法ニ依リ一般選擧人ノ周知ヲ期スル樣取計ハルヘキコト

二 當選人定マリタルトキハ不取敢當選人ノ氏名及得票數ヲ電話又ハ電報ニテ報告シ然ル後選擧ノ結果ノ報告樣式ニ依リ急速報告スルコト

三 府縣會議員ニシテ衆議院議員ニ當選シタル者其ノ當選ニ應セントスルトキハ承諾前府縣會議員ノ職ヲ辭スヘキ義ニ付其ノ辭任ニ先チ當選承諾ヲ爲スカ如キコトナカラシムル樣注意スルコト尚當選ノ期間ハ當選ノ告知後二十日ノ餘裕アル義ナルモ可成速ニ其ノ承諾書ヲ徵スルコト

第七　選擧事務ニ從事スル官吏々員ニ對スル注意ノ件

選擧事務ニ關係アル官吏々員、會人及監視者ニシテ選擧人ノ投票シタル被選擧人ノ氏名ヲ表示シタル者ハ其ノ表示シタル事實虛僞ナルト否トヲ問ハス法第百十七條ニ依リ處罰セラルヽヲ以テ注意スルコト

尚選擧事務ニ關係アル官吏又ハ吏員故意ニ職務ノ執行ヲ怠リ又ハ職權ヲ濫用シテ選擧ノ自由ヲ妨害シ若ハ選擧人ニ對シ投票セントシ又ハ投票シタル被選擧人ノ氏名ノ表示ヲ求メタルトキハ處罰セラルヘキヲ以テ十分注意スルコト

以上ノ外周到ノ用意ヲ竭クシ以テ選擧訴訟當選訴訟等ノ因ヲ胎スカ如キコトナカラシムル樣充分注意スルコト

投票所臨監者心得

衆議院議員選擧投票所ニ臨監ノ命令ヲ受ケタル者ハ左ノ事項心得ヘシ

一　投票所ニ到ルトキハ必ス臨監命令書ヲ携帶スヘシ

二　監督ハ專ラ公正ヲ旨トシ苟モ偏倚ノ言行アルヘカラス

三　違法違式其ノ他穩當ナラスト認ムル事項ニ付テハ管理者ニ注意ヲ與フヘシ但シ指揮命令ノ行爲アルヘカラス

四　前項ノ場合ニ於テ管理者其ノ注意ヲ肯セサルトキハ其ノ旨申報スヘシ但シ其ノ事項重大ナリト思量スルトキハ直ニ之ヲ申報スヘシ

五　異常ノ事件アリト認ムルトキハ直ニ之ヲ申報スヘシ

六　投票所設備ニ關シ注意スヘキ事項左ノ如シ

（イ）投票所ハ法第二十一條ニ依リ設置スヘク而シテ其ノ門戶ニハ標札ヲ揭クルコトヲ要ス

（ロ）投票所ハ成ルヘク大正十五年二月十九日地發第七號地方局長依命通牒第三號ニ定メタル樣式ニ適合セシムルヲ要ス

（ハ）投票記載所ノ數竝其ノ位置設備等ニ注意シ施行令第十一條ノ規定ニ則リ選擧人ヲシテ他ノ選擧人ノ投票ヲ覗フコト能ハサラシムルハ勿論投票所ノ事務ニ從事スル者、臨監者及警察官吏ヨリモ同樣覗知スルコト能ハサル樣設備スルヲ要ス

（ニ）投票所ノ受付及選擧人名簿對照僅少ニ過クル時ハ爲ニ投票所混雜スルノ虞アルヲ以テ其事ナキ様注意スルコト

七　投票立會人ニ關シ注意スヘキ事項

投票立會人所定ノ時間ニ參集セサルトキ等ニ於テハ法第二十四條第二項ニ依リ投票管理者ハ臨時ニ之ヲ選任スヘキモ投票執行中缺員ヲ生シ事實之ヲ補充スルニ由ナク其ノ立會人カ法定ノ最小數ヲ下リタル場合ト雖投票ハ其ノ儘之ヲ遂行スルノ外ナク決シテ中止スルヲ得サルモノトス

八　投票所ノ閉鎖ニ關シ注意スヘキ事項

（イ）投票所ハ午前七時ニ開キ午後六時ニ閉ツヘキヲ以テ（法第二十三條）選擧人名簿ニ登錄セラレタル者悉ク投票ヲ終リタル場合ト雖法定ノ時間内ハ投票所ヲ閉ツルコトヲ得サルモノトス

（ロ）投票ニ關シテハ時間ニ制限ナキヲ以テ投票所閉鎖前投票所ニ入リタル者ニ對シテハ閉鎖時刻後ト雖總テ投票ヲ爲サシムヘキモノトス

九　投票ニ關シ注意スヘキ事項

（イ）名簿調製期日後ニ於ケル住所ノ異動ハ選擧資格ニ影響ナキ義ニ付投票ヲ拒絶スルカ如キコトナキ様注意ヲ要ス

（ロ）投票所ニハ順次（到著番號順）入所セシメ混雜ヲ惹起セシメサル様注意ヲ要ス

（ハ）投票ハ投票記載ノ爲設ケタル卓上ニ於テ之ヲ記載セシメ記載終リタルトキハ直ニ投票函ニ投函セシムヘシ
卓上ニハ硯筆墨ヲ備ヘ置キ投票ニ支障ナカラシムルヲ要ス
（ニ）投票記載ノ墨色ハ成ルヘク一定セシムルヲ要スルニ付朱墨又ハ西洋インキ等他ト識別シ易キモノヲ用ヰシメサル樣準備上注意ヲ要ス
（ホ）投票記載ノ場合ニ於テ不正行爲アリト認ムルトキハ之ヲ防止スル爲選擧事務ニ關係アル官吏々員等ニ於テ之ヲ監視スルヲ妨ケスト雖猥リニ之ヲ覗フトキハ秘密投票ノ趣旨ニ背キ選擧人ノ意思ヲ曲ケシムルノ嫌アルニ付最モ愼重ノ注意ヲ加フルコトヲ要ス
（ヘ）被選擧人ノ氏名ヲ投票用紙ノ下ニ入レ透キ寫シヲ爲シ又ハ型ナトニ依リ被選擧人ノ氏名ヲ寫シ出スカ如キハ自ラ被選擧人ノ氏名ヲ書スルコト能ハサル者ト認メ投票ヲ爲サシムルコトヲ得ス尤モ單ニ記憶ヲ喚記スル爲被選擧人ノ名刺ヲ傍ニ置キ投票ヲ記載スル者ノ如キハ自ラ被選擧人ノ氏名ヲ書スルコト能ハサル者ト認ムルコトヲ得ス
（ト）選擧人名簿ニ記載ナキ者又ハ確定判決書ヲ所持セサル者ハ投票所內ニ入ラシムヘカラサル義ニシテ勿論法第三十一條ニ依ルヲ要セサルモノトス誤解ナキ樣注意ヲ要ス
（チ）投票執行中規定ニ違背セル事實ヲ發見スルモ之ヲ中止スヘカラサル義ニ付注意ヲ要ス
一〇　投票管理者（町村長故障アルトキハ助役）故障アリテ投票ヲ管理スル能ハサル場合ニ於テハ其ノ町村吏員中（町村收入役ノ如キハ成ルヘク之ヲ避クルヲ要ス）最モ適任ト認ムル者ヲ

選ヒ携帶セル辭令用紙ニ其ノ職氏名ヲ記入シテ交付スヘシ
辭令書記載様式左ノ如シ

事務管掌命令書

何　郡

何　町　村（書記）氏　名

東京第何區何郡何町村衆議院議員選擧投票管理者事務管掌ヲ命ス

年　月　日

東　京　府

一　投票所ノ取締ニ付テハ法第四章ノ規定ニ依ルヘク從テ秩序保持上夫々處分ノ必要アリト認ムルトキハ管理者ニ注意スヘシ

二　前項ノ場合ニ在リテハ直ニ知事ニ申報スヘシ
前項ノ外臨監者ニ於テ特ニ必要ト認メタル事項亦同シ

三　前各項ノ外臨監者ハ衆議院議員選擧法令ヲ研究シ置クヘシ

四　歸廳ノ上ハ直ニ復命書ヲ提出スヘシ

五　出張ノ臨監者ハ投票ノ前日一應投票所ノ設備ヲ視察シ尚投票用紙及投票函ヲ點檢シ遺漏ノ點ハ投票管理者ニ注意シ支障ナキヲ期スヘシ

開票所又ハ選擧會臨監者心得

衆議院議員開票所選擧會ニ臨監ノ命ヲ受ケタルモノハ左ノ事項心得ヘシ

一　開票所又ハ選擧會場ニ到ルトキハ臨監命令書ヲ示スヘシ

二　監督ハ專ラ公正ヲ旨トシ苟モ偏倚ノ言行アルヘカラス

三　違法違式其ノ他穩當ナラスト認ムル事項ニ付テハ開票管理者又ハ選擧長ニ注意ヲ與フヘシ

但シ指揮命令ノ行爲アルヘカラス

四　前項ノ場合ニ於テ開票管理者又ハ選擧長ノ注意ヲ肯セサルトキハ其ノ旨申報スヘシ但シ事項重大ナリト認ムルトキハ直ニ之ヲ申報スヘシ

五　異常ノ事件アリト認ムルトキハ直ニ之ヲ申報スヘシ

六　開票所選擧會ノ設備ニ關シ注意スヘキ事項

（イ）開票所又ハ選擧會ハ法第四十五條又ハ第五十九條ノ場所ニ設備スヘク而シテ其ノ門戸ニハ標札ヲ掲クルモノトス

（ロ）參觀人席ト開票所又ハ選擧會事務執行ノ場所トハ明ニ之ヲ區劃スヘシ

七　開票所選擧會ノ事務執行ニ關シ注意スヘキ事項

（イ）投票ノ點檢ハ投票區每ニ之ヲ爲スヘキモノトス

（ロ）法第四十九條ニ依リ開票管理者ハ投票ヲ調査スル場合ニ於テ必要ト認ムルトキハ之ヲ

開封スルヲ妨ケサルモノトス

（ハ）法第五十一條ニ依リ投票ノ效力ハ選擧立會人ノ意見ヲ聽キ選擧長之ヲ決定スルモノトス

（ニ）選擧會ノ事務執行中規定ニ違背スル事實ヲ發見スルモ之カ中止ヲ爲スヘカラサルモノトス

（ホ）開票管理者ハ投票區毎ニ投票ノ有效無效ヲ區別シ議員ノ任期間保管スルモノトス

八　投票ノ效力ニ關スル決定ニ對シテ疑義ヲ生スルモ之ニ容喙スルヲ得ス其ノ狀況ハ詳細ニ之ヲ復命スヘシ

九　選擧錄ハ誤記脫漏ナキ樣注意スヘシ

一〇　選擧會場ノ取締ハ法第四章ノ規定ニ依ルヘク從テ秩序保持上處分ノ必要アリト思量スルトキハ選擧長ニ注意スヘシ

一一　前各項ノ外臨監者ハ豫メ衆議院議員選擧法令ヲ研究シ置クヘシ

一二　選擧會ノ事務終了シタルトキハ其ノ得票者ノ氏名及得票數ヲ電報又ハ電話ヲ以テ申報スヘシ

一三　歸廳ノ上ハ直ニ復命書ヲ提出スヘシ

昭和二年三月二十八日印刷
昭和二年三月三十一日發行
昭和二年六月二十八日再版發行

普選法事務提要奥附

非賣品

著作者　東京地方改良協會
東京市小石川區水道町四十七番地

發行者　河中俊四郎
東京市牛込區市谷加賀町一丁目十二番地

印刷者　鷲見九市

印刷所　株式會社秀英舍

發行所
東京市小石川區水道町四十七番地
良書普及會
電話小石川一一〇三五番
一六四三四番
振替口座東京六四四九番

小作制度調査委員　土井權大　水本信夫共著

三版

小作調停法原理

菊判上製三二〇頁
定價金貳圓八拾錢
（送料十八錢）

小作爭議は所謂階級鬪爭の大なるものであり邦國生産の死活問題であるだけ是れが分配方法は國家的最急務である。爭議は今や將に潮製の威を振はんとするに際し該調停法の精神を究めた本書によりて運用の自由と圓滿なる解決を得られよ——殊に本書は内外各種調停法例と參考資料と加ふるに調停手續等の書式をも附錄し以て實際問題の好指針たらしむ。

田中廣太郎序　法學士　川崎力三著

再版

農會法正義

菊判上製四三〇頁
定價金四圓
（送料十八錢）

有光金兵衛著

三版

狩獵法釋義

四六判全一册
定價金九拾錢
送料六錢

鳥獸、雛の捕獲及卵の採取。第一節鳥獸の捕獲。（一）、何時にても捕獲し得る狩獵鳥獸の種類。（二）、一定の期間を限り捕獲することを得る狩獵鳥獸。第二節鳥類の捕獲。（一）、狩獵鳥類以外の鳥類の雛。（二）、狩獵鳥類の雛。第三節鳥類の卵の採取。第四節以上の例外。第三章以下に於て狩獵免許、免許手續、特別許可等取締上に關する各論より狩獵禁止區域、禁獵區、獵區、共同狩獵地等に渉りて狩獵法令の全體を詳說明述し殊に獵具狩獵鳥類等は斯道の專攻家久富氏の懇說する所にして之れが取締に任ずる者並に狩獵家の必携良書なり。

地方自治法研究復刊大系〔第274巻〕

地方事務叢書 第七編 普選法事務提要〔昭和2年 再版〕

日本立法資料全集 別巻 1084

2019(令和元)年8月25日　復刻版第1刷発行　7684-8:012-010-005

編　著　東京地方改良協会
発行者　今井貴
　　　　稲葉文子
発行所　株式会社信山社

〒113-0033 東京都文京区本郷6-2-9-102東大正門前
Ⓣ03(3818)1019　Ⓕ03(3818)0344
来栖支店〒309-1625 茨城県笠間市来栖2345-1
Ⓣ0296-71-0215　Ⓕ0296-72-5410
笠間才木支店〒309-1611 笠間市笠間515-3
Ⓣ0296-71-9081　Ⓕ0296-71-9082

印刷所　ワイズ書籍
製本所　カナメブックス
用　紙　七洋紙業

printed in Japan　分類 323.934 g 1084

ISBN978-4-7972-7684-8 C3332 ¥42000E

日本立法資料全集 別巻

地方自治法研究復刊大系

旧制対照 改正市町村制 附 改正理由〔明治44年5月発行〕／博文館編輯局 編
改正 市制町村制〔明治44年5月発行〕／石田忠兵衛 編輯
改正 市制町村制詳解〔明治44年5月発行〕／坪谷善四郎 著
改正 市制町村制註釈〔明治44年5月発行〕／中村文城 註釈
改正 市制町村制正解〔明治44年6月発行〕／武知彌三郎 著
改正 市町村制講義〔明治44年6月発行〕／法典研究会 著
新旧対照 改正 市制町村制新釈 明治44年初版〔明治44年6月発行〕／佐藤貞雄 編纂
改正 町村制詳解〔明治44年8月発行〕／長峰安三郎 三浦通太 野田千太郎 著
新旧対照 市制町村制正文〔明治44年8月発行〕自治館編輯局 編纂
地方革新講話〔明治44年9月発行〕西内天行 著
改正 市制町村制釈義〔明治44年9月発行〕／中川健蔵 宮内國太郎 他 著
改正 市制町村制正解 附 施行諸規則〔明治44年10月発行〕／福井淳 著
改正 市制町村制講義 附 施行諸規則 及 市町村事務摘要〔明治44年10月発行〕／樋山廣業 著
新旧比照 改正市制町村制註釈 附 改正北海道二級町村制〔明治44年11月発行〕／植田鹽惠 著
改正 市町村制 並 附属法規〔明治44年11月発行〕／楠綾雄 編輯
改正 市制町村制精義 全〔明治44年12月発行〕／平田東助 題字 梶康郎 著述
改正 市制町村制義解〔明治45年1月発行〕／行政法研究会 講述 藤田謙堂 監修
増訂 地方制度之栞 第13版〔明治45年2月発行〕／警眼社編集部 編纂
地方自治 及 振興策〔明治45年3月発行〕／床次竹二郎 著
改正 市制町村制正解 附 施行諸規則 第7版〔明治45年3月発行〕福井淳 著
改正 市制町村制講義 全 第4版〔明治45年3月発行〕秋野沆 著
増訂 農村自治之研究 大正2年第5版〔大正2年6月発行〕／山崎延吉 著
自治之開発訓練〔大正元年6月発行〕／井上友一 著
市制町村制逐條示解〔初版〕第一分冊〔大正元年9月発行〕／五十嵐鑛三郎 他 著
市制町村制逐條示解〔初版〕第二分冊〔大正元年9月発行〕／五十嵐鑛三郎 他 著
改正 市町村制問答説明 附 施行細則 訂正増補3版〔大正元年12月発行〕／平井千太郎 編纂
改正 市制町村制註釈 附 施行諸規則〔大正2年3月発行〕／中村文城 註釈
改正 市町村制正文 附 施行法〔大正2年5月発行〕／林甲子太郎 編輯
増訂 地方制度之栞 第18版〔大正2年6月発行〕／警眼社 編集 編纂
改正 市制町村制詳解 附 関係法規 第13版〔大正2年7月発行〕／坪谷善四郎 著
改正 市制町村制 第5版〔大正2年7月発行〕／修学堂 編
細密調査 市町村便覧 附 分類官公衙公私学校銀行所在地一覧表〔大正2年10月発行〕／白山榮一郎 監修 森田公美 編著
改正 市制 及 町村制 訂正10版〔大正3年7月発行〕／山野金蔵 編輯
市制町村制正義〔第3版〕第一分冊〔大正3年10月発行〕／清水澄 末松偕一郎 他 著
市制町村制正義〔第3版〕第二分冊〔大正3年10月発行〕／清水澄 末松偕一郎 他 著
改正 市制町村制 及 附属法令〔大正3年11月発行〕／市町村雑誌社 編著
以呂波引 町村便覧〔大正4年2月発行〕／田山宗堯 編輯
改正 市制町村制講義 第10版〔大正5年6月発行〕／秋野沆 著
市制町村制実例大全〔第3版〕第一分冊〔大正5年9月発行〕／五十嵐鑛三郎 著
市制町村制実例大全〔第3版〕第二分冊〔大正5年9月発行〕／五十嵐鑛三郎 著
市町村名辞典〔大正5年10月発行〕／杉野耕三郎 編
市町村吏員提要 第3版〔大正6年12月発行〕／田邊好一 著
改正 市制町村制と衆議院議員選挙法〔大正6年2月発行〕／服部喜太郎 編輯
新旧対照 改正 市制町村制新釈 附 施行細則 及 執務條規〔大正6年5月発行〕／佐藤貞雄 編纂
増訂 地方制度之栞 大正6年第44版〔大正6年5月発行〕／警眼社編輯部 編纂
実地応用 町村制問答 第2版〔大正6年7月発行〕／市町村雑誌社 編纂
帝国市町村便覧〔大正6年9月発行〕／大西林五郎 編
地方自治講話〔大正7年12月発行〕／田中四郎左右衛門 編輯
最近検定 市町村名鑑 附 官国幣社及諸学校所在地一覧〔大正7年12月発行〕／藤澤衛彦 著
農村自治之研究 明治41年再版〔明治41年10月発行〕／山崎延吉 著
市制町村制講義〔大正8年1月発行〕／樋山廣業 著
改正 町村制詳解 第13版〔大正8年6月発行〕／長峰安三郎 三浦通太 野田千太郎 著
改正 市町村制註釈〔大正10年6月発行〕／田村浩 編集
大改正 市制 及 町村制〔大正10年6月発行〕／一書堂書店 編
市制町村制 並 附属法 訂正再版〔大正10年8月発行〕／自治館編集局 編纂
改正 市町村制詳解〔大正10年11月発行〕／相馬昌三 菊池武夫 著
増補訂正 町村制詳解 第15版〔大正10年11月発行〕／長峰安三郎 三浦通太 野田千太郎 著
地方施設改良 訓諭演説集 第6版〔大正10年11月発行〕／鹽川玉江 編輯
戸数割規則正義 大正11年増補四版〔大正11年4月発行〕／田中廣太郎 著 近藤行太郎 著
東京市会先例彙輯〔大正11年6月発行〕／八田五三 編纂
市町村国税事務取扱手続〔大正11年8月発行〕／広島財務研究会 編纂
自治行政資料 斗米遺粒〔大正12年6月発行〕／樫田三郎 著
市町村大字読方名彙 大正12年度版〔大正12年6月発行〕／小川琢治 著
地方自治制要義 全〔大正12年7月発行〕／末松偕一郎 著
北海道市町村財政便覧 大正12年初版〔大正12年8月発行〕／川西輝昌 編纂
東京市政論 大正12年初版〔大正12年12月発行〕／東京市政調査会 編輯
帝国地方自治団体発達史 第3版〔大正13年3月発行〕／佐藤亀齢 編輯
自治制の活用と人 第3版〔大正13年4月発行〕／水野錬太郎 述

日本立法資料全集 別巻

地方自治法研究復刊大系

日本之法律 府県制郡制正解〔明治23年5月発行〕／宮川大壽 編輯
府県制郡制註釈〔明治23年6月発行〕／田島彦四郎 註釈
日本法典全書 第一編 府県制郡制註釈〔明治23年6月発行〕／坪谷善四郎 著
府県制郡制義解 全〔明治23年6月発行〕／北野竹次郎 編著
市町村役場実用 完〔明治23年7月発行〕／福井淳 編纂
市町村制実務要書 上巻 再版〔明治24年1月発行〕／田中知邦 編纂
市町村制実務要書 下巻 再版〔明治24年3月発行〕／田中知邦 編纂
米国地方制度 全〔明治32年9月発行〕／板垣退助 序 根本正 纂訳
公民必携 市町村制実用 全 増補第3版〔明治25年3月発行〕／進藤彬 著
訂正増補 議制全書 第3版〔明治25年4月発行〕／岩藤良太 編纂
市町村制実務要書続編 全〔明治25年5月発行〕／田中知邦 著
地方學事法規〔明治25年5月発行〕／鶴鳴社 編
増補 町村制執務備考 全〔明治25年10月発行〕／増澤鐵 國吉拓郎 同輯
町村制執務要録 全〔明治25年12月発行〕／鷹巣清二郎 編輯
府県制郡制便覧 明治27年初版〔明治27年3月発行〕／須田健吉 編輯
郡市町村史員 収税実務要書〔明治27年11月発行〕／荻野千之助 編纂
改訂増補鼇頭参照 市町村制講義 第9版〔明治28年5月発行〕／蟻川堅治 講述
改正増補 市町村制実務要書 上巻〔明治29年4月発行〕／田中知邦 編纂
市町村制詳解 附 理由書 改正再版〔明治29年5月発行〕／島村文耕 校閲 福井淳 著述
改正増補 市町村制実務要書 下巻〔明治29年7月発行〕／田中知邦 編纂
府県制 郡制 町村制 新税法 公民之友 完〔明治29年8月発行〕／内田安蔵 五十野譲 著述
市制町村制註釈 附 市制町村制理由 第14版〔明治29年11月発行〕／坪谷善四郎 著
府県制郡制註釈〔明治30年9月発行〕／岸本辰雄 校閲 林信重 註釈
市町村新旧対照一覧〔明治30年9月発行〕／中村芳松 編輯
町村至宝〔明治30年9月発行〕／品川彌二郎 題字 元田肇 序文 桂虎次郎 編纂
市制町村制應用大全 完〔明治31年4月発行〕／島田三郎 序 大西多典 編纂
傍訓註釈 市制町村制 並ニ 理由書〔明治31年12月発行〕／筒井時治 著
改正 府県郡制問答講義〔明治32年4月発行〕／木内英雄 編纂
改正 府県制郡制正文〔明治32年4月発行〕／大塚宇三郎 編纂
府県制郡制〔明治32年4月発行〕／徳田文雄 編輯
郡制府県制 完〔明治32年5月発行〕／魚住嘉三郎 編輯
参照比較 市町村制註釈 附 問答理由 第10版〔明治32年6月発行〕／山中兵吉 著述
改正 府県制郡制註釈 第2版〔明治32年6月発行〕／福井淳 著
府県制郡制釈義 全 第3版〔明治32年7月発行〕／栗本勇之助 森惣之祐 同著
改正 府県制郡制註釈 第3版〔明治32年8月発行〕／福井淳 著
地方制度通 全〔明治32年9月発行〕／上山満之進 著
市町村新旧対照一覧 訂正第五版〔明治32年9月発行〕／中村芳松 編輯
改正 府県制郡制 並 関係法規〔明治32年9月発行〕／鷲見金三郎 編纂
改正 府県制郡制釈義 再版〔明治32年11月発行〕／坪谷善四郎 著
改正 府県制郡制釈義 第3版〔明治34年2月発行〕／坪谷善四郎 著
再版 市町村制例規〔明治34年11月発行〕／野元友三郎 編纂
地方制度実例総覧〔明治34年12月発行〕／南浦西郷侯爵 題字 自治館編集局 編纂
傍訓 市制町村制註釈〔明治35年3月発行〕／福井淳 著
地方自治提要 全〔明治35年5月発行〕／木村時義 校閲 吉武則久 編纂
市制町村制釈義〔明治35年6月発行〕／坪谷善四郎 著
帝国議会 府県会 郡会 市町村会 議員必携 附 関係法規 第一分冊〔明治36年5月発行〕／小原新三 口述
帝国議会 府県会 郡会 市町村会 議員必携 附 関係法規 第二分冊〔明治36年5月発行〕／小原新三 口述
地方制度実例総覧〔明治36年8月発行〕／芳川顯正 題字 山脇玄 序文 金田謙 著
市町村是〔明治36年11月発行〕／野田千太郎 編纂
市制町村制釈義 明治37年第4版〔明治37年6月発行〕／坪谷善四郎 著
府県郡市町村 模範治績 附 耕地整理法 産業組合法 附属法例〔明治39年2月発行〕／荻野千之助 編輯
自治之模範〔明治39年6月発行〕／江木翼 編
改正 市制町村制〔明治40年6月発行〕／辻本末吉 編輯
実用 北海道郡区町村案内 全 附 里程表 第7版〔明治40年9月発行〕／廣瀬清澄 著述
自治行政例規 全〔明治40年10月発行〕／市町村雑誌社 編著
改正 府県制郡制要義 第4版〔明治40年12月発行〕／美濃部達吉 著
判例挿入 自治法規全集 全〔明治41年6月発行〕／池田繁太郎 著
市町村執務要覧 全 第一分冊〔明治42年6月発行〕／大成会編輯局 編輯
市町村執務要覧 全 第二分冊〔明治42年6月発行〕／大成会編輯局 編輯比較研究
自治要義 明治43年再版〔明治43年3月発行〕／井上友一 著
自治之精髄〔明治43年4月発行〕／水野錬太郎 著
市制町村制講義 全〔明治43年6月発行〕／秋野沆 著
改正 市制町村制講義 第4版〔明治43年6月発行〕／土清水幸一 著
地方自治の手引〔明治44年3月発行〕／前田宇治郎 著
新旧対照 市制町村制 及 理由 第9版〔明治44年4月発行〕／荒川五郎 著
改正 市制町村制 附 改正要義〔明治44年4月発行〕／田山宗堯 編輯
改正 市町村制問答説明 明治44年初版〔明治44年4月発行〕／一木千太郎 編纂
改正 市制町村制〔明治44年4月発行〕／田山宗堯 編輯